大正期の結婚相談

家と恋愛にゆらぐ人びと

桑原桃音 著

晃洋書房

大正期の結婚相談——目次

凡例

資料からの引用にあたっては、旧字体の漢字は新字体に改め、現代仮名遣いに改めた。

「身の上相談」の書誌情報を示す場合は（西暦・月・日）のみを記載し、新聞名、掲載面、発行地を割愛する。また、記事の表題、ペンネームも書誌情報から省いた。

「身の上相談」にはあきらかな誤字、句読点がない記事、句点を入れるべきところに読点が打ってある記事などがある。読みやすさを考え引用者が適宜、誤字・脱字を修正し、句読点を追加するなどの変更を行った。

「身の上相談」の引用部分では［投稿］［回答］と挿入し区別がつくようにした。

『讀賣新聞』に連載された「身の上相談」を指す時は、「身の上相談」と示し、身の上相談全般を論じる場合はカギ括弧をつけない。

『読売新聞』の表記は、一九四六年の漢字制限前は『讀賣新聞』と表記している。また、「身の上相談」以外の記事は戦後の記事のみ朝・夕刊の別、掲載面の情報を記載している。また社名は「読売新聞社」に統一して記載する。


資料としての正確性を期するため、現代では不適切な表現もそのまま引用した。ご了承いただきたい。

序　論——社会の変動にゆらぐ結婚観

現代の日本社会において、一般的な結婚は恋愛結婚である、と考えている人は多いだろう。つまり、好みの相手を本人が自由に選択したうえで結婚することが、あたり前のこととされているのだ。親や仲人がお膳立てする「見合い結婚」はもはや時代遅れだとみなされている。一方で恋愛結婚をしようとする二人が、結婚前に相手の親、とくに女性の親に直接会って結婚の報告やあいさつをすることを礼儀だと考える人も多い。さらに、結婚は個人同士の結びつきであるとされながら、結婚式場で「○○家・□□家　結婚披露宴」という看板が立てられている光景を目にすることもあるだろう。

はたして現代に生きる人びとは、結婚相手を自分の意志だけで自由に選んでいるのだろうか。この答えをたどるために、本書は日本社会が大きく変動した大正期にさかのぼる。この時期において、結婚相手を誰がどのように選ぶことが理想とされていたのか、そして、結婚相手に求められていた条件とは何かを『讀賣新聞』の「身の上相談」欄を分析することによってあきらかにする（以下『讀賣新聞』の「身の上相談」欄は「身の上相談」と略記）。

結婚相手を選択することは個人的な問題と考えられがちだが、社会的、文化的な制約が存在する問題である。たとえば、「恋愛結婚」が主流とされるアメリカにおいてさえも、人種、年齢、宗教などの属性が影響した結婚相手の選択がなされている（Benokraits 1996: 212-216）。

そのうえ、配偶者選択はさまざまな論点を含んでいる。結婚相手を誰が選択し、決定するのか、そこに結婚する本人とその親の意志や利害・打算はどれだけ加味されるのか。その選択は誰にとって重要なのか、本人か親か、それとも生まれてくる子どもにとってなのか。結婚前に相手とどのような関係を築くのか、婚前に恋愛関係にあったのか、どのような相手を選択するのか、結婚後の生活の保障にかかわる条件は、たとえ恋愛感情があっても選択の前提条件となっていないだろうか。

本書では、これらの問いにかかわる、配偶者を選択する主体と配偶者の条件のあり方をあきらかにするために、大正期の「身の上相談」欄を資料とし、どのような言説が生じていたのかを分析する。

『讀賣新聞』は、一九一四（大正三）年四月三日、日露戦争を契機に商業紙の販路が拡大していくなかで、日本における初めての女性向け紙面「よみうり婦人附録」を開設した。「身の上相談」は同年五月二日からこの「よみうり婦人附録」で連載された欄である。「身の上相談」は新聞紙面に読者が自分の問題を投稿し、その答えを記者、編集者、有識者が提示するという形式をとっている。恋愛、結婚、夫婦、家族の問題という私的問題を「身の上相談」に掲載することを定着させたのが、『讀賣新聞』である。

この「身の上相談」は関東大震災後[1]と戦時下[2]にいったん休載されるものの、改題を重ね現在も「人生案内」として連載されている。本書は、連載が開始された一九一四（大正三）年から震災までの一九二三（大正一二）年の九年間にわたって掲載された記事を、なかでも結婚に関連する相談を分析対象とする。

「身の上相談」から配偶者選択を歴史社会学的に分析する本書には以下のような特徴がある。

第一に、配偶者選択にかかわる結婚観の形成について、伝統性と近代性を相反するものとしてとらえずに分析することである。これまでの近代家族研究によって、戦前日本にはすでに近代西欧的な家族観、結婚観が活字メディアにおいて示されていたことがあきらかにされている。また、近代西欧的な「家庭」の理想化と伝統的な「家」規範が連関した家族観が形成されていたことを指摘するものもある（これらの研究については第一章で詳述する）。このことから、伝統性と近代性は単純に対立するものではなく、相互に結びついたり、折り合ったりする、ゆらぐものとみなして、配偶者選択のあり方を分析することが重要だといえる。また、急激な近代化を経た日本の歴史的状況からも伝統性と近代性のゆらぎを重視して分析する必要があるといえる。(3) したがって、「身の上相談」から近代西欧的な配偶者選択のあり方を析出するのではなく、「家」や「家庭」といった家族観のゆらぎのなかで、どのような配偶者選択のあり方が形成されていたのかに着目して分析していく。

第二に、分析にあたって、恋愛・夫婦関係といった当事者間の関係だけでなく、親子関係、さらにそれ以外の社会関係にも注目する。配偶者選択は結婚する本人が属する組織の再生産にかかわる問題である。このことから、結婚する当事者間、夫婦間のヨコの関係性だけでなく、生育家族・養育家族の親子間、雇用者と被雇用者、親族内・村落内のタテの関係性も含めて配偶者選択のあり方を分析することは重要である。ただし、第一の特徴で述べたことから、これらの社会関係性を分析する際、重視される関係が、本人同士なら恋愛結婚に、親子なら家のための結婚に結びつけることはしない。

第三の特徴は、分析の焦点を「身の上相談」の読者でもある投稿者と、制作者・記者でもある回答者の配偶者選択に関する言説双方においていることである。したがって、投稿者の語りから、当時一般的であった婚姻実態を検証するわけではない。また、回答者である知識人や記者の語りだけが、配偶者選択にかかわる理想や規範を示していたとみなさない。なぜなら、「身の上相談」は、明治初期かそれより前に生まれた親、明治半ば頃に生まれた当事者、その間に位置する大正期に活字メディアに携わっていた回答者、それぞれが持つ結婚観、家族観が錯綜する言説空間であったからである。さらに、このような錯綜によってゆらぎがあらわれやすいからこそ、「身の上相談」では投稿者と回答者の語りのなかで、さまざまな社会関係性や価値観が整理されながら配偶者選択のあり方が形成されていたと筆者は考える。(4) したがって、本書は、「身の上相談」で提示されていた言説を分析し、そこで構築されていた〈配偶者選択の望ましいあり方〉をあきらかにするという立場に立つ。

以上のように本書は、配偶者選択をめぐって結婚する当事者と親、投稿者と回答者のやり取りが「身の上相談」で提示されるなかで、伝統性と近代性のゆらぎがどのようにあらわれていたのかに着目し、投稿者、回答者によってどのような配偶者選択主体と配偶者の条件が構築されていたのか、自らの語りを正統化するためにどのような社会関係や価値観が主題化されていたのかをあきらかにする。

現代に生きるわれわれが自明とする配偶者選択のあり方は、戦前社会において登場した歴史的産物であり、時代を超えた普遍的なものではない。本書は先行研究があきらかにしてきたこの前提を共有しながら、現代に通じるような配偶者選択に関する結婚観の形成過程を分析するために、大正期という時期が重要だとみなす。その理由として、第一に就学率が上昇したこと、第二に活字メディアが発達したこと、第三に通婚圏つまり相手を選択する地域や階層の範囲が拡大したことをあげることができる。

第一の就学率について、一九〇〇（明治三三）年に改正公布された小学校令では尋常小学校四年の就学義務が確定した。それ以後、就学率が急速に上昇し、大正期になって中等普通教育機関の在学者数も増加している[5]。ここから大正期に婚姻適齢期を迎えた青年層の多くが、少なくとも尋常小学校を就学した経験を持っていたことがわかる。第二の活字メディアの発達についてみると、一九〇四（明治三七）年の日露戦争を機に創刊が相次いだ新聞、雑誌、書籍は、大正期にかけて発行部数をのばしていった[6]。また、出版社が企業として成長したことにより、大正期から『キング』や『主婦之友』のような商業雑誌が大衆化し、活字メディアの全国流通網が形成された（木村 1992; 永嶺 2004）。第三の通婚圏の拡大についてみると、明治期から昭和初年までの間に村内婚が減り、遠方に住む相手との結婚が増える傾向が全国的に見られた（鈴木［1930］1990; 小山 1954; 瀬川［1957］2006）。上子武次によれば、諸研究が示した通婚圏の拡大の背景には、幕藩体制崩壊による通婚の制限や禁止が解けたこと、行政圏、経済圏の拡大、交通の発達などに伴って生活圏が拡大したことがある（上子 1991: 12）。この通婚圏の拡大によって、結婚相手は、親族も結婚する本人も面識がある者から、どちらかにとって知らない者、あるいは、どちらにとっても知らない者へと変化していった[7]。

要するに、大正期は、教育機会の普及によって、活字メディアを受け取るリテラシーをもった人びとが増加し、人や物資だけでなく、さまざまな知識、情報の流通にともなって、配偶者を選択する地域的範囲が拡大しつつあった。そのため、配偶者選択のあり方にかかわる現代の社会構造が形成されはじめた時期だといえる。以上のことから、現代の配偶者選択に関する結婚観を考えるうえでも、大正期は重要であるといえる。

本書の構成は、以下のとおりである。

第一章では、明治期から戦前の日本における結婚観、家族観に関する歴史社会学的な諸研究を整理し、残された課題と本書の問題関心を示す。第二章では、『讀賣新聞』「身の上相談」について概説し、この活字メディアを分析対象とする社会学的意義を示す。第三章では、結婚相手を選ぶことに悩む相談に焦点化して、配偶者を選ぶうえで重要だとされる社会関係のゆらぎを、また第四章では結婚相手に求められる条件に悩む相談に焦点化して、条件をめぐる価値観のゆらぎをそれぞれ分析し、そこで理想とされる結婚観と、そこに配置される社会関係性と価値観をあきらかにする。

注

（1）一九二三（大正一二）年九月一日午前一一時にマグニチュード七・九の関東大震災がおこる。これにより移転したばかりの読売新聞社屋は炎上し、新聞発行が不可能となった。同年九月一二日には四ページで『讀賣新聞』の発行が、九月二一日には「よみうり婦人欄」が再開した。しかし、震災二日前まで掲載されていた「身の上相談」は、震災以降、一九二四（大正一三）年四月一五日まで再掲載されることはなかった。

（2）鶴見によれば、大東亜戦争末期、各雑誌、新聞の身の上相談はまったく姿を消す。第二次世界大戦前の最後の身の上相談は、『主婦の友』が一九四一（昭和一六）年七月、『讀賣新聞』が一九三七（昭和一二）年六月、『東京新聞』が一九四四（昭和一九）年三月であった。日本の国家による圧力から、公のコミュニケーションの場面から、個人的生活の問題の記述が消えることとなった（鶴見 1956: 29）。

（3）すでに筆者は、この時代状況の中で近代的、伝統的価値観、西欧、非西欧的価値観との間で、平塚らいてうが恋愛観、結婚観、家族観に関してゆらぐ姿を提示してきた（桑原 2012）。そのような急激な近代化と社会変動における平塚の結婚観のゆらぎについては拙稿を参照されたい。

（4）このような語りと構成される物語への分析視角については野口（2001）に詳しく論述されている（野口 2001: 49-50）。

（5）一八八五（明治一八）年の尋常小学校の就学率は男女あわせて四九・六％であり、一九〇五（明治三八）年には九五％を超えた。一九〇七（明治四〇）年に義務教育修業年限が六年に改められた後の一九二〇（大正九）年には就学率が九九％以上を超え、男女の差もなくなり学齢児童のほぼ全員が義務教育を受けていた。

（6）日本雑誌総覧（1963）によると内務省統計で、すでに大正期の雑誌出版点数はおよそ二万一千種から二万五千種となっていた（出版ニュース社編集部 1963: 8）。当時からすると急増した数といえる。

（7）柳田國男も次のように同様の指摘をしている。「日本の婚姻習慣の土地ごとにまた職業境遇ごとに、いろいろと分かれてきたただ一つの原因は、人が住所を同じくするもの以外に、娘妹を与えるようになったことである」（柳田［1931］1993: 250-251）。

第1章　伝統性／近代性というゆらぎを超えて

問題の所在

本章では、結婚相手を選択することに関係するこれまでの社会学的諸研究の論点を整理、検討したうえで、本書の課題を提示する。そうすることで、本書をこれまでの諸研究のなかに位置づけていきたい。

結婚相手を選択することは、望月嵩が指摘しているように、いかなる社会においても、なんらかの形で社会的、文化的制約を受けている。個人が自由に結婚相手を決定できると考えられている現代社会でも、実際にはその個人が属する組織に規定されているのだ（望月 1972: 37-38）。規定と表現すると、明確に示された決まりのように思われるかもしれない。しかし、われわれは社会的、文化的に形成された思考様式に影響をうけて、結婚相手を選択している。たとえば、居住地の近隣から結婚相手を選んでいたのが、近代化されるなかで進学や就職によって人びとが移動するにともなって結婚相手を選ぶ地域はひろがりをみせた。しかし、地域的な通婚圏はひろがったが、結婚相手は同じ大学、同じ会社の者が選ばれるなど、学歴と職業による同類婚が多くみられる。

さらにいうと、結婚相手を選択することは、家族だけでなく、村落共同体、親族共同体、階級、階層、さらには国家にとって重要な行為と位置づけられ、個人の属する集団の再生産と不可分な問題とみなされている。したがって、結婚観の歴史をあきらかにしてきた諸研究を検討すると同時に、家族の変遷に関する議論を概観し、整理することが重要である。

そのために第一節において、明治から戦前までの家族を扱った家族史の諸研究を整理する。諸研究においては明治から戦前の家族形態について、伝統的な「家」なのか、近代的な「家族」、あるいは「家庭」なのか、「家」は近世から連続する伝統的なものなのか、近代国家によって創られた「伝統」なのか、伝統性と近代性とが複合していたのではないかなど、さまざまな議論が繰り広げられてきた。これらの議論から、結婚が個人の属する集団の再生産につながっていたのか、どのような集団にとって重要であったのかをたどり、その研究の理論的背景に留意しながら、諸研究があきらかにした家族形態とそれを支える心性を整理する。ここでいう心性とは家族観など家族にかかわることについての考え方、思想様式のことをいう。

第二節では、明治から戦前までの結婚観に関する既存研究の整理をおこなう。これらの研究は、配偶者選択の歴史に関する「常識」に疑問を提示してきた。一九九〇年代以前まで配偶者選択の方法は二分法で語られており、家族形態としての「家」を統制する家長による選択か、結婚する本人による選択かによって結婚の種類が分けられていた。前者は「見合い結婚」であり、後者は「恋愛結婚」である。結婚相手の選択のあり方の歴史的変化が語られる時、結婚の主流は戦前の「見合い結婚」から戦後の「恋愛結婚」へ変化したと説明されてきた。(1)「見合い結婚」か「恋愛結婚」かで結婚のあり方を読み解くことが、社会学においてさえ「常識」でありつづけている。(2)「近代日本において、明治期に恋愛結婚の理念が輸入されたものの戦前は見合い結婚が中心であり、戦後の民主化によって恋愛結婚が中心となっていった」――社会学の概説書や辞書において、近代以降の配偶者選択の歴史はおおむねこのように記されてきた。(3)

配偶者選択の歴史をめぐるこの「常識」の根拠とされているのは、国立社会保障・人口問題研究所が大規模かつ経年的におこなってきた統計調査の結果であろう。一九六〇年代以降の調査結果によると、高度経済成長を境に、「恋愛結婚」数がそれまで圧倒的だった「見合い結婚」数を上回り、一九八〇年代には「恋愛結婚」が主流になったという(4)(国立社会保障・人口問題研究所 2006）。しかしながら、この調査は、「見合い結婚」と「恋愛結婚」は明確に区分されるという前提にもとづいた調査項目によって実施されている。さらに、一九三〇年代以前に結婚した人びとの調査結果の提示がされていないにもかかわらず、現代的な結婚は「恋愛結婚」、伝統的な結婚は「見合い結婚」という結論を導き出しているのである。

以上のような、配偶者選択の歴史に関する「常識」を問題化し、戦前の結婚観について考察してきたのが、本章第二節で取り上げる配偶者選択の歴史社会学である[5]。欧米の社会史的家族研究[6]に影響を受けたこれらの研究は、婦人雑誌などの資料から結婚観を分析している。配偶者選択の歴史社会学的研究のためにその成果を整理することが必要である。

さらに、第三節では、第一節と第二節の整理を受けて、諸研究の残された課題を示す。そして課題を示しながら、①結婚観が示される活字メディアの形成過程と、②大正期の活字メディアにおいて構築されていた結婚相手を誰がどのように選ぶのかにかかわる問題と、③どのような結婚相手を選ぶのかという結婚相手の条件の問題などを分析する本書の意義を提示する。

一　家族に関する研究

本節は、明治から戦前の日本の家族形態とその心性についての研究を整理していく。明治から戦前の家族形態について、まず、その伝統性に注目する研究、つぎに、その近代性に注目する研究、最後に、伝統性と近代性の複合性に注目する研究を概観する。

（1）伝統的な「家」

家族史のなかには、明治から戦前の家族形態を前近代的で封建遺制的な家族制度である「家」とみなし、戦後の民主

化によって近代的家族の形態に変化したとする議論がある。(7)

川島武宜は、明治から戦前までの家族を近世から連続する伝統的な制度によって規定された「家族制度」ととらえ、戦後になって民主主義的な夫婦・親子関係からなる近代的な家族が形成されたととらえていた。川島は戦前の日本の家族制度には二つの類型があるとする。その二類型とは、儒教的家族倫理を教説とする「武士階級的家族制度」と、農漁民や都市の小市民の「民衆の家族制度」（傍点は川島）である。川島によると、この二つの類型の原理は異なっているが、「民主主義的な、すなわち『近代的な原理』と比較すると『前近代的な』ものであることは共通している」（川島［1946］2000: 4-5）。川島にとって「近代的な家族原理」とは、「人が自らの行動について自主的に判断し決定すること」と、「人間人格の相互的な尊重」という民主的な社会関係を持つものである（川島［1946］2000: 7）。

より詳しくみていくと、川島によれば、武士的階級家族制度には「孝」や「貞」といった儒教的家族倫理を支える親子や夫婦間の「忠実」な関係があり、民衆の家族制度には「人情的情緒的性質」のある「『たがいにむつみあう』横の協同関係」があるという。ただし、この二つの関係は、いずれも「権威」や「権力」によって「秩序」が保たれていることから、「非近代的＝非民主的社会関係」（川島［1946］2000: 6-16）なのである。つまり、個人が属する共同体からの強制をうけるこの二類型の家族制度は「非近代的」家族制度であり、個人の自主性を尊重し、親子や夫婦の関係が結びつく家族が「近代的な」家族だとされる。川島は戦後の民主化イデオロギーから逆照射して、明治から戦前までの家族形態を、非欧米的、非民主主義的、「非近代的」家族と位置づける。

しばしば指摘されるように、川島に代表されるこのような立場は、戦前の日本の軍国主義や封建遺制への反省から、戦後の家族形態の民主化をめざそうとする姿勢のあらわれであった（正岡 1989: 82; 牟田 1996a: 30; 1999: 132; 平井 2009: 11）。その姿勢から、「近代化」と相容れない「家」の伝統的な形態を否定していたのである。

また、民俗学や農村社会学の系譜に連なる、「家」と親族組織についての社会学的研究をおこなった戸田貞三、鈴木榮太郎、有賀喜左衛門、喜多野清一らも、「家」や「家族」を日本独自とみるか、もしくは通文化的なものとみるかなど、それぞれ論点の相違はあるものの、川島と同様に明治から戦前までの家族を伝統的家族だと位置づける。ただし、戸田（［1937］1982；［1944］1990）と鈴木（［1930］1990）の調査、発表は戦前・戦中であったため、戦後の民主化について言及していない。

戸田は、戦前の家族を、家の存続、永続化を重視する家長的家族と位置づける。そして、家の永続化の促進のために、また、一家全体の統率のために、必要な支配的な力が家長に認められていたとする[8]（戸田［1944］1990: 137–141）。

鈴木は「家族」と「家」を峻別して考え、「家族は現存する個人等の横の結合であるが、家はむしろ世代間の関係であり、厳密に言えば家はひとつの精神である」とする。「家族」は欧米都市の夫婦家族に代表され、「家」は日本農村の直系家族に代表されると鈴木は論じている（鈴木［1930］1990: 160, 162–163）。さらに、「家族」は夫婦とその子どもの間に個人と個人としての結束を形成することを目標とする。そのため、個人の幸福が究極の指標となって、夫婦やその子どもとの間の倫理が形成される。一方、「家」は、祖先や子孫との間の統一的な関係によって成立し、家長によって家系を維持、永続化することを重視する「家の精神」が体現される。「家」の維持発展を目標とするため、個人の生活はむしろ「家」のための手段となるのである（鈴木［1930］1990: 148–178）。

また、「家」の定義に関しては、戸田への有賀の批判、その有賀の批判に対する喜多野の反論という形で論争がなされていた。一方の有賀は非血縁者を含む経営体としての「家」を日本独自だと強調した。他方の戸田を継承した喜多野は、マックス・ウェーバーの家父長制論をもとに、「家」を家父長的家族のひとつの形態とみなし、日本の「家」は特殊限定的な形態ではないと位置づける。

しかし、牟田和恵が指摘するように、有賀も喜多野も、明治から敗戦までの家族が「家」制度に規定された伝統的な形態であったことを前提としている（牟田 1996a: 13）。有賀は、「家」を非血縁者も含む経営体とし、「家」の特質をその成員の生活保障だとし、そのために家業と家産を維持することが重視されていたとする（有賀［1965］1971: 39）。さらに、有賀は敗戦前の家族形態であるこの「家」が、敗戦以降には大きな変化の局面を迎えたと主張した（有賀［1960］

1970: 49-50)。一方の喜多野は日本の家父長制的伝統家族が「家」であり、近代化された夫婦結合中心の生活原則を持つ家族が「近代家族」であるとみなす。そして、この「近代家族」が戦後日本にようやく形成されつつあるとした（喜多野［1965］1976: 13)。

このように、一九三〇年代から一九六〇年代の研究は、明治から戦前までの家族形態を、近世から連続した「封建遺制」的家族制度である「家」だとみなしていた。論者間で「家」の定位や特質についての議論は異なるものの、「家」は家系、家業、家産を維持、永続化することを重視する点、家業、家産を統制する家長を尊重するという点、つまりタテの社会関係を重視する特徴をもつとする点は共通している。伝統的家族形態を支える心性とは、川島によれば武士では儒教的家族倫理に裏打ちされる「孝」や「貞」であり、農村の「家」を議論する鈴木によれば「家の精神」であった。

(2) 近代的な「家族」

(1)の議論とは対照的に、明治から戦前までの家族形態が近代的であったとする研究がある。この議論は二つのタイプに分けられる。第一のタイプは、「家」が近代的な明治民法や学校教育によって、国民にひろめられたとするもので、第二のタイプは、明治期にすでに、西欧近代的な家族のあり方である「家庭（ホーム）」が理想化され、一部の階層において現実化されていたとするものである。

第一のタイプは、「家」が近代国家である明治政府によって法や社会規範をとおして創造されたものだとする。たとえば、法制やイデオロギーとしての「家」論の立場から論じる川島（1957）、近代的家父長制批判の立場から論じる上野千鶴子（1994）などだ。川島（［1946］2000）は民主化による啓蒙の必要性を主張するために庶民層と武士層の家族制度を「非近代的」であると位置づけた。しかしその後、川島（1957）は、法律や教育関係の資料を分析し、近代国家である明治政府がイデオロギーとしての「家」を創造した点を焦点化した。

つまり、川島（1957）は、明治政府の権力を支える地盤として「武士階級的家族制度」が存在し、明治政府が「封建的」で「儒教的な家族道徳にもとづく家父長制」を法や教育などに組み込んだとする（川島 1957: 4-5, 32）。たとえば、修身教科書によって儒教的な「忠孝」と「恩」の思想が、近代的な家族国家観の形成のためのイデオロギーとしてひろがっていった（川島 1957: 3-11）。また、明治政府は一八七一（明治四）年の戸籍法において、「家」を祖先より連綿と続く経営体、血縁共同体と位置づけた。つまり、法によって祖先からの血統の連続の重要性や、戸主となるものが家督を単独で相続することが規定されたのだ。明治政府は国民の家族形態を方向づけ、その維持を図ったのである（川島 1957: 30-35）。

前項において、戦前までの家族形態を「非近代的」、「封建遺制的」とみなした論者としてとりあげた川島が、「家」の近代性を主張する論者という側面をもつと判断できるのはこのような議論による。

ここで、注意しなければならないのが、川島の議論のなかの家族に関する近代的要素が、二つの側面にわかれていることである。一方は、民主的で、個人を尊重することが家族の近代的要素だとする点で、もう一方は「国家権力の道具」（川島 1957: 35）にまで高められた家族制度が近代的要素を内包しているという点である。前者は終戦前の権威主義的な家族と対比させるために示された「近代」である。後者の場合、大日本帝国という近代国家が近代的な要素である法や学校教育において家族制度イデオロギーを規定し、流布させることによって、家族集団を統制しようとしたという点で「近代」なのである。これらの川島の議論は、明治から敗戦までの家族を近代的に制度化された家族と位置づけているといえる。

上野も明治民法や学校教育によって「家」が確立したとする。上野によると、日本の「伝統」とされる「家」は、民法制定、教育勅語などの明治政府の政策によって形成された「明治政府の発明品」である。この「家」制度は、伝統的な共同体規制から「家」を切り離すために、近代国民国家に適合的な家族モデルとして形成されたという。上野は近代国家によって規定された「家」が「良妻賢母」や家族国家観のイデオロギーなど近代的要素を内包するものであるとした（上野 1994: 69-90）。

上野のもくろみは、「家」は「非歴史的で超時間的」(上野 1994: 95)な「伝統」ではなく、近代において構築されたイデオロギーであると指摘すること、そして戦前戦後を通じて近代家族に固有な家父長制的抑圧が一貫して続いていることを指摘することにある。現代において自明視される家族のあり方が近代において「創造」されてきたという指摘はフィリップ・アリエスに代表される欧米の社会史からの、また家父長制的抑圧への批判はマルクス主義フェミニズムからの影響がみてとれる(岡本 2009)。さらに上野は、エリック・ホブズボームの「伝統の発明」というアイデアを用いて、「家」という家族形態が「伝統」というフィクションであったことを、つまり「不変の本質」という意味を付与されたものであったことを指摘して、これまでの多くの「家」研究を批判したのである。

第二のタイプは、牟田(1996a)や小山静子(1999)に代表される議論である。一九八〇年代半ば以降に登場したこれらの研究は、おもに欧米の家族史研究、歴史人口学、フェミニズムの影響を受けている(牟田 1996a: 31–33; 中里 2001: 65, 71–76; 岡本 2009: 4–5)。これらの研究は明治期においてすでに、家族の団らんや家族同士の情緒的なつながりに高い価値をおく新しい家族意識や、欧米的な家族のあり方が理想とされ、実践されていたことを論じた。

牟田や小山によれば、明治二〇年頃から総合雑誌、評論誌で、「家庭」や「ホーム」という用語が用いられ、夫婦や親子の愛情に満ちた「家庭(ホーム)」を理想とする記事があらわれていた(牟田 1996a: 51–77; 小山 1999: 29–66)。

明治期総合雑誌の分析にもとづく牟田の研究によれば、「家庭」を理想とする意識は、家督相続や家産の維持を目的とする家族制度を批判し、「家族間の愛情や安楽を優先させようとする態度であった」(牟田 1996a: 70–71)。産業化が進行しはじめた明治二〇年代、それまでの親への孝行や親の権限を絶対とする家族のあり方は批判されるようになり、夫婦と子ども中心の情愛あふれる、欧米を理想的なモデルとした「家庭(ホーム)」が褒めたたえられるようになった(牟田 1996a)。ただし、このような欧米の「近代家族」の特徴を実生活で実現することができたのは都市の新中間層だけだった。つまり、産業化と都市化が進む明治末期から大正期に、この層が新しい家族観念を実現する主役となったと牟田は指摘する(牟田 1995: 198)。

小山によれば、明治二〇年代後半以降、『家庭之友』、『婦人倶楽部』、『主婦之友』、『婦人公論』など「家庭」という言葉をタイトルに含めた雑誌、家庭論を多数掲載した雑誌などが次々と発行された。これらの雑誌では「家庭」とは何か、「家庭」はどうあらねばならないのかが論じられていた。これらの雑誌は、少なくとも中等教育を受けて読み書きの能力を身につけ、雑誌・新聞などを購読する経済的余裕を持ち合わせていた新中間層の女性を購読層としていた。また、都市に暮らす新中間層の家族を対象にした記事や家庭小説を掲載していた（小山 1991: 163; 木村 1992: 235）。ここから、小山は大正期の新中間層がこの「家庭」「ホーム」を受容し、実践していたことをあきらかにしている（小山 1999）。

さらに、小山は、女性がたとえ従来と同じような結婚をしていたとしても、彼女らが入っていく家族は「都市部の新中間層」の家族であったと、その新しい家族は新しい生活文化や家庭文化を模索しながら、近代家族の理念を実践していたと指摘する（小山 1999）。この新中間層の妻たちは、夫の両親との同居を経験しない場合もあり、姑から嫁への家事や育児に関する知識の伝達が充分に機能していなかったことを指摘する。たとえ、知識の伝達がうまくいっていたとしても、大家族をきりもりするための姑の知識は、核家族を形成して「家庭」を実践しなければならない新中間層の妻にとって役に立たなかった。このようにして、新中間層は「従来の家事・育児に関する経験知」を捨てていった（小山 1999: 40-41, 101）。

彼らは新しい社会階層として地位を確立していくなかで、「自らの家庭にふさわしい生活のあり方」に関する知識に関心を向けていた（小山 1999: 38）。ただし小山は、「従来の結婚」がどのような結婚か言及していない。しかし、「従来の結婚」であっても、結婚後の家族を近代的な「家庭」とする新しい方法が模索されていたことがわかる。

（3）伝統と近代の複合性

「家」と「家族」

一九九〇年代半ば以降、明治から戦前までの家族形態が、伝統性と近代性を併存させていたことを指摘する議論が活発になる。

落合恵美子（1996）は上野（1994）の『家』＝近代の発明」説を批判して、戦前だけでなく戦後の日本の家族には「家」的要素と「近代家族」的要素が併存していたと考えるべきだと主張する。落合は宗門改帳など歴史的一次資料にもとづき（Kurosu and Ochiai 1995）、上野の歴史認識の誤謬を指摘し、「家」は「明治民法の制定による明治政府の発明品」であって、「厳密に排他的な父系直系家族は、なるほど明治以前の武士階級の間には見られたが、庶民には知られていなかった」（上野 1994: 69）という上野の断定を不適切であるとした（落合 1996: 42）[9]。

落合は明治以降、「家」が近代的に再生産され、近代家族的性格を持っていたことについては認めるものの、「その時代の日本家族の複雑な性格を解きほぐすためには、単純な割り切りや図式化は禁物である」（落合 1996: 45）とする。落合は上野の「『家』＝『近代家族』一元論」を批判して、「家」と「近代家族」の「二元論の立場」をとる。それは、日本の伝統的家族ではあるが明治政府によって形成されたとは断定できない「家」と、新たにもちこまれた「近代家族」の間にある複雑な相互作用をもつ「二元論」だという（落合 1996: 43–44）。

牟田（1996a）も落合と同じく、近代日本の家族を近代と伝統の二側面から複合的に理解することが重要と論じている。「日本の家族は『家』型の伝統家族に近代的な家族特性がみられ、家族員の近代家族的心性に『家』を維持するメカニズムが内包され」ているというのだ。牟田は日本の近代家族が情愛という近代的な側面と外部社会に開かれた「家」という伝統的な側面を並列的に持ち、その一見矛盾する側面は構造的連関をなしていると指摘する。たとえば、日本の場合、母子の情緒的絆が存在する一方で、その母が「公」という外部世界や「家」そのものの規範を遵守する存在でもあり、母子の絆が「家」の破壊を不可能にしているという（牟田 1996a: 20–22）。

牟田は、明治民法や修身教科書などの明治政府の規定したイデオロギーのなかに、伝統的家族倫理を補完する欧米近代的家族意識を見いだしている。たとえば、明治政府は法の制度的変革によって社会全体の家族の位置づけを武士的な家族に変えた。そして明治期前半にはすでに修身教科書において家庭における夫婦や家族の情緒性、和合に積極的な価値付与があった。これらのことから明治の家族の位置づけについて伝統と近代の併存が見いだされる（牟田 1996a: 19–20）。

さらに、牟田によると、明治民法の「家」規定は、戸主の権限を狭めただけでなく、家の財産を個人の所有としたため、「家」の維持にとって不十分な側面があった。[10] この問題点は「民法法典調査会の大勢が、かつての家族制度が崩れ、個人主義に移りつつある当時の社会状況を自覚し、そのような変化しつつある現状に相応した『家』を規定しようとした結果」であるとする（牟田 1996a: 16）。

川島（1957）が戦前の家族制度には封建的＝儒教的倫理が埋め込まれ、修身教科書には儒教的、家父長的な「家」イデオロギーが貫かれていたとみなしたのに対し、牟田は、明治から敗戦までの家族観が、封建的かつ儒教的要素と西欧近代的要素によって形づくられており、修身教科書には親子の情愛や「家庭」の理想化といった新しい家族意識が盛り込まれていたことを読み取ったのである（牟田 1996a: 79–109）。このように、明治民法の「家」においても伝統的要素と近代的要素が併存しているという見解が提示されている。

ここまでの伝統性と近代性の複合をめぐる議論に共通しているのは、明治以降の家族には伝統性が残存し、その形態と近代的な家族形態が複雑に結びついていたとする点である。これに加え牟田は、近代日本の家族には伝統的な価値と近代的な価値が連関していたと論じる。このような日本近代の家族を複合的にとらえる視点で、それらの相互の連関、相互作用を実証的に分析することは近代家族研究の今後の主要な課題であるといえる。

「恩・孝行」と「情愛」

エドワード・ショーター（1975=1991）やローレンス・ストーン（1979=1991）らに代表される欧米の社会史・家族史研究は、近代化のなかで夫婦や親子の愛情が歴史的に構築されたと指摘している。これらの研究に影響を受けた落合は家族の社会史的研究における「近代家族」概念の特徴の整理[11]をおこなった。整理された理論的モデルとしての「近代家族」の特徴とは、①家内領域と公共領域との分離、②家族構成員相互の強い情緒的関係、③子ども中心主義、④男は公共領域・女は家内領域という性別分業、⑤家族の集団性の強化、⑥社交の衰退とプライバシーの成立、⑦非親族の排除、⑧核家族である。この近代家族の特徴のひとつとして「家族員相互の強い情緒的関係」があげられている（落合［1985］1989: 18）。

欧米の社会史の影響以前になされた、一九六〇年代までの議論の多くは、明治から戦前までの家族形態を伝統的な「家」と位置づけていた。しかし、本書においてこれらの議論を再検討すると、近代家族の特徴とされてきた家族成員間の情緒的側面への言及を見いだせることがわかった。ここから、家族の情緒的な結びつきも、近代家族の特徴と単純に言い切れない側面があることがわかる。詳しくみていこう。

既述したように、川島は民衆の家族に「人情的情緒的性質」をもつ『たがいにむつみあう』横の協同関係」が存在していたとする（川島［1946］2000: 13）。鈴木は『日本農村社会学原理』で近代日本の家族に情緒的なつながりを見いだし、日本農村の社会生活を分析した。そこで「農民」を「夫婦親子の縁を感じ、義理や恩愛に心を躍らして居るありのままの人間」であるとした（鈴木［1930］1990: 3）。戸田は家族が「夫婦、親子ならびにその近親者の愛情にもとづく人格的融合であり、かかる感情的融合を根拠として成立する従属関係、共産関係であ」ると述べる（戸田［1937］1982: 48）。また、明治から戦前までの家族はこの家族の一般的性質と「家長的家族」の性質との二つの性質を備えているとした（戸田［1937］1982: 269-270）。

ただし、これらの議論は、家族にある「情緒的関係」を普遍化しようとする論者の意図が前提になっている。つまり、家族間には情緒的絆があって当然だと位置づけることで、その絆がなければならないという規範性を形成しているのだ。いずれにしても、鈴木や戸田が普遍的なものとして位置づけ、川島が「非近代」の民衆固有のものとして位置づけた家族の「情緒的関係」は、近代家族の特徴であると簡単にはいいきれないことがわかる。

また、先述したように、川島は日本の家族制度を親子や夫婦関係の「忠実」な関係をもつ「武士階級的家族制度」と、

「人情的情緒的性質」にもとづく「横の協同関係」をもつ「民衆の家族制度」の二類型に分けた。そして、日本家族の階層的な「伝統形式」の二重構造が、近代的な家族国家観によってたくみに結合されていることを指摘した（川島［1946］2000）。この結合は、明治、大正、昭和の戦前期に発行された修身教科書の儒教的な教義のなかにもみられた。修身教科書の目標は、親を尊重される身分にひきあげ、同時に天皇を本家の父として擬制することによって、家族関係における情緒的反応を天皇についても条件づけることであった。

さらに、儒教的な「忠孝」について、川島は一八九二（明治二五）年以降の修身教科書と太平洋戦争中につくられた国民学校教科書にどうあらわれていたのかを分析している。川島によれば、親に対する服従の義務である「孝」は徳川時代からみられ、儒教道徳の基礎であると同時に、家族道徳の基礎とされる。また、この「孝」は、「恩」に条件づけられるという。つまり、子の親への「孝」は、子が親から受けた「恩」を返さなければならないため義務となっている（川島 1957: 88-89）。

それだけでなく、親による配偶者の決定も「恩」として教えられていたという。一八九四（明治二七）年の「小学修身教科書」に「親の恩として重要なもの」として「息子に嫁を『貰って』くれ、また娘を嫁に『やって』くれる親の恩」が提示される。息子や娘は自分でその配偶者を決定することが許されず、親や家長によって結婚が決定されるということが、『『恩』として教えられまた意識される」（川島 1957: 92-93）。

川島は一九四一（昭和一六）年以降の国民学校教科書に「孝」の道徳の変化をみてとる。そこには、明治よりも「はるかに国家的統一の要求が出てきており」、その統一のために儒教的な「忠孝」の「家」中心的な道徳ではなく、「家をこえた・横の・人間相互のあいだの規範」と、「人類の自然の情」として、親への子の愛情が示されていた。川島によれば、この変化は国家をひとつの「家」として統一するために、「都市の小市民や下層農民」になじみやすい家族道徳を取り入れる必要から生じた。したがって、「権威主義的な旧武士層の道徳を新たな権力支配の道具へと再編成」するために、規範意識に価値をおく武士の道徳と、情緒的反応に基礎をおく庶民家族の秩序が結合されたのである（川島

1957: 41-44, 123)。この結合が「天皇の臣民」＝「天皇に愛護される赤子」というイデオロギーにつながっていく。階層で明確にわかれていたとされる家族の「伝統形式」の二重構造は、明治から敗戦までの家族国家観を支えていたということになる。

牟田は、一八七一（明治四）年から一九一八（大正七）年に発行された修身教科書を分析している。その結果、明治初年から明治一〇年代半ばまでは、親だけでなくひろい親族関係への「孝」が強調されたこと、明治一〇年代半ばから明治二〇年代半ばには親子の親しみへの言及がはじまる一方、忠孝一致の言説が登場したことをあきらかにした。さらに、明治二〇年代半ば以降には「恩や孝といった親と子の上下関係に基づく関係ではなく、親子が親しみあい家族が団欒を楽しむ親子の対等な情愛」が定着し、同時に天皇の臣民への関係がこの新しい家族意識を用いて表現され、「国の父母としての天皇・皇后の慈愛」、「天皇の父性的情愛が」繰り返し強調されていたことをあきらかにした。つまり、修身教科書には、天皇と臣民の関係に、父と子のように互いに慈しむといった、家族の情愛が再現されていたのである（牟田 1996a: 91-107）。

川島を代表とするそれまでの研究では、家族国家観のイデオロギーは「日本近代の天皇制支配を支え個人にとって抑圧的な装置として働き」、戦前の日本の「前近代性」の象徴として理解されていた（牟田 1996a: 80）。たとえば、修身教科書の教義で重要となっていたのが儒教的な忠孝の教説であるという川島（1954）の指摘がそれにあたる。しかし、牟田は、修身教科書内に「親子が親しみあい」、「家族が団欒し楽しむ」様子、「親子の対等な情愛」をみる（牟田 1996a: 91）、儒教的「前近代的家族倫理」だけが家族国家観の支柱になっていたわけでなく、西欧近代的な「新しい家族意識」も家族国家観の興隆を補完する役割を果たしていたとした（牟田 1996a: 108-109）。

ここで注目すべきは、明治二〇年代半ば以降という同じ時代の修身教科書に、一方の川島は「孝」と「恩」と「家をこえた・横の・人間相互のあいだの規範」、「人類の自然の情」（川島 1957: 123）として、親への子の普遍的な愛情との併存を、他方の牟田は歴史的に形成された「親子の対等な情愛」、「父母の愛や家庭の親しみ」といった近代的な情緒が、

「前近代的家族倫理」と併存し、家族国家観を隆盛させる補完的役割をはたしたことを見いだしている点である（牟田1996a: 91–107）。

つまり、同時代の同じ媒体のなかに、二つの価値観が並存していたのである。この事実から少なくとも修身教科書という国家装置において、「忠孝」という「家」の価値観と「情愛」という「家庭」の価値観が、連関しながら家族国家観を支えていたことが確認できる。いいかえれば、親子の親愛や対等な情愛の関係性と、家長である父と子の支配―服従の関係性とは、対立しあう価値観ではなく、相互の意味を支えながら同じイデオロギー内で併存し、そのイデオロギーの構築と流布に影響していたことが確認できるのである。

また親子の「情愛」をどのように位置づけるかについても川島と牟田で異なっている。川島は一九四一（昭和一六）年以降の修身教科書にあらわれた「情愛」を「都市の小市民や下層農民」の人情的情緒的性質をもつ平等な「横の協同関係」を取り入れた結果だとし、とりたてて新しいものとみなしていないのに対し、牟田は明治二〇年代後半の修身教科書にあらわれる親子の「情愛」を「新しい家族イメージ」のなかに位置づけている。つまり、日本の共同体的な価値観と、欧米的な新しい価値観というように、この「情愛」に対して二つの解釈がなされているのである。

川島と牟田の間のこれらの違いは、第一に両者の問題関心の違い、いいかえれば論敵の違いによろう。川島は戦前の日本国家の抑圧性、非民主性をあきらかにすることを目的としていた。この目的のために川島は、国粋主義者たちが編集し、「皇祖皇宗」や忠孝一致の言説があらわれはじめた明治二〇年代半ばからの修身教科書を分析し、家族国家観につながるような「忠孝」を強調したのであろう。それに対し牟田は、明治期には近代的家族はみられなかったとする自明性に疑問を投げかけることを目的とする。その目的のために最初の修身教科書（明治四年発行）から丹念に「情愛」に関する言及をたどっていったと推測できる。

第二に、両者の違いは両者の研究背景にもある。それは、「情愛」の位置づけの違いにあらわれている。牟田は一九七〇年代の欧米の社会史、家族史の研究の蓄積に影響を受け、近代国民国家と家族の新しい心性への変容とが相互に連関していく社会変動を、日本にもみられるのかを検証しようとする研究姿勢がある。それに対し川島は、一九七〇年代以前に研究書を著し、村落共同体でのフィールドワークの経験をつんでおり、「民衆」の家族構造についての知見があった。このような違いが家族の情愛に関する二つの解釈を生んだと考えられる。戦後民主化の自負のもとに戦前を非民主的なものとして逆照射するという時代状況のなかでなされた川島の研究は、確かに、修身教科書の家族イメージに国家による抑圧を見いだす。

それに対し、牟田の問題意識は、現代に通じる家族観が伝統でも普遍でもなく、社会的、文化的につくられたものであり、そうであるにもかかわらず、われわれを家族観という固定のイメージに押し付けようとする社会規範があることをあきらかにしようとする姿勢からきている。そして、本書も、第二節で紹介する諸研究もこの問題意識を共有している。

家族をめぐるこのような心性の伝統性と近代性の問題は、配偶者選択にとって決定的な重要性を持つだろう。このような心性と配偶者選択における主体の問題については本章第三節（2）でより詳しく検討する。

以上のように、本節では、配偶者選択が個人と個人の属する集団の問題と不可分であることから、明治から戦前の家族の位置づけの議論を概観、整理した。伝統と近代の複合性に注目する諸研究と、そのまなざしを通して伝統性に注目する諸研究を再検討し、そこにある複合的な側面に注目してきた。その結果、一九九〇年代半ば以降の諸研究は、明治から戦前までの家族形態を、伝統的な家と、新しい西欧近代的な近代家族が併存していたと論じていることを確認した。この家族形態を支える心性とは「忠孝」などの伝統的家族倫理と、「情愛」という新しい家族意識、あるいは人情的情緒であった。さらに、伝統性を論じる諸研究も当時の家族に「強い情緒的関係」を見いだしており、家族の情緒的絆は近代特有だといえないことがわかった。また、より最近の諸研究では伝統性と近代性とが絡み合い、相互に作用し、連関していたことが指摘されている。

二　結婚観に関する研究

明治から戦前の結婚観に関する研究は、活字メディアを資料として結婚と「愛」の結びつきについて分析してきた。これらの研究は結婚と結びついた「愛」をどのようにとらえるかによって二つにわけることができる。ひとつは、明治から戦前において欧米的なロマンティック・ラブが結婚相手の選択と結びついたとする「恋愛結婚」の歴史社会学的研究である。もうひとつは、日本の場合は情熱的「ロマンティック・ラブ」にもとづく結婚ではなく、親が結婚する本人の意志を尊重しながらもその保護のもとで結婚させ、その結婚によって「あたたかい家庭」を形成することが理想とされていたとする「友愛結婚」の歴史社会学的研究である。前者を（1）で、後者を（2）で取り上げ、論点を整理する。

（1）「恋愛結婚」の歴史社会学

「恋愛結婚」の歴史社会学には、明治期の文学作品や雑誌を資料とする「ロマンティック・ラブ」と結婚の関連について分析した研究と、大正期の恋愛論を資料とする恋愛至上主義の「恋愛結婚」を分析した研究がある。前者は「恋愛」が近代化、文明化された男女関係であるとして、一部の知識人に受容されはじめたこと、後者は恋愛至上主義的「恋愛結婚」が「家」からの解放であると同時に、個人を抑圧する言説をともなって一般に普及していたことをあきらかにした。両研究ともに、分析対象がおもに知識人の言説である点、明治期において「恋愛」と結婚相手の選択との結びつきは強固でなかったとしている点で共通している。

まず、明治期、大正期に受容された恋愛結婚観をみていくまえに、西欧近代のロマンティック・ラブについてふれる。デビッド・ノッター（2007b）は、ストーン（1979=1991）らが説明する「ロマンティック・ラブ複合体」（romantic love complex）を次のようにまとめている。

第一に、「真の愛」の対象は一人しか存在しない、つまり、世界中のどこかに運命によって定められた掛け替えのない相手が存在するということである。第二に、その運命の相手に出会う際に「一目惚れ」という形で、その相手が生涯の「真の愛」の相手であるということが瞬間的に直感でわかる。そして第三に、「愛はすべてを克服する」というように、あらゆる事柄より愛が優先されるべきであり、とくに配偶者選択の場合は物質的利害ではなく、愛のみによるものでなければならない。（ノッター 2007b: 26）

つぎに、明治期の恋愛結婚観をみていこう。明治期の知識人に受容された「恋愛」は、このような「ロマンティック・ラブ複合体」とは異なっている。諸研究によると、明治期において「西洋起源」の「ロマンティック・ラブ」が受容され、翻訳語として「恋愛」があてはめられた。そして、この「恋愛」が知識人たちに高尚なものとして受けとめられ、同時にそれまで日本に存在していた「愛」の観念が変化したことが示されている（宮地 1977; 柳父 1982; 佐伯 1998）。恋愛結婚は日本の「愛」を西洋的な聖なるものに変化させる手段だからこそ賞賛された。

たとえば、柳父章（1982）は、明治に創刊された『女学雑誌』を資料に、そこにかかわった巌本善治や北村透谷といった知識人が、「高尚」な「love」と、日本通俗の「卑しい」、「不潔」である「恋」や「色」とを区別することを強調するために「恋愛」という新しい言葉を用いたと論じる。佐伯順子（1998）は文学作品を資料に、「恋愛」、「愛」を日本語のなかに定着させたのは、伝統的な日本をより文明化した社会に「改良」しようとする意識であったと指摘している。つまり、「西洋的」な価値をもつ「恋愛」、「愛」の受容の背景を、進化論的人間観、キリスト教などの「西洋的」価値観の崇拝、男女平等を理想とする近代的ヒューマニズムであるとする。そして、キリスト教フェミニズムの立場にたつ知識人にとって、「愛」は「同等の地位」の男女にのみ実現するものであったとする。

このような佐伯と柳父の見解から、明治期の「恋愛」は、「ロマンティック・ラブ複合体」とは異なり、日本的な「卑しい」伝統を脱し、欧米的な文明化された社会へと変革しようという知識人たちの希求を通して受容されていったことがわかる。すなわち、この結婚観は欧米・文明社会志向型「恋愛結婚」である。

それでは、明治期の知識人たちは「恋愛」と配偶者選択とをどのように結びつけていたのだろうか。江刺昭子（1989）や佐伯（1998）によると、明治末期の女性知識人は、親が決定する「脅迫結婚」から女性を解放し、自分が選んだ相手との「幸福な結婚」を実現する「自由結婚」を提唱していた。しかし、それは「愛にもとづく結婚」というよりも、その決定権を結婚する本人が握るかどうかという意味での「自由結婚」に近かった（佐伯 1998: 318）。

つぎに、大正期における恋愛至上主義の恋愛結婚観について説明する。佐伯の研究に対して、菅野聡美（2001）は日本における「恋愛」の受容については明治期よりも大正期を分析対象にするべきだと批判し、文学作品というフィクションではなく、大正期の恋愛論などの評論というノンフィクションを分析する。

菅野は「明治期に輸入された『恋愛』の帰結が明瞭なかたちであらわれてくるのは、もっとのちの大正期」であり、「新思想がすべて流行し定着するわけでなく、普及や定着には時間がかか」ると批判する。大正期には、知識人たちによる「恋愛論」が興隆し、そのなかで結婚のきっかけとしての「恋愛」が具体的な問題として議論されていた。さらに、心中を含む「恋愛事件」が続発したことを根拠に、菅野は大正期を「西洋型恋愛の到達点[12]」とする（菅野 2001: 9-31）。

さらに菅野は、明治期に『女学雑誌』で提示された「愛」は、家庭や夫婦と結びつくものであり、しかもそれは欧米的なものではなく、夫婦の「和合」を説く「徳川時代の道徳意識と滑らかにつながっている」として、佐伯らと異なる見解を示している。そして明治期には、北村が提唱した「家庭や結婚とは結びつかない『愛』」よりも、「家庭と結びつく『愛』」の方が一般的であったと指摘している（菅野 2001: 64）。ここに、明治期の「愛」を「西洋起源」とみる佐伯らと、日本の伝統とつながるものとみる菅野との意見の対立をみることができる。

もう少し詳しく大正期の「恋愛結婚」研究をみていこう。大正期の「恋愛結婚」に関する諸研究は、雑誌や書籍で恋愛論を展開した知識人と、そのなかでもとくに女性解放を謳う女性知識人を対象にしたものがある。

知識人たちは家族や家長の意志からなされる結婚に批判的であったため、欧米的な「恋愛結婚」を受け入れて理想化した。知識人たちの批判は、家族制度の規範よりなされる「見合い結婚」「仲人結婚」に向けられる。たとえば、批判の対象となる結婚とは、川島によると「結婚する家族員の個人的事件ではなく、家族集団全体」と「家長」の利害関係に結びつく結婚である。利害とは経済的に嫁に出すことと嫁入りが労働力の喪失と獲得であったこと、社会的には婚戚関係による二つの家族集団の結合を指していた（川島 1954: 18–20）。このような本人を無視して「家」の利害が優先される結婚を、知識人たちは批判していたのである。

大正期の「恋愛結婚」の諸研究によると、「家」のための強制的結婚から解放するものとして「恋愛結婚」が賛美され、それが恋愛至上主義へと結びついていた。たとえば、厨川白村の『近代の恋愛観』（1922）をみると、恋愛至上主義とは「恋愛」が必ず結婚、性関係、生殖に結びつくという考えであり、それは同時に「恋愛」以外で結婚相手を選択することを罪悪視するという見方であることがわかる（厨川 1922: 12–22）。厨川は、「恋愛」、「愛」のない結婚や夫婦生活を「売淫生活」であるとみなし、結婚後に生じる「愛情」も否定する。たとえ親の強制ではなく、当事者に結婚の決定権が与えられたとしても、このような結婚を「肉体の性交から発足しているという恥ずべきもの」、「雌馬と種馬の交尾と同じ」だとする（厨川 1922: 28–29, 71）。

このような傾向について菅野は、「恋愛結婚論の論理」には、因習やさまざまな束縛を打破し、「個人」を解放する方向性が提示されていたが、同時に「恋愛」と「恋愛結婚」を正統化するために「正しい恋愛」が掲げられた結果、「多くの『べき論』が氾濫し、『正しい恋愛』は多大な努力と義務を要する壮大な目標となった」と指摘する。つまり、「恋愛結婚」は個人の自助努力を求めるものとなり、その目標は、「個人を解放するどころか新たな抑圧をもたらすことになった」のである（菅野 2001: 218–219）。

一方、女性の解放を謳う女性知識人たちの言説を分析した諸研究によれば、彼女たちは「家」のための結婚による女性への呪縛を取り去り、自らの意志で人生を切り開くことができるように女性の自我の確立を目指していた。当時、女性は自由意志で結婚相手を選べず、嫁は舅姑、夫、子に仕えるものとみなされていた。彼女たちはこのような現状[13]に異議を唱えて、従来の結婚制度から女性を解放するという理由で「恋愛結婚」を称揚した。それと同時に彼女たちも厨川と同様、「恋愛」にもとづかない結婚、性関係、生殖を罪悪視した。さらには、正統な「恋愛結婚」につながるからこそ女性の母性や貞操は価値があるのだとした。しかし、この「恋愛結婚」のためになる女性性の価値づけは、「女性はこうあるべきだ」とするジェンダー規範を女性に押し付けていったのである（桑原 2003, 2006; 宮森 2004）。

また、「恋愛結婚」に関する分析を発展させて、恋愛至上主義の「恋愛結婚」が優生思想と表裏一体の関係にあったという知見を示した諸研究がある。これらの研究は、「恋愛結婚」の理想化と同時に、個人が自ら進んでその生を国家に拘束させるという抑圧を内包していたことを指摘した（加藤 1997, 2004; 桑原 2003, 2006; 宮森 2004）。さらに、知識人によって書かれた資料を分析し、その結果、「恋愛結婚」が優生思想を背景として「国家」と結びついた「優生結婚」でもあったことを指摘している。この優生思想的「恋愛結婚」とは、「恋愛結婚」によって起こる生殖が「優秀な国民」を産み出し、結果として国家に「幸福」をもたらすというものである。このような結婚観を優生思想型「恋愛結婚」と呼ぼう。

これらの諸研究によれば、この優生思想的「恋愛結婚」に影響を与えたのはエレン・ケイである。[14] ケイは、自由に選択しあった男女が「相互の愛情を通じて、お互い自身と種族を幸福にしようと志す」結婚を理想とし、「精神と肉体の結びつきが融合した生殖欲」を伴った「恋愛」こそが、生命を生み出し「種族」に繁栄をもたらすとする（Key 1903 = 1973）。

加藤秀一（1997, 2004）によれば、明治末期に「新しい国家を支えるにふさわしい『倫理』である一夫一婦制が、「善良の子」を育み、日本人全体の「人種改良」、「健康な子孫の繁殖」を実現するという見方があらわれていた（加藤 1997: 205–217）。そして、ケイの影響を受けた大正期の知識人たちは、「恋愛結婚」を、日本という国家の「未来を担うべき子孫の人種的改良」につながるとして賞賛していった（加藤 2004: 164）。

このように「恋愛結婚」の歴史社会学的研究は、知識人が提示した恋愛至上主義の「恋愛結婚」言説が、「家」からの解放を謳うと同時に、人びとに新たな抑圧を提示するというパラドックスを内包していたことを指摘している。個人主義的に思える「恋愛結婚」であっても、個人が属する社会から自由でないことを示した点でこれらの諸研究は意義がある。

最後に、明治期、大正期の知識人以外の人びと、つまり一般庶民が語る恋愛結婚観についてみる。明治期から戦前にかけて庶民は「恋愛結婚」をどのように認識し、どのように語っていたのだろうか。大正期の庶民については、新聞・雑誌の身の上相談欄を資料にした「思想の科学研究会」（1956）と早川紀代（1998）をあげることができる。まず、早川（1998）によると、「恋愛」、「愛」のある結婚の実現は、欧米と肩を並べる市民社会や国民国家の形成につながるとされていた。たとえば、「恋愛」、「愛」のある結婚を志向することによって、一夫一婦の制度化、妾・娼妓制度の廃止、男女同権の確立につながるという主張があった（早川 1998: 15–58）。

これらの研究によると、身の上相談欄にみる大正期の「恋愛結婚」は、「家」の規範から脱しようとする「個人」の希望としてあらわれ、その多くは「見合い結婚」と「恋愛結婚」との葛藤によって構成されている。さらに、そこには、女性は結婚するまで「処女」でなければならないという性規範から生じる悩みや葛藤があらわれていた。

（2）「友愛結婚」の歴史社会学

「恋愛」と「見合い」の複合性

ここまでみてきた諸研究は、戦前の一部の知識人や庶民がどのように「恋愛結婚」を受け止めていたのかを実証しようとした点で意義のある研究である。

しかし、二〇〇〇年以降、「恋愛結婚」の歴史社会学の諸研究さえも陥っている常識を問うべきだという指摘があらわれる。この常識とは、「見合い結婚」と「恋愛結婚」という二項対立図式で近代日本の結婚をとらえる視点のことである。

ノッター（2001, 2007b）や大塚明子（2003a, 2003b）は、この「常識」を問い、大正期には「恋愛結婚」という理想はあったが、あくまでそれは理想で終わり、日本の近代的結婚は「友愛結婚」であると主張する。そして、日本においては結婚する本人らの自由選択に親の意志を滑り込ませる「友愛結婚」が理想とされていたことをあきらかにした。つまり、「恋愛」と「見合い」がはっきりと区別できない結婚のあり方が理想とされていたというのである。

では、「見合い結婚」と「恋愛結婚」の二項対立図式によって生じる問題とは何か。ノッターはこの二項対立が日本の社会学のなかで「常識」となっているため、学問的用語としての「恋愛結婚」に潜む問題が問われず、その意味が曖昧かつ短絡的に論じられていると批判する。ノッターによれば、既存の研究では「恋愛結婚」が、たとえそれが情熱的な恋愛にもとづいた選択でなくても、本人の「自由選択」にもとづいた結婚を意味する用語として使われている。

しかも、その「自由選択」は親が何らかの拒否権を握っている場合でも「恋愛結婚」とみなされている。たとえば、農山村における夜這いや若者宿は、恋愛の自由を許していた。このことから、近代的とされた「恋愛結婚」は、実は伝統的な日本の結婚形態であったという議論もある。しかし、そこには、同時に同じ村の中で相手を見つけるべきとする内婚規範が働いていた。若者組が集団としての統制が取れているところでは、夜這いの仕方が非常に規律正しいものであり、若者組が奨励していたのは同村内の若者同士のみであったことが指摘されている（柳田 1948: 65–82; 瀬川 [1957] 2006: 25–37; 赤松 [1950] 1993: 170–189）。それは必ずしも自由な恋愛であるとはいいきれない。

ノッターは、近代日本において「恋愛結婚」へとつながる「恋愛」、「愛」は、欧米的な「ロマンティック・ラブ複合体」とは異なり、友愛的なものであったと主張する[15]（ノッター 2007b: 59–120）。

ノッターの指す「友愛結婚」は、ストーンが提唱した「友愛結婚」（companionate marriage）という用語からの借用であり、ノッターはこの「友愛結婚」を以下のように解釈している。

一五〇〇年〜一八〇〇年の英国における結婚の変遷を分析したストーンによると、家庭内の家父長権の力が低下すると同時に、妻が夫に服従するというそれまでの家庭のパターンと違った、妻と夫のパートナーシップを特徴とするような、夫婦を友情や愛情で結びつける「友愛結婚」が求められるようになったという。そして、「友愛結婚」の交流は配偶者選択の基準の変化にも反映される。つまり、個人の幸福や夫婦の愛情を優先させる立場から、配偶者選択における意志決定権が次第に両親から結婚する本人に移行されるに至った。ストーンによると、英国の貴族や中産階級の上層部において、一六六〇年までには配偶者選択過程における変化がみられた。当時はまだ親が自分の子どもの配偶者を決めてはいたが、以前よりは、子どもの幸福を重視するようになったために、子どもに拒否権を与えるようになっていた（Stone 1977: 272）。（ノッター 2007b: 65–66）

ノッターは、大正期の『婦人公論』に提示されていた「恋愛結婚」の意味内容が、このストーンの「友愛結婚」と近似していると指摘する。『婦人公論』では、完全に親に決められた見合い結婚の場合でも、本人の意志が尊重される、もしくは、結婚後、夫婦間に「多少の愛情」が生まれると「恋愛結婚」だとされていた。そして、ノッターはその恋愛結婚観を友愛結婚型「恋愛結婚」言説とする（ノッター 2007b: 65–66）。

「友愛結婚」の歴史社会学は、ストーンのいう「友愛結婚」の特徴と同じような、本人に拒否権を与える結婚が近代日本においてどのように提示されていたのかを分析する（ノッター 2001, 2007b; 大塚 2003a, 2003b, 2004）。これらが分析対象にしているのは、一九一六（大正五）年創刊の『婦人公論』と一九一七（大正六）年創刊の『主婦之友』であり、両誌は大正期の新中間層の女性を読者に持つ(16)。それでは、これらの婦人雑誌を分析した結果、何があきらかになったのかをみていこう。

「家庭」志向

ノッターによれば、両誌では、「神聖なる『家庭』とその支えとなる温かい夫婦関係」を築くことを目標とした情熱的な「恋愛」よりも、「友愛結婚」にふさわしい「幸福」や互いの「理解」を重視する結婚相手の選択が理想とされていた。つまり、「ロマンティック・ラブ複合体」を信条とする「愛」による結婚ではなく、対等な「人格」同士の結合からくる「愛」による結婚が望まれていたのである（ノッター 2007b: 83-90）。

ノッターは友愛的結婚観が提示された背景には、「家庭」を理想とする意識の発生があったとする。第一節で示したように、牟田と小山によると、大正期の新中間層の間では、夫婦や親子の愛情に満ちた「家庭」、「ホーム」が理想とされていた（牟田 1996; 小山 1999）。ノッターはこれらの研究を引き継いで配偶者選択における「恋愛」、「愛」と「家庭」との繋がりに焦点をあてる。この「家庭」とは、俸給生活者である夫と、主婦として生産労働から切り離された妻、愛され、教育される子どもたちからなる家族の理想像であり、家族成員間の情緒的結合が求められる場である（牟田 1996a; 小山 1999）。

先述したとおり一九一六（大正五）年から一九二〇（大正九）年までの『婦人公論』において、「恋愛結婚」という用語は、「見合い結婚」に対して、結婚する本人の意志が尊重された結婚を意味するものとして用いられていた。そして、一九二一（大正一〇）年に恋愛至上主義が活字メディアで取り上げられるようになると、「恋愛結婚」は恋愛をきっかけとした本人の意志のみの選択による結婚だけを指すようになっていた（ノッター 2007b: 65-72）。

しかし、恋愛至上主義型「恋愛結婚」は両誌において理想で終わることとなる。ノッターによると、恋愛至上主義型「恋愛結婚」が賞賛されるなかで、「男女交際」が必要だという議論がなされるようになっていった。『主婦之友』では「男女交際」は「教養」や「人格の向上」のために必要なものとされていた。『婦人公論』では「恋愛結婚」は賞賛すべきものであり、そのために「男女交際」は必要であるが、情熱的な「恋愛」や「男女交際」は危険であるというジレンマがみられた。情熱的な「恋愛」が危険だとされた要因には、当時の新聞や雑誌で恋愛の絡んだ事件やスキャンダルが多くとりあげられたことと、女性の「純潔」への価値付与があった。つまり、情熱的な「恋愛」が「純潔」を毀損する危険なものだとみなされたために、情熱的な「恋愛」を経た「恋愛結婚」はあくまで理想で終わってしまったのである。

こうして、両誌では「純潔」を守りながら、教養のある男女がお互いに人格を高めあうための「男女交際」が奨励されていった（ノッター 2007b: 70–77, 83–88）。

また、大塚（2003a, 2003b）は「友愛結婚」が導入された背景を分析している。大塚もノッターと同様の結論に至り『主婦之友』の掲げる「愛」の理想は、官能的・特殊志向的・非合理的な情熱を起点とするロマンティック・ラブとは異なり、精神主義的、普遍志向的・合理的な性格のもの、つまり一七世紀のプロテスタントの友愛結婚に近いとしている。大塚は、友愛的な結婚が模索された原因を、「親などの保護者が全く介入せず、完全に当人同士に決定をゆだねる『自由結婚』」が「大きなリスク」を伴う社会状況に求める（大塚 2003a: 1; 2003b: 40）。

その社会状況とは、第一に、男女隔離、女性が純潔を損なうリスクを避けるため、「恋愛結婚」に必要な男女が出会い、交際する機会がもたれなかったこと、第二に、一八九八（明治三一）年の民法公布の後も法制度が日常生活に定着しなかったため、結婚と同時の入籍という手続きがまだ浸透しておらず、婚約不履行や結婚詐欺などが多発したこと、第三に、医療と医療に関する知識が未発達で、治療法が確立しないさまざまな病が遺伝だとみなされていたため結婚相手を慎重に選ぶようになっていたことがあげられる（大塚 2003a: 3–7）[17]。

大塚によれば友愛結婚の提唱は「見合結婚」のあり方を変化させていた。このような社会的状況をうけて『主婦之友』において「自由結婚」のリスクを回避しながら、「愛」ある結婚を実現するために最善策が提示された。第一に、読書会や音楽会を通して親の監督のもと家庭内で交際する方法であり、当人同士が充分に交際して互いの「人格」を判断するためになされる「家庭的グループ交際」である。第二に、第一策の次善策であり、当人同士の充分な接触のうえで「人格」を理解し、当人たちの意志を充分に尊重して最終決定をくだすという「見合結婚の改革」が推奨された（大塚 2003a: 7–10）。当時、「見合い結婚」は明治末から大正期にかけて地域、階層を超えてひろがっていった[18]（柳田［1948］1990: 147–53; 湯沢 1994; 2003: 93）。そして、「見合い結婚」は近代を特徴づける結婚であると指摘されている（Blood 1967＝1978; 上野 1995）。

友愛結婚の知見が登場するまで「見合結婚」とは親への「孝」という儒教的理念にもとづく結婚であり（川島 1957: 88-93）、「家」の存続のためになるかが重視され、結婚する本人同士の付き合いや意志のない状況で決定されていた（川島 1954）。

阪井裕一郎（2009）によると、明治期に出版されていた礼儀作法書などの出版物[19]において、「媒酌人を立てない自由結婚」と、「本人の意思を無視した家や親の都合で決められる結婚」のどちらも「非文明＝野蛮」とする矛盾が生じていた。この矛盾を解消する形で「自由結婚」でも「強制結婚」でもない、「親の意志＝家族主義」と「本人の意志＝個人主義」の両者を尊重する「見合い結婚」が「正しい結婚」として規範化していった（阪井 2009: 96-101）。つまり、この「見合い結婚」自体が、仲人の存在によって、結婚する本人の恋愛が社会的承認を得ていることを示すという意味で、「友愛結婚」を成し遂げるひとつの方法とされていたのだ。

さらに、「友愛結婚」言説を検証した研究として奥井亜紗子（2004）をあげることができる。奥井は農村向け月刊雑誌『家の光』[20]を資料として、戦間期の農村青年層による「恋愛結婚」や「友愛結婚」言説の受容をあきらかにした。奥井によれば、未婚男性は「見合」の場合に最終的な選択権を求める程度の「友愛結婚型『恋愛結婚』」を、未婚女性はより主体的に結婚相手の選択をおこないたいと考える「恋愛至上主義型『恋愛結婚』」を理想としていた。農村青年が都市の結婚観に同調したのは、「家」のためになされる仲人を介した「見合い結婚」に不満だったからである。明治末年からの若者組の弱体化[21]、夜這いを「蛮習」とする意識によって、農村の上層にのみみられた「家」同士の結婚が昭和期には一般農民に浸透していたのである（奥井 2004: 64-68）。

ここまでみてきた「友愛結婚」の歴史社会学があきらかにしたのは、明治期から一九三〇年代までに、第一に、結婚する当事者の意志を尊重し、結婚後の「家庭」における夫婦間の情緒的な絆を重視する「友愛結婚」、第二に、親と、結婚する本人のどちらの意志も尊重し、「見合い」という正統な形式を経たことを重視する友愛結婚型「見合い結婚」、第三に、都市への憧れと農村にとどまらなければならない葛藤から、せめて農村の生活を向上、改善させようという意欲から派生する生活改善志向型「友愛結婚」などがあらわれていたということである。「友愛結婚」という結婚観は、恋愛至上主義型「恋愛結婚」から情熱的な側面を抜き取り、親の意志と、結婚する当事者の意志を調和させながら、現実の社会状況に即しながらも、近代的な結婚をしようとする志向により生じていたといえる。

本節で取り上げた近代的結婚観の諸研究の整理から、「恋愛結婚」と「友愛結婚」の歴史社会学が共有する結婚観の要素を導き出すと以下のようになる。

知識人の著作を分析した研究によると、厨川白村に代表される男性知識人、「新しい女」などの女性知識人は、「家」による強制的な結婚から個人を解放する方向性をもって、恋愛にもとづく結婚の実現を提唱していた。

当時の婦人雑誌を資料とする近代家族研究は、大正期に支持されたのは恋愛至上主義型結婚観ではなく、「家庭」を志向した友愛型結婚観だと指摘している。婦人雑誌では、恋愛至上主義者の「恋愛」は性欲から派生した不安定な情熱とされ、そこでは、「教養」と「高い人格」をもつ男女が、相互理解によって「一心同体」になることが理想とされていた。そして、新しい見合い結婚の方法が提唱されるもの の[22]、当人の意志が重視されない「家」本位の結婚を否定すること、あくまで「本人の拒否権」を尊重することが原則であった（大塚 2003; ノッター 2007b）。

庶民の近代的結婚観を分析する諸研究は、専ら新聞・雑誌の相談記事を資料としている。これらの諸研究によると、記事の多くは、強制的な見合い結婚と恋愛との葛藤が中心であり、恋愛結婚を「家」の規範から脱しようとする「個人」の希望として位置づけている（思想の科学研究会 1956; 早川 1998 など）。

結婚を歴史社会学的に分析する際の、伝統性と近代性のゆらぎをとらえる視点とはどのようなものなのか。ジョン・R・ギリス（Gillis 1985 = 2006）は、ストーンやショーターに対して、結婚のパターンを単純化しているため、結婚にまつわる、葛藤、試行錯誤などに着目していないと批判する。欧米の既存研究に対するギリスの指摘は、結婚の歴史について単純化した見方しかしていないというものだった。ギリスは、夫婦の絆をめぐる試行錯誤、夫婦の理想の「ひび割れ」をもっていなかったのだろうかと指摘し、イングランドとウェールズの文化のなかで、「普通の女性たちと普通の男性たちがその異性愛に、相互に満足すべき秩序をもたらそうと試行錯誤しているその方法の非常に大きな多様性」をあきらかにしようとする（Gillis 1985 = 2006: 1-10）。

ギリスがイングランドとウェールズにおける例から論じ、本節で取り上げた諸研究が示すように、戦前日本において結婚相手の選択のあり方の形成に複数の価値観が相互に作用していた可能性を指摘することができる。本書は単純な近代化論に陥らないように分析するというギリスの問題意識を共有している。ただし、本書で目指されているのは、複数のパターンを見いだして、多様な結婚相手の選択のあり方を見いだすことではない。そうではなく、その選択のあり方が提示される際に、さまざまな価値がいかに戦略的に用いられて、どのように配置されていたかをあきらかにすることを重視して分析する。この点については、次の第三節で詳しく論じる。

三　配偶者選択の歴史社会学に向けて——本書の課題

第一節でとりあげた研究の成果から、第一に、伝統性か近代性かという二者択一的に問いを発するのではなく、複数の家族形態とその心性のパターンが存在する可能性を念頭におく必要が、第二に、それらのパターンはどのように相互に作用し、連関し合っていたのか、どのように折り合いをつけていたのかという問題を実証的に検証する必要があるという知見を得た。本書は、このような先行研究の視点を引き継ぎ、伝統性と近代性は相反するという視点を前提とせずに配偶者選択を分析する。

本節では、第一節と第二節の整理から、第一節でたどってきた、複合的な家族形態とその心性のあり方を視野にいれながら、第二節の配偶者選択の歴史社会学の先行研究を批判的に検討することを通して、近代日本の結婚観をあきらかにするために、残された課題と、本書の意義を提示する。

（1）結婚観が示される言説空間の問題

第一節でみた、諸研究の知見の違いは、分析の対象や方法、問題関心や理論的背景の違いによってもたらされていた。ここでは、まず先行研究が用いた資料の位置づけを概観しながら、先行研究の残された課題と、本書が分析する近代的公共空間としての活字メディアである「身の上相談」の位置づけを論じる意義を述べる。

つぎの第二章の課題は、結婚観が示され、その価値観や結婚に関する問題が共有されていたのであれば、それはいかにして可能になったのかを、「身の上相談」の成立過程とその特徴を通して検討することである。その特徴を知るために、この言説空間がどの社会層にひろく共有されていたのか、どの程度に大衆化していたのか吟味すること、さらに、どのような人びとが編集に携わりこの言説空間を成立させていたのかをみていくことが重要である。

まず、これまでの研究の分析対象をみていこう。一九三〇年代から一九六〇年代の民俗学や農村社会学の系譜に連なる諸研究は、伝統的な庶民の家を扱かった。敗戦後の一九四〇年代半ばの研究は、武士階級的家族制度に焦点を当て、民主化のための啓蒙的視点によって伝統的「家」を問題とする。一九五〇年代の末からこの視点は、修身教科書の言説といった国家が形成したイデオロギーに焦点を当て、近代国家が創りだした「家」の抑圧性を問題としていた。

一九八〇年代半ばから欧米の心性史、家族史、歴史人口学、フェミニズムの影響を受けた研究がなされる。それらは国家が形成したイデオロギーに注目し、そこで創られた「伝統」としての「家」を問題とする。もしくは、婦人雑誌を分析対象に西欧近代的な「家庭」の登場を示した。さらに一九九〇年代半ば以降に、この伝統性と近代性の議論をふまえて、伝統と近代が二律背反する価値観でなかったこと、その複合性を修身教科書、宗門改帳や人別改帳などの分析から実証的に示していった。

一九八〇年代半ば以降の研究において、明治期、大正期の結婚観は次のような資料によって分析されている。欧米・文明社会志向型「恋愛結婚」は、明治期の文学作品や『女学雑誌』などの知識人の言説（柳父 1982; 佐伯 1998）、新聞投稿欄（早川 1998）にみられた。投稿欄の投稿者と読者は、一般庶民というよりも、官員、士族、豪農、教員、学生など、当時では限られた「上級社会」の「知識層」であったという（早川 1998: 223–254）。恋愛至上主義型「恋愛結婚」と優生思想型「恋愛結婚」は、大正知識人が著した「恋愛論」、婦人解放論、性科学論を資料にしている（菅野 2001; 加藤 2004など）。限られた人びとによって著され、限られた人びとが目にするものだった明治期の資料に比べ、大正期は多くの知識人に著され、ベストセラーになったという点から、比較的多くの人びとが目にする資料であったことがわかる。

「友愛結婚」、友愛結婚型「見合い結婚」論は、大正期の『主婦之友』と『婦人公論』を分析対象にしている（大塚 2003a; ノッター 2007b など）。これらの雑誌は少なくとも中等教育を受けて読み書きのリテラシーを身につけ、雑誌・新聞などを購読する経済的余裕を持ち合わせていた新中間層の女性を購読層としており、記事の内容も都市に暮らす新中間層の家族像を中心に構成されていたと位置づけられている（寺出 1982: 57; 小山 1991: 163; 木村 1992: 235）。両誌の違いについて、『主婦之友』は大正期の大衆婦人雑誌を代表するものであり、『婦人公論』は高学歴女性やその他の知識階層に読まれていたと推測されている（前田 1989: 155–159; ノッター 2007b: 63）。

これらの研究は、分析対象そのものを歴史化してその位置づけを問うていない。つまり、活字メディアが近代的公共空間として、結婚観といった私的な問題を語るにたりえる場となった過程を問うていないのである。

本書の第二章では、「身の上相談」という言説空間がいかに形成してきたのか、どのような人びとが「身の上相談」を編集し、そこに回答をつけていたのかをみていく。

さらに、「身の上相談」欄が結婚観の一般化に大きく寄与したのかを検討する。活字メディアは、なぜ、いかにして知識人以外の人びとの私的な問題を語る場となり得たのか、その語りを吟味し、自らに起こり得る問題を参照する場として成立したのかを問い直すことは、結婚観が一般化していく過程を考察するうえでも重要な問題である。このような言説空間、つまり活字メディアで語られていた価値観を読者同士が共有する言説空間が成立していたのであれば、そこで語られる結婚観は親族共同体や村落共同体の境界を越える可能性を有しているといえる。いいかえれば、見ず知らずの誰かが語る結婚観が、自分の結婚観とも重なると思わせるようなメディアの成立が、結婚観の大衆化を助けていたといえる。では、その結婚観を共有していたのは誰か、普通の人びとが結婚観を語ることを助けた人はどのような人びとだったのだろうか。

（2）結婚相手を選ぶ主体の問題

ここでは、先行研究が主題としてきた「誰が、どのように結婚相手を選択してきたのか」という問題に注目する。そして、先行研究の概観をとおして、本書における結婚相手を選ぶ主体を検討するうえでの理論的枠組みを確認する。そのうえで、配偶者選択主体のあり方に関して残された課題を提示する。

まず、個人が属する集団内の社会関係に配慮するような結婚相手の選択のあり方が、大正期に形成されていた可能性を先行研究の検討を通して説得的に議論していきたい。

第一節で取り上げた諸研究の整理から、明治から戦前までの家族形態とその心性は次のようにまとめられる。第一に、庶民層の伝統性を有した「家」と、それを支える「家の精神」や「人情的情緒」、第二に、武士層の封建遺制である儒教的「家」と、それを支える「忠孝」の理念、第三に、この伝統的な「家」を国家によって近代的に再生産された「家」と、それを支える「忠孝」の理念、第四に、都市の新中間層の西欧近代的な「家庭」と、それを支える「情愛」という新しい家族意識、第五に、これらの伝統性と近代性が複雑に絡み合い、相互に作用し合っているとする立場である。

これまでの整理から、大正期において、誰が結婚相手を選択する主体となっていたのかが想定されるかを3点にまとめてみる。第一、第二、第三の形式から、①配偶者の選択は「家」や家族制度といった制度的な集団の組織の再生産に結びつくものと考えられ、選択する主体は家長や親であったといえる。つまり、家の利害を優先するために家長が子どもの結婚相手を選ぶという形式だ。利害が優先なので子である本人の意志は優先されない結婚である。

第四の知見から、②配偶者選択のあり方は、夫婦、親子（夫婦とその子ども）の情緒的絆を重視する「家庭」の形成を目指したものであり、結婚相手を選択するのは結婚する本人であるといえる。これは恋愛によって相手を選ぶ形式であり、本人が選択権をもつ結婚も含まれる。第五の知見をふまえて、③①と②が相互に連関した配偶者選択のあり方が提示され、親子関係と結婚する本人同士の関係のどちらにも気を配って、結婚相手を選択していた可能性がある。この結婚は友愛結婚の歴史社会学が提示した結婚のあり方である。親の保護の下で子どもは結婚相手を選ぶが、結婚する本人同士の愛情も重要なため子どもには選択権がある。この結婚は親が子どもに配慮しながら相手を選択する主体となっている。

本書の第三章の課題は、③のような友愛結婚の歴史社会学の知見をふまえながら、そのあり方の諸相、具体的な方法についてより詳しく分析していくことである。しかし、配偶者選択における親子の関係性に関する議論については、より整理したうえで友愛結婚観の諸相をたどるべきだと考える。

第二節でみたように、ノッター（2007b）と大塚（2003a, 2003b）の友愛結婚観にかかわる知見から結婚相手を選択する際に、親の決定に、子の意志を介入させようという親子間の情緒性を見いだせる。親と結婚する当事者のどちらの意志も尊重する友愛結婚観は伝統性と近代性が二者択一的な関係にないこと、「見合い」と「恋愛」が二者択一的でないことを示している。さらに、先行研究の知見は、これまで画一的に解釈されてきた「見合い結婚」でさえも、伝統か／近代か、あるいは強制的か／当事者の意志を尊重するものか、「家」／「家庭」／「恋愛」のためかという多様な側面を包摂していたことを示している。

しかし、ノッターらの友愛結婚観の議論では、情緒的に結びついた夫婦関係と、親に保護される子という親子関係に照準がおかれ、子からの親への恭順という視点から配偶者選択主体のあり方は取りあげられていない。また同時に、配偶者選択主体のあり方において、当事者の選択に関与しようとしていたのは親だけなのかという問題が残されている。

なぜなら、大正期は親子関係において主に三つのゆらぎが生じた時代であったからである。ひとつ目は、親孝行か恋愛かというゆらぎである。第二節でみたように、このゆらぎを解決するために友愛結婚が理想化されていた。恋愛と親孝行がいかにして折り合わされていたのかをみていくことで、友愛結婚の諸相をより詳しくみていくことができるだろう。

二つめのゆらぎは、この親孝行が力にもとづくものか、愛にもとづくものかということである。親孝行は親子間にある非対称な関係とみなされるが、絶対服従ではなかったと指摘する研究がある。姫岡勤によると、「徳川時代」の「封建道徳」は「子の孝」のすすめでさえ親から一方的に要請されるものではなく、親の恩に子が恩返しをするというような「相互制約の関係」であった（姫岡［1952］1983: 120）。また、大正期とは、親子の保護と恭順を結ぶものが、強制的な「孝」なのか、それとも情愛によるものかがゆらいだ時期であった（尾花・広井 1994: 176–177; 有地 1986: 76–77; 今田 2007: 95）。いいかえれば、親子関係が、親に子が絶対的に服従する関係から、親の情愛に子が応えるために孝行する関係へ変化しつつある時期であったといえる。

しかし、いずれにしても結婚相手を選ぶ際に、親から子への保護にもとづいた選択だけではなく、子が親への孝行として選択することも考えられる。このような視点は友愛結婚の歴史社会学ではあまり議論されてこなかった。友愛結婚観が理想であったならば、親だけでなく子である結婚する本人も家族に配慮した配偶者選択をするように求められていただろう。友愛結婚観がいかなるものであったのかを知るためには、配偶者選択のあり方が提示される際に、強制的な親子関係や愛ある親子関係がどのように位置づけられ、親と子がいかに配慮して結婚相手を決めるべきとされていたのかをみていく必要がある。

三つめのゆらぎとは、この親孝行の対象が実の親か、義理の親かというものである。結婚する本人が配慮するのは血縁親だけだったわけではない。

このことについて、まず、近世において親は子に対して結婚相手を選択する力をもたなかったとする研究をみてみよう。近世後期の駿河国駿東郡の名主家の日記を分析対象にした大藤修（2003）によれば、一七八七年に結婚をめぐる親子間の訴訟事件が発生した。父親が息子と「奉公女」との結婚に反対し役所に訴えたのである。この訴訟は父親が勝訴したにもかかわらず、結局、家の相続を心配した父親がおれて、息子の結婚を許したという。大藤はこの事例について「家の論理を体現した当主たる父親の意志と純粋に愛を貫こうとした倅《せがれ》の個人的意志とが対立し、最終的には、家の存続というこれまた家の論理からこの結婚は認められたのである」と考察している（大藤 2003: 275）[23]。

血縁親以外による配偶者選択についてみると、有賀喜左衛門によれば、農業や商工業における親方＝子方関係のもと、親方の世話によって結婚する「親方取婚」があったという。子方は主人の世話で配偶者を決める「親方取婚」をし、子方ら夫婦の家屋が主人の家屋の近隣に与えられ、子方の家族は主人の家族を本家とする分家としての地位を受ける。彼の家族は主人の家族に従属して、主人の保護を受けた（有賀［1948］1968）。有賀（［1955］2001）によると、親分と子分は主従関係であり[24]、なおかつ利害共同関係という性質を持つとともに、親分とその家族の利害はつねに子分とその家族の利害に優先する。子分である個人はひとつの親方の家族に属し、親方である主人とその家族のために献身、奉仕することによって、彼らの利益は親分によって守られる関係にあると考えられていた[25]。

以上みてきたように、近世後期から戦前の日本において、親子が生みの親とその子には限られない、むしろ非親族、非血縁者との親子のつながりを含みこんだ関係もあった。

ここでの整理から、第三章では、諸研究があきらかにした結婚観の諸相をあきらかにしていく。親子の関係性と結婚する本人の関係性どちらにも配慮しながら、結婚相手を選択する過程はどのようなものだったのかを具体的に分析していく。ただし、親が子との関係と子の結婚後の夫婦関係に配慮する形式だけでなく、結婚する当事者である子が親に配慮する選択のあり方が理想化されていた可能性も視野にいれて分析していく。そこで配慮される社会関係性がどのようなものか、結婚相手を選択する根拠となる社会関係性にも注目する。

（3）結婚相手に求める条件の問題

本書の第三章では、先行研究の知見をふまえながら、大正期の活字メディアにおいて、どのような配偶者の条件が理想的、規範的に求められていたのかをあきらかにしていく。先行研究の整理から、戦前期における結婚相手に求める条件として、人柄、ものの考え方、趣味などの人格、処女性などの純潔、遺伝などの身体にかかわる条件を抽出することができる。

まず、人格にかかわる結婚相手の条件を論じていく。近代的結婚観の研究成果をみると、知識人の著作を分析した研究によれば、結婚において男女が「人格的」に結合することが重視されていた（牟田 1996a; 菅野 2001 など）。たとえば、第二節で触れた恋愛至上主義型「恋愛結婚」でみたように、知識人たちは「人格的」である「恋愛」を価値のある男女関係だとみなしていた。当時の婦人雑誌を資料とする近代家族研究は、「教養」と「高い人格」をもつ男女が、相互理解によって「一心同体」になることが理想とされていたことをあきらかにしている（大塚 2003a; ノッター 2007b）。

本書では、これらの研究成果を踏襲しながら、男女どちらも読者に持つメディアでも、同様に「人格」と「教養」が結婚相手の条件になっていたのか、そこで条件づけられる「人格」や「教養」は具体的にどのような条件を指すのかに注目する。

つぎに、純潔にかかわる条件について論じる。ノッターによれば、大正期の婦人雑誌では女性の「処女性」を脅かさない「純潔な男女交際」が求められていた。大正期に他のメディアでもこのような純潔さが結婚相手の条件として求められていたことが予想される。第二節でも述べたが、純潔と結びついた恋愛観は、友愛結婚の理想化にとって重要なものであった。恋愛の歴史研究の多くが指摘するように、明治期、大正期に西欧的な「愛」、「恋愛」は、性的関係を伴わない、精神性や純潔が重視される高尚な男女関係を意味するようになった[26]。この「恋愛」の価値づけは日本通俗の「卑しい」、「不潔」である、あるいは江戸期後期の遊郭世界でおこなわれる「色」や「恋」からの差異化を伴っていたのである（佐伯 1996, 1998; 浜田 1997; 早川 1998; 小谷野 1999）。

つまり、当時、処女性をもたない相手に対して、なんらかの否定的なラベルが貼られていたと考えられる。そうであるならば、その結婚観は女性から性の自己決定権を奪い、性愛の経験によって女性を蔑視するものとなるだろう。そのため、純潔と結びついた結婚観がどのように女性たちを条件づけ、女性たちに処女性を押しつけていたのか、男性に求められる貞操といかに非対称な結婚観であったのかを分析していくことは重要である。ノッターらの友愛結婚の歴史社会学は、婦人雑誌を分析対象としているためか、男性の貞操については論じられていない。そこで、本書は結婚相手の純潔、処女性、男性の貞操にかかわる言説を分析していく。

つぎに、優生思想型「恋愛結婚」の研究の知見から得た結婚相手の条件である。これらの研究によれば、当時「恋愛結婚」を高尚なものと位置づける根拠として、「優秀な国民」、日本人全体の「人種改良」、「健康な子孫の繁殖」や国家の「幸福」の実現が語られていた（加藤 1997, 2004; 桑原 2003, 2006; 宮森 2004）。

このような語りがあるということは、当時、優生思想にもとづいた結婚相手の条件が語られていた可能性がある。本書は結婚相手の条件と健康、遺伝、「優秀な国民」の問題とが具体的にどのように語られていたのかを考察していく。これらの語りに注目することで、結婚相手だけでなく、その親族に対する偏見、差別、排除がいかに構成されていたかをあきらかにすることができるだろう。そうすることで、通婚圏がひろがり、自由な選択が許容されはじめるなかで、同時に何らかの結婚差別が隠されてしまうことを指摘することができるのではないだろうか。

ただし、結婚する本人が求める条件だけでなく、親が子の配偶者に求める条件も問題になる。本章第一節でみたように、「家」にかかわる諸研究は、明治から戦前までの家族形態である「家」が家系、家業・家産を維持、永続化することを重視していたとする。また、川島によれば「家族員の結婚は」、「家長」の利害関係に結びついていた（川島 1954: 18）。結婚する本人の親や親族は、人格や教養、貞操や処女などの純潔、優生などと関連づけられた結婚相手の条件を問題化して語っていたのかも検討していく。この検討によって、これらの条件が家柄等も含めた階層にかかわる問題とどのようにつながっていたのかを考察していく。

本書の分析視点では、近代的結婚観であれば個人本位、伝統的結婚観であれば家本位とは単純に区別しない。また、語られていた結婚観を単純に伝統性、近代性とに区分けすることもしない。先行研究があきらかにしてきたように、恋愛と見合いの複合性が理想とされていたのであれば、結婚相手に求められていた条件も、伝統性と近代性にかかわる条件とが複雑に関連し合って提示されていた可能性がある。結婚相手の条件を語る際に、その正統性を示すためにどのような価値観が提示されていたのかをたどっていく。

以上の課題をふまえて第四章では、先行研究が指摘してきたような結婚相手に求める条件と、その条件を形成する価値観について論じる。そのために、結婚相手の条件について、あるいは結婚する・結婚したい自分がもつ条件について「身の上相談」の投稿者がどのように語っていたのか、その投稿者の語りに対して回答者はどのように応答していたのかをあきらかにしていく。また、そこにジェンダーの非対称性があったのか、当事者と親の求める条件の違いもあわせてみていきたい。

小括

以上、第一節では、明治から戦前の家と家族についてのこれまでの諸研究を整理、概観し、第二節では、配偶者選択の歴史社会学、とくに明治期から昭和初期（一九三〇年代）の資料を分析した研究を検討した。時期と階層によって複数の家族形態とそれを支える心性、配偶者選択のパターンがあったこと、家族のあり方や配偶者選択のあり方の歴史が単純な変化を経ていなかったことがあきらかになった。これらの諸研究の整理から、明治から戦前の家族の複雑な性格をより深く理解するためには、伝統か近代かどちらかという単純な図式化をせず、論点の違いによってそれぞれの議論を切り離して考えるのをやめて、本章でみてきた諸研究の知見を総合的に取り入れていくべきだろう。

それらの研究の残された課題として、第三節であげた（一）結婚観が示される言説空間が確立してきた過程、（二）配偶者を選択する主体の問題をめぐって、親子関係と結婚する当事者同士の関係に配慮した配偶者の選択のあり方の表出があったのかという問題、（三）先行研究があきらかにしてきた配偶者に求められる条件と、その条件を形成する価値観をめぐる問題をあげることができる。

本書は、この残された課題を、大正期における配偶者選択に関する歴史資料として『讀賣新聞』の「身の上相談」を用いて分析していく。明治から戦前には複数の家族形態と心性のパターン、配偶者選択のあり方が存在する可能性を念頭に置きながら、配偶者選択にかかわる結婚観を検証する。

注

（1）この知見には、日本において結婚が普遍的に強制的で封建的なものから、個人の自由な選択にもとづいた結婚へと変化したという前提がある。つまり、日本では近代化の過程で、結婚が親の意志を優先する「伝統的家族」の理念においておこなわれる「見合い結婚」から、本人の意志を優先する「近代的家族」の理念においておこなわれる「恋愛結婚」へと変容していったとする前提である。

（2）一九九〇年はじめまでの研究では、恋愛によって配偶者選択をすることは「現代的配偶者選択」（上子 1991: 14）、「新しい結婚観」（望月 1976: 29-31）と位置づけられ、その特徴は「個人の独立と自由」が尊重された個人主義的なものだとみなされてきた（姫岡 1966: 115-20）。

（3）『新社会学辞典』には「見合結婚／恋愛結婚」の項目があり、「わが国の結婚の形態は、従来、見合結婚が中心であったが、一九六〇年代から恋愛結婚中心になった」（森岡ほか 1993: 1388）とある。『事典家族』には「恋愛結婚」の項目があり、「日本では、恋愛結婚の理念は明治期に輸入されたが、一般化したのは戦後の高度成長期であり一九六〇年代半ばに、恋愛結婚が見合い結婚を上回ったと推定される」（比較家族史学会 1996: 873）とある。『岩波女性学事典』には「恋愛結婚イデオロギー」の項目があり、「日本では、明治中期に『女学雑誌』などを通じて西欧の恋愛結婚が紹介され、都市の知識層のあいだで恋愛結婚を肯定的に捉える動きもあったが、〝家〟制度の壁に阻まれて一般に浸透するには至らなかった。戦後改革による〝家〟制度の廃止と民主主義思想の普及によって、恋愛結婚正統化の基盤がようやく成立。その後、核家族の増加に伴って恋愛結婚が普及し、マイホーム主義と重なり合いつつ、恋愛結婚イデオロギーもマスメディアを通じて定着していった」とある（井上・上野ほか 2002: 488）。

（4）この調査によると一九三〇年代に結婚した夫婦は見合い結婚が七割、恋愛結婚が一割、その他不明二割であったのが、一九六〇年代後半から恋愛結婚が見合い結婚を上回る。そして、一九八〇年代には恋愛結婚が八割、見合い結婚が二割となる。

（5） 歴史社会学の定義については筒井清忠（1999）を参照のこと。また、歴史社会学には歴史人口学的家族史なども含まれるが、明治期から戦前にかけて人口学的資料に頼らずとも心性、情緒性のレベルの実証的な分析が可能なため、ここでは先行研究として取り上げない。ただし、これらの研究は大量のデータをもとに婚姻の形態や個人のライフコースを実証的に検証しているため、配偶者選択の歴史社会学にとってその成果は無視できないものとなっている。

（6） これらの諸研究が影響を受けたのはショーターやストーンなどの社会史の研究者である。ショーター（1975=1987）は近代家族の主な特徴のひとつとしてロマンティック・ラブに規定される配偶者選択をあげている。そして、このロマンティック・ラブの登場を伝統家族から近代家族へ変化した要因とみなした。ストーン（1979=1991）は近代家族を「閉鎖的家庭型核家族」だとみなし、その特徴を近隣関係と血縁関係より家族の核心を中心とした強烈な情緒的絆の優位、強い個人的自律と幸福の追求における個人の自由と権利の感覚だとした。

（7） 「家」の定義をめぐる研究史の整理、および「家」がいかに生み出されたのか、「家」とはなにかについては、平井（2008）がより詳しい。

（8） 戸田によると、「家長的家族には家族員に対する家長の支配権、祖先崇拝、家系の尊重、家族的伝統の尊重、職業の世襲、家督相続、継嗣の選択、養子の設置、家族的統制に従わないものに対する排除作用（勘当、除籍）、婿入、または嫁入の方法による通婚等のごとき生活形式が多分にあらわれやすくなっているが、これらの生活形式はすべて各自の家族団体を子孫を通じて永続せしめんとする要求にもとづいているもので」あった（戸田［1937］1982: 244）。

（9） 上野の「厳密に排他的な父系直系家族は、なるほど明治以前に武士階級の間には見られたが、庶民には知られていなかった」という議論に対して、落合は「そもそも『厳密に排他的な父系直系家族』など武士の間にも無かったし、『姉家督』は『母系相続』と紹介しているのも誤りで」あると指摘する。落合は徳川時代の農民の間にも家意識が存在していたことを Kurosu and Ochiai（1995）から引いて、上野の「家」＝「近代家族」という一元論を批判している（落合 1996: 42-43）。

（10） 牟田の指摘する問題点は以下の三点である。「(一)財産の主体がすべて個人で家産が認められていないので『家』の維持が明確に打ち出されていない、(二)個人主義に基づく親権制度を認め、親子としての権利—義務の関係に立たせているから、日本の道徳の基礎である孝道と調和しない、(三)戸主権の内容は家族の婚姻、養子縁組、転籍に際しての同意権に過ぎず、家族が戸主の同意を書く届け出をしても戸籍吏はそれを受理しなくてはならない責任があり、受理された以上婚姻、養子縁組は有効である」（牟田 1996a: 16）。

(11) 落合も注意しているように、ここで述べた「近代家族」の特徴は、あくまで理念型の特徴であって、「近代家族」の定義ではない（落合 1996: 26）。また、本多真隆は、一八九〇年代から一九二〇年代までに、夫婦間情緒として「和」が語られていたこと、その「和」は「近代家族」の理念から距離をおいていたことをあきらかにした（本多 2014）。ここから、当時語られていた夫婦間の情緒にかかわる心性も、伝統と近代にはっきりと切り離せないという知見を得られた。

(12) 佐伯は明治期に起こった森田草平と平塚らいてうの心中未遂事件を、「西洋型恋愛」を受容した男女の到達点だとみなし、その後は「家」中心の社会関係や身分差別が崩れ、個人の自由や権利といったものが主張されるようになると、心中する必然性は失われていくとする（佐伯 1999: 78）。一方、菅野は大正期において心中事件が続発することを根拠に、この佐伯の見解を否定している（菅野 2001: 14）。

(13) 一九〇七（明治四〇）年に公布された刑法では、妻の浮気は姦通罪として厳しく罰し、夫が妾を持つことは罪としていなかった。姦通罪は第二次世界大戦後の一九四七（昭和二二）年の日本国憲法施行により廃止された。

(14) エレン・ケイ（Ellen Karolina Sofia Key, 1848–1926）はスウェーデンの評論家であり、女性運動家。性道徳の問題解決と、女性性の強調を中心に女性解放論を展開。加藤によれば、日本においてケイの『恋愛と結婚』は大正期の各方面の知識人に影響を与えていた（加藤 1997: 225–35）。

(15) たしかに、一八九八（明治三一）年に公布された民法では、男子は三〇歳、女子は二五歳まで「結婚に対する父母の同意」が必要とされていた。つまり、旧民法の成立によって、配偶者選択をめぐる家長の意志と「家」の論理に、国家が後ろ盾を与えていたのである。このような背景から、欧米的な「ロマンティック・ラブ複合体」による「恋愛結婚」は、近代日本において成立し難かったとも考えられる。ただし、友愛結婚観の理想化に旧民法が関連していたかどうかは定かではない。本書の目的を超えるためこの関連については取り上げないが、結婚にかかわる旧民法がどれほど日本各地に行きわたっていたかも含めて今後検証されるべき課題だといえる。

(16) 詳しく見ると、ノッター（2001, 2007b）は大正期に焦点を絞り、一九一七（大正六）年から一九二六（大正一五）年の『主婦之友』と、一九一六（大正五）年から一九二六（大正一五）年の『婦人公論』を資料とし、大塚（2003a, 2003b）は一九一七（大正六）年から一九四〇（昭和一五）年までの『主婦之友』の結婚に関する評論や投稿欄を資料として分析している。

(17) ただし、第二の法制度の定着について柳田は逆の解釈をしている。内縁関係が増加したことについて、柳田は「戸籍の手続きはよほどわかりやすく、登録には必ずしも同意がなくてよい。それを知りながらもなお新たにこの関係を作るということは、考えてみる価値」があると述べている（柳田［1931］1993: 266）。柳田は調査、研究したわけではなく、所感として述べているのだが、戸籍の手続きが広く認識されていたのかどうか、広く認識されていたのであれば、「自由結婚」のリスクはどこにあるとみなされていたのか、その認識の度合いが配偶者選択のあり方の形成に、何らかの影響があったのだろうかといった、考察の余地は残されている。本書の分析対象である「身の上相談」では戸籍の手続きがどれだけの範囲まで、どの程度認識されていたのかをあきらかにすることはできない。この点は残された課題である。

（18）湯沢雍彦によれば、わずかではあるが実証的な統計データから、明治後期から昭和二〇年代にかけて見合い結婚が圧倒的多数を占めており、たとえば一九二六（昭和元）年に結婚した夫婦の八割が見合い結婚であったことがあきらかにされている（湯沢 1994; 2003: 93）。

（19）阪井（2009）は、主に明治期に出版された「礼儀作法書」と、「媒酌人」、「媒酌結婚」にかかわる記述のある書物をもとに分析している。また、「見合い結婚」を明治期に最も一般的な「媒酌結婚」として分析しているが、本書では議論の混乱を避け、その他の諸研究との比較が煩雑にならないように、引用以外は「見合い結婚」という表記を統一して使用する。

（20）『家の光』は一九二五（大正一四）年に産業組合から創刊された農村向け月刊雑誌であり、奥井はその中で読者座談会、編集部選実話、読者投稿欄を中心に分析している。

（21）明治になり国家が成立すると若者組は無意味な社会集団となり、風紀も乱れ猥雑さがとりあげられる。これらのことが若者組の解体の原因にもなったことについては川村（1998）を参照のこと。

（22）『主婦之友』では、一対一の男女交際ではなく、親たちが中心になって家庭内でおこなう「読書会、修養会、音楽会」などで、互いの「人格」を判断するという交際が提唱されていた（大塚 2003a: 7–10）。

（23）大藤によれば、親子間で紛争が起こった際、五人組、もしくは近所の人たちが仲裁に入り、それでもだめなら「村役人」が間に入る。誰が仲裁に入っても必ずしも親が勝つわけではなく、むしろ親が家の存続を危うくさせる、村の秩序を乱す、不法を働くなどしていた場合は、村の意志と強制力で親は当主の地位から退けられ、隠居させられることもあった（大藤 2003）。また、当主、親あるいは主人に結婚が認められず、未婚の男女が駆け落ち、心中をすれば、家の存続が危ぶまれる。したがって、配偶者選択をめぐって親子間で問題が生じて未婚の男女がこのような行動に出た場合、夫婦と認めると決着した場合もあった（大藤 2003）。

（24）子分は親方の家族の成員となり、親方夫婦によって養育されると共に労働のための訓練を受け、一人前の労働者に仕立てられた。彼ら子方である雇人は慣習上一〇歳前後に親方の家族に雇われ、子方である彼の父親が彼の一生の世話を主人に依頼し、主人がこれを許すことにより契約が成立するのである（有賀［1955］2001: 318–319）。武士社会の大名と家来の関係、商業経営する経営者と雇用者の関係、土地を占有するものとその雇人との関係、商人とその雇人との関係などは基本的にこのような関係の特徴を共通にもつ（有賀［1948］1968）。

（25）柳田（［1937］1990）は、親子＝オヤコが必ずしも生みの親とその子だけを指すものでなかったとする。柳田は、「家」が縮小したために、子どももその生みの親も「世渡りの上に、いろいろの親を必要とする場合があった」とする。そのため、血縁関係のない親との「親分子分」が成立し、また雇われる農家の亭主、奉公先の抱え主、商家の主人、地主などを親方というようになったという（柳田［1937］1990: 499–504）。姫岡も従来の徳川時代の家父長家族においては、親より優位である「家長」や主君が血縁親の絶対性を制約していたと述べている。姫岡によれば親自体も親子が所属する共同体の分子にすぎないため、親の絶対性に制約がかけられていた。家族道徳は全体社会の維持のために強調されるものであって、親への孝が主君へ忠誠に優先されることはありえない。家長が家族成員に対して支配をおこなうことは、祖先の遺志に反しない、道理にかなう範囲においてのみ正統とされたのである。恩は主として「物質的な家産」を根拠として観念され、その家産は親からでなく祖先の賜物であり、祖先からの伝承的な意志が絶対的なものであったという（姫岡［1952］1983: 121）。

（26）とくに柳父が注目するのが、第一に、キリスト教の影響による恋愛観の創出であり、第二に、北村による恋愛の至上価値の提示と、恋愛のない人生の否定（「厭世詩家と女性」『女学雑誌』一八九二年二月）、「恋愛」を「清く正しく」、「深く魂（ソウル）より愛すること」（『女学雑誌』一八九〇年一〇月）という巌本の恋愛観である。

第2章　『讀賣新聞』「身の上相談」の登場
――結婚問題を共有する場の成立

問題の所在

身の上相談欄とは読者が自らの悩みを投稿した文が編集されて記事となり、記者や有識者による悩みへの回答文が添えられる投稿欄のことである。読者はこの欄での投稿と回答のやり取りを読み、他者の問題とその解決方法を知り、時には自分の問題にも当てはめて考えることもある。つまり、「身の上相談」は投稿者だけでなく読者にとって有用な解決策が提示される場なのだ。

本章は、人びとの結婚相手の選択のあり方を考察するうえで、『讀賣新聞』「身の上相談」を分析対象とする意義を「身の上相談」の概要を示すことで明確にする。結論を先取りすれば、身の上相談のなかでも、『讀賣新聞』「身の上相談」は、その特徴から配偶者選択の主体と条件にかかわる言説を分析するうえで意義のある資料だといえる。その理由は、第一に、大正期において恋愛、結婚、家庭に関する相談を多く掲載しており、第二に、大正期において他の雑誌や新聞に掲載されていた身の上相談欄のなかで継続期間が長く、掲載された相談記事の件数が多いからである。第三に、学生に偏るという特徴があったものの、幅広い層の投稿者の配偶者選択にまつわる「語り」が掲載され、読者がその「語り」と問題解決策を情報として共有することが可能だったからだ。これらの概要を以下で論じていく。また、「身の上相談」の投稿記事、回答記事を一括で分析する意義もあわせて説明する。

本章の第一節では、「身の上相談」がどのように成立したのかをみる。身の上相談のような投稿欄が登場してきた経緯と背景をたどりながら、身の上相談がいかにして恋愛、結婚、夫婦関係、家族問題などを扱うようになったのかを考察する。第二節では、「よみうり婦人附録」と「身の上相談」の開設経緯とその概要をみながら『讀賣新聞』「身の上相談」がいかにして読者、投稿者、回答者が問題を語り合うメディアとして成立したのかを記述する。第三節では、「身の上相談」にかかわった人びとは誰なのかをみることによって、読者と投稿者、とくに結婚相手の選択に悩んでいた投稿者の特徴を検証する。第四節では、「身の上相談」欄担当者と、この欄が連載された「よみうり婦人附録」の編集者、記者の特徴を把握し、第五節では、実際の投稿と回答のやり取りを示しながら、「身の上相談」がいかなる言説空間であったのかを示す。

一　問題を共有できる活字メディア

(1) 私と誰かの問題が交錯する身の上相談欄

「身の上相談」は投稿者だけでなく、読者にとっても有用な解決策を示す言説空間である。ある記事のやり取りは、投稿者に向けた解決策が、他の読者にとっても重要であることを示している。「身の上相談」の連載がはじまって一カ月がたったころ、「身の上相談」において、次のような一連の記事が掲載された。はじめ「麹町愛読者様へ」(一九一四・六・二五)と題する回答だけの記事が掲載された。この記事の冒頭には、ペンネーム「麹町愛読者」から「子供に読ませるに好ましくないから、『身の上相談』の掲載を止めよ」という投書が寄せられたと説明がある。その説明後、以下のように続く。

【回答】……略……御忠告は一応御尤もと想《（ママ）》います。併し世の中には不健全な煩悶に苦しんでいる人々が多いのですから、そういう人達の煩悶を解決してやることも幾分世道人心に益があることと存じます。あまりに甚だしい事は答えだけにしていますが、不都合と認めない事には問いをも掲げています。それはその事実が問を発した人以外にも適用《あてはま》ると想うからです。其故子供さん達には此処だけ切抜いて見せぬようにしてはどうでしょう。併し新聞は読者本位ですから、読者の大多数が皆あなたと同じ意見なら、いつでも身の上相談を止めることに致します。（一九一四・六・二五：傍点は筆者による。）

この記事が掲載された二日後、「この欄を止めてはいけない」という投稿が取り上げられる。その記事の投稿者は、自分に起こった問題を解決する際に「身の上相談」を役立てていると次のように述べている。

【投稿】僕は二五日の新聞で身の上相談の掲載を止める様にとかいう麹町愛読者君の御説も尤《もっと》もと思いますが、併《しか》し記者様のお言葉に大賛成致します。僕等は毎日「身の上相談」の欄を見るのを最も楽しみにして居るのです。そのために自分の苦しい煩悶を解決することが出来、そうして新しい生涯に入る様になった人は現に僕の親友にもあります。何卒一層盛んに御掲載を願います。
【回答】これと同じ様な御意見が続々参りますものですから、此欄はやめないことに致します。（一九一四・六・二七）

同じ頃、相談欄の有益性を示す記事が掲載されている。以前、「身の上相談」に採用された投稿者が、回答に示された解決策を実践したことと、その結果、喜びを得たことを次のように報告している。

【投稿】貴き紙面を割き早速御高教を垂れて下さいまして何とも御礼の申し様も御座いませぬ。御陰様にて数ならぬ身にも稍《やや》人らしい道に入る覚悟を定められましたのを限りなく悦びます。御目もじして御礼申上《もうしあげ》るのが当然で

ございますが、取敢えず乱筆御礼申述べます。何卒私の喜びを御察しくださいませ。尚記者様の尊名をお洩し下さ
れば有難く存じます。（一九一四・六・一九）

さらに、以前掲載された投稿記事に共感した読者が、同様の相談を投稿する場合もある。それは「五月雨女様に御同情」（一九一四・六・九）と題する記事で、投稿者は以前掲載された夫の不倫に悩む「五月雨女」に共感して、「私も永年良人《おっと》の不品行のために御同様の心配をしましたが、此春より良人は行方不明にて、私は五人の子供をかかえ、良人の無情に悲しき月日を送って居ります」と述べる。以前の投稿への「同情」を通じて、「同じ問題を持つ私たち」という共同性が形成されているのだ。

なかには自分が問題の当事者ではないかと名乗りでる投稿者もあらわれる。「想い当たる所あり」（一九一四・六・一二）と題する記事には、以前掲載された記事「私の愛した女が独身で居る」（一九一四・六・一九）にある「愛した女」は私だと思うから、投稿者の姓名を教えてほしいと書かれている。

いずれの事例も、読者は「身の上相談」の記事が、自分の身の回りに起こった問題と似通っていると認識すると、自分の姿を投稿者に投影し、記事内の問題と解決策を共有していることがわかる。

身の上相談を分析したこれまでの研究においても、身の上相談は投稿と回答のやり取りのなかで、理想や規範が構築される言説空間だとされてきた。たとえば、鶴見和子らが指摘しているように、身の上相談のような投稿記事は、読者の広がりを踏まえた回答や問題解決的であるために読者も視野に入れた一般的で社会的な解決法を考えて示しているという（鶴見 1953: 33-34, 41; 大浜 1953: 44; 今井 2000: 55）。一九三〇年代の『朝日新聞』「女性相談欄」を分析した今井小の実は、相談欄は身に降りかかる悩みが文字化されて「新聞紙上に公開されることによって一般女性たちの間で投稿者の問題を自らの問題として共有することができた」メディアであったと述べる。また、この投稿欄の回答者であった山田わかが「当事者自身の〃語り〃をきくことによって、母性保護のために」民法改正の運動に至ったことをあきらかにし

ている（今井 2000: 52-54）。この今井の知見から、投稿者と回答者の関係が一方的な影響関係でないことがわかる。今井は投稿・回答記事を一括りの「語り（narrative）」とみなしているのだ（今井 2000、2005）。

このように身の上相談欄は人びとがどのような葛藤を抱いているのかという問題が構築される場であり、問題に対してどのような意識を持てばよいのか、どのように対処すべきなのか、どのような生き方が理想なのかを提示する言説空間なのである。本章ではこのような視点にたち、「身の上相談」が当時の人びとの実態が示される場にとどまらず、結婚の望ましいあり方が構築される場とみなして分析していく。

それでは、「身の上相談」はいかにして、私と誰かの問題を交錯させ、恋愛、結婚、家庭の問題やそのあり方を構築する言説空間として発展したのであろうか。

(2) 相談欄のさきがけ

まず、『讀賣新聞』「身の上相談」はどのような経緯で、恋愛、結婚、夫婦、家族等の問題を扱うようになったのかをみていこう。この問題を解くために、読者が相談を投稿する欄が新聞、雑誌の連載コーナーとして登場し、発展した経緯を概観する。

明治初期には読者の問題を解決しようとする投稿欄がすでに登場していた。それは慶応義塾系社交団体交詢社による機関誌『交詢雑誌』（一八八〇〔明治一三〕年に創刊）に連載されていた「問答」欄である。池内一は、この「問答」欄が身の上相談の原型だとする。海外事業、学理、経済事情、工業などについてわからないことを問うために、この雑誌の読者は「問答」欄へ投稿していた。この欄で読者の問いに答えるのもまた読者であった。池内によれば、この「問答」欄の形式はそのほかの雑誌、新聞に模倣されていったという[(1)]（池内 1953: 9-10）。つまり、「問答」欄は、自分が解決できない問題の答えを会ったことのない誰かから得る形式と、問題とその解決方法をほかの読者と共有するという形式を確立させたのである。

この形式を取りいれて、一八八六（明治一九）年に『女学雑誌』は「いへのとも」欄を開設した。「いへのとも」欄の新設の辞には、読者女性が抱える、周囲の人に打ち明けづらい問いに答えるという趣旨が記されている（『女学雑誌』三五号、一八八六・九・一五）。鶴見俊輔は身の上相談が登場した理由を、明治時代から第二次世界大戦が終わる頃まで「未婚の娘が誰かとの親交をうわさされたというだけでも結婚にさしつかえ」る時代だったからだという（鶴見 1956: 25）。相談欄の登場の背景には匿名でないと悩みを語れない社会状況があったと考えられる。

さらに、明治末期になると、読者の問いに新聞記者が答える投稿欄が登場する。一九〇六（明治三九）年に、この形式をとった『都新聞』「読者と記者」欄（のちに「相談の相談」と改名）が開設された。山本武利は『都新聞』のこれらの投稿欄において記者と読者の「心情的なつながり」が形成されていたと指摘する。『都新聞』（一九一五・一二・三）への投書ではこの欄から「利益と歓喜と幸運とをかち得た人も亦誠に多いであろうと信じます。……略……都新聞と其の読者との間には、他の新聞紙と其の読者との間には見られない一種の温かい情味が相通じ、相繋っている」と語られている（山本 1981: 249）。つまり、投稿した本人だけでなく、ほかの読者にとっても有益な情報が提示されていた点、記者から読者への心遣いが回答部分からうかがえる点が評価されていたのだ。

こうしたタイプの投稿欄の開設の背景には、商業新聞としての経済的事情があった。多くの新聞史研究が指摘するように、日清・日露戦争を経て新聞は販売競争が著しく、競争のなかで発行部数を急増させていった[2]。日清戦争時は戦地に赴いた親族の安否確認のために戦況速報を知りたい読者によって、日露戦争時は新聞社の乱立や盛衰といった資本主義の影響によって、新聞社の販売競争が激化した[3]。この状況のなかで、新聞各社は本格的に政治色の強い新聞から商業新聞へと方針を変えることとなり、読者争奪や、獲得した読者を固定化して維持するための諸施策をとった。それまで、政治的言論によって政治状況に働きかけ、娯楽的要素をもたない大新聞や「独立新聞」が主流であった。商業新聞化の施策のひとつが「読者本位」の紙面づくりである。各新聞は読者の興味や欲求に合わせた、読者のためになるような新しい特色を発揮するように努めていた（山本 1948，[1970] 1992; 有山、1995: 24–36; 竹村 2004）。

相談欄の開設もこの「読者本位」の紙面づくりの一環であった。山本によると、『報知新聞』は読者獲得策として職業案内、衛生顧問、法律顧問、家庭葉書便りなどの相談を投稿する欄を設けた。そして、この読者に目を向けた紙面づくりの結果、日露戦争後、『報知新聞』は東京で一番の発行部数に達した（山本 1948: 179,［1970］1992: 91）。『報知新聞』の成功に追随するように、『都新聞』は「相談の相談」欄を、『東京日日新聞』は「家庭問答」欄を開設した。『讀賣新聞』も一九一四（大正三）年に「よみうり婦人附録」（詳細後述）を登場させ、この面に「身の上相談」の連載を開始した。この欄は読者が結婚や家族などに関する相談を投稿し、記者が回答する形式をとっていた。

また、先に取り上げた『女学雑誌』「いへのとも」、『都新聞』「相談の相談」も恋愛、結婚、夫婦関係に関する相談をとりあげていた。しかし、これらの欄は『讀賣新聞』「身の上相談」と比べると、職業の仲介斡旋、家事に関する知識の問答が主流であり（池内 1953）、「相談の相談」は「教育問題、家庭問題、健康衛生問題など真面目で多様な内容」だった（山本 1981: 249）。

次節でみるように、商業紙『讀賣新聞』にとって「身の上相談」は「読者本位」の姿勢を打ち出すための、また、その姿勢によってほかの新聞社と競合するための施策であったといえる。それでは、各紙が職業斡旋や知識共有のための相談欄を開設するなかで、なぜ『讀賣新聞』「身の上相談」は恋愛、結婚、家族の相談を主流として掲載し、定着させることができたのだろうか。

二　大正期『讀賣新聞』「身の上相談」の概要

ここでは、「よみうり婦人附録」と「身の上相談」の開設経緯とその概要をみながら「身の上相談」がいかにして読者、投稿者、回答者が恋愛、結婚、家族の問題を語り合うメディアとして成立したのかを記述する。

（1）「よみうり婦人附録」の開設経緯と概要

日清戦争後の明治二〇年代末から明治三〇年代初頭、『讀賣新聞』は尾崎紅葉の「金色夜叉」などの家庭小説などで人気を博していた。そして、著名な作家である島村抱月、徳田秋声らや、著名な画家である鏑木清方が読売新聞社に在籍していたため、文学新聞としての価値を高めていたという。しかし、日露戦争後の明治末期になると夏目漱石が入社した『朝日新聞』に文学色を奪われていく。さらに、他紙との新聞販売競争に打ち勝つことができず[4]、『讀賣新聞』の売り上げは減少していった（山本 1992［1970］: 93; 新聞販売百年史刊行委員会編 1969: 329）。

そこで、一九一四（大正三）年四月、『讀賣新聞』主筆であった五來欣造によって「よみうり婦人附録」が開設された。主筆とは今でいう編集長のことである。この「よみうり婦人附録」は日本ではじめて新聞の一ページ全面を「女性向け」に編集した紙面であった。羽鳥和之によれば、新聞の紙面の一部を飾る「附録」は、銅版や石版刷りの肖像画、有名画家の彩色美人画、小冊子や暦を盛り込んだ便利帳、双六など景品的要素の強いものであった[5]（羽島 1997: 114）。この附録が流行するなかで、女性向けの情報を盛り込んで一面にした「よみうり婦人附録」が登場した（一九一九年九月に「よみうり婦人欄」と改称、以下「婦人附録」と略）。

読売新聞社史によると「婦人附録」の開設は五來や読売新聞社にとって、主に二つのねらいがあった。ひとつは、経営の苦境を脱して部数を伸ばすことである。五來は、フランスに留学した際、相当の部数と婦人読者を有していた新聞『フィガロ』の婦人欄を目にしていた。この婦人欄を参考に「婦人附録」を編集したのである。もうひとつのねらいは『讀賣新聞』から「政治色を払拭する」ことであった。一九一三（大正二）年二月一〇日、日本海軍上官とドイツの重工業会社シーメンス社との贈収賄事件に激高した人びとが、政府寄り記事を掲載していた読売新聞社を襲撃した。読売新聞社はふたたび襲撃されることをおそれ、「政治」から距離をとろうとしていたのである（読売新聞一〇〇年史編纂委員会 1976: 251–252; 読売新聞社 1994: 92–93）。

こうして五來は「政治色を払拭する」という政治のために「非政治的」と位置づけた「文学」「女性」「家庭」「教育」

を全面に出した編集方針に切り替えた。当初の「婦人附録」紙面をみると、「身の上相談」以外に投書欄「婦人の声」、家庭記事、婦人問題の時評、各界で活躍する女性の紹介、流行や物価に関する話題、生活情報、催しの案内、世界の童話などが掲載されている。これらの記事から、当時、どのような情報が「非政治的」と位置づけられていたのか、女性向けとみなされていたのかがわかる。(6)

以下にみる「婦人附録」の理念からも開設のねらいが読み取れる。

われわれは妄《みだり》に今の婦人を謳歌《おうか》する積もりでない。古い思想に媚びる積《つもり》は尚更ない。一言にしていうなら、どうかして、今の婦人をモット幸福にしたい。家庭も社会も、それによって、どんなに明るくなるであろう。……略……今の婦人の前に提出された大小の問題は数限りなくある。めいめいの前に投げられた問題の意味を十分に了解し、処置しつつ進んでいくことの出来る婦人は幸福である。そうして、そういう婦人を持っている社会もまた真に幸福である。われわれは日々に起り来る、今の社会の出来事を捉えて来たって、婦人と家庭の実際生活に於ける幾多の問題に対する真実で間違いのない解決の好適例を示したい。よみうり婦人附録の使命は、たしかにこれである。

（「婦人と時勢」『讀賣新聞』一九一四・四・三）

この理念は、新聞販売競争のなか各新聞紙がとった「読者本位」の姿勢にも通じる。つまり、女性読者の「幸福」のために「問題」への「解決策」や「適例」を示そうとする姿勢は「読者本位」の姿勢そのものである。次の（2）でみるように、この姿勢は「身の上相談」の開設の理由にもつながっていた。

（2）「身の上相談」の展開

「身の上相談」は他の相談欄に比べ、長期にわたって多くの投稿を掲載できた。(7)「身の上相談」が多くの投稿を掲載できた理由もふくめて以下にみていこう。

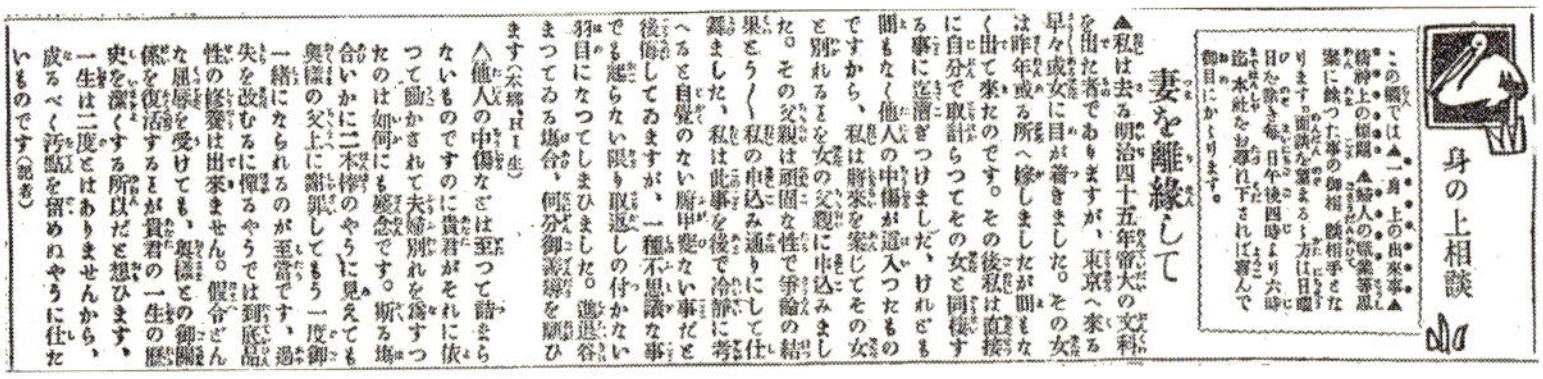

身の上相談

この欄では▲一身上の出來事▲精神上の煩悶▲婦人の職業等凡そ家に係つた事の御相談相手となります。面談を望まるゝ方は日曜日を除き毎日午後四時より六時迄に本社をお尋ね下されば喜んで御目にかゝります。

妻を離縁して

▲私は去る明治四十五年帝大の文科を出た者でありますが、東京へ來る早々或女に目が着きました。その女は昨年或る所へ嫁しましたが間もなく出て來たのです。その後私は直接に自分で取計らつてその女と同棲する事に運びつけました、けれども間もなく他人の中傷が這入つたものですから、私は將來を案じてその女と別れることを女の父親に申込みました。その父親は頑固な性で爭論の結果とう〳〵私の申込み通りにして仕舞ました、私は此事を後で冷靜に考へると自覺のない所甲斐ない事だと後悔してゐますが、一種不思議な事でも起らない限り取返しの付かない羽目になつてしまひました。進退谷まつてゐる場合、何分御教導を願ひます（本郷、H・I生）

▲他人の中傷などは至つて詰らないものですのに貴君がそれに依つて動かされて夫婦別れを爲すつたのは如何にも遺憾です。斯る場合いかに二本棒のやうに見えても奥樣の父上に謝罪してもう一度御一緒になられるのが至當です、過失を改むるに憚るやうでは到底高性の修養は出來ません。假令どんな屈辱を受けても、奥樣との御關係を復活するとが貴君の一生の歴史を深くする所以だと想ひます、一生は二度とはありませんから、成るべく汚點を留めぬやうに仕たいものです（記者）

図１　「身の上相談」初掲載の記事

出典）『讀賣新聞』1914年5月2日付。

一九一四（大正三）年四月二六日、「婦人附録」において「身の上相談」の投稿募集記事が掲載された。記事には女性だけでなく男性の悩みも募集すること、一身上の問題であれば何でも募集することが次のように記されている。

五月一日から「身の上相談」を此紙上に設け、一身上の出来事、例えば結婚、離婚、家庭の煩い等、及び精神上の煩悶、婦人の職業問題につき、男女に係らず、凡て思案余った事の御相談相手となり、及ぶ限りの力を致し度いと存じます。御相談は手紙で御申し越し下すってもよろしく御面談を望まるる方は、日曜日を除き毎日午後四時より六時迄に、本社をお尋ね下されば、喜んでお目にかかります。秘密を守るべき事につき、責任を負うのはもとよりで御座います。手紙の節も、来社の節も、特に人事の相談係と名指しを願います。（「社告」『讀賣新聞』一九一四・四・二六）

この募集記事にあらわれた編集姿勢が、他紙よりも結婚、夫婦の相談を集めることに結びついたのだろう。「一身上の出来事、たとえば結婚、離婚、家庭の煩い等」と明示され、「人事の相談係」が「面談」も実施して「及ぶ限りの力を」尽くしてくれ、さらに、「秘密を守る」約束がされている。このことから、投稿者は周囲に打ち明けにくい問題を投稿しやすかったと考えられる。この募集記事を経て、一九一四（大正三）年五月二日の「婦人附録」に「身の上相談」が設置された（**図１**）。

この編集側の姿勢が功を奏し、「身の上相談」は多くの相談を得ることに成功した。「身の上相談」の連載を振り返った記事によれば、五月の掲載開始から翌年一月頃まで、届いた手紙が一万三七九四通、直接来訪した者が七二五人だった。また、この人気について、担当記者は「身の上相談」が「社会の要求に適していたもの」だからだと所感を述べる（「身の上相談」一九一五・一・一）[8]。

こうして多くの相談を獲得したことから、掲載開始から一九一八（大正七）年まで『讀賣新聞』は、ほぼ毎日「身の上相談」を掲載することができた。

表1は「身の上相談」に掲載された、相談タイトルのある記事数の推移を、一九一四（大正三）年から一九二三（大正一二）年まで調べたものである。この表から、もっとも掲載件数が多いのは「身の上相談」がはじまった一九一四（大正三）年であることと、一九二〇（大正九）年を境に大幅に減少していったことがわかる。一九一五（大正四）年以降に減少している理由は、一九一五（大正四）年以降、一件の相談内容と回答をより詳しく記すために、タイトル有りの相談が一日で一、二件になったからである。一九二〇（大正九）年以降減少した理由は、本章第四節（1）で後述するように、一九二一（大正一〇）年以降、「身の上相談」専属担当者が確定していなかったためだと推察される[9]。

関東大震災後の休載の後、「身の上相談」の投稿募集の社告が何度か掲載され[10]、四月一五日と二一日に相談と回答が掲載された。しかし、「身の上相談」欄が再開されることはなかった。「身の上相談」に相当する欄の開設は、一九三一（昭和六）年七月一四日の「人生案内」欄「悩める女性へ」まで待たなければならなかった。

以上のことから、本書では『讀賣新聞』「身の上相談」を、現代のわれわれが自明とするような結婚、家族に関する悩みを扱う相談欄の形式を発展させた活字メディアだと位置づけることができる。それではなぜ、『讀賣新聞』は「結婚、離婚、家庭の煩い」の相談を引き受けると明示し、他紙と比べ長期連載、掲載件数を多くすることができたのか。それらを可能にした「身の上相談」の関係者はどのような人びとだったのか。次節であきらかにしていく。

表1　「身の上相談」の掲載数の推移

掲載年		掲載数	(%)
1914	大正 3	512	17.7
1915	4	446	15.4
1916	5	375	13.0
1917	6	342	11.8
1918	7	322	11.1
1919	8	324	11.2
1920	9	371	12.8
1921	10	108	3.7
1922	11	69	2.4
1923	12	19	0.7
計		2,888	100.0

注）1．ヨミダス歴史館の抽出結果より。
　　2．タイトルを冠した記事のみで集計。

三 「身の上相談」の読者と投稿者

ここでは、まず、発行部数に着目して『讀賣新聞』が読者をどれだけ獲得していたのかを、また、活字メディアを読むことができた社会層、実際に『讀賣新聞』を読んでいた社会層をあきらかにする。つぎに、「身の上相談」の投稿者の全体像を示すことによって、自らの「結婚」を「問題」だと提示していた投稿者像をあきらかにする。この投稿者全体の分析は、「身の上相談」読者全体の代表性を示しているわけではないものの、読者のひろがりがどこまで及んでいたのかを推測することができ、読者層の補足的な分析ともなっている。また、「結婚問題」の投稿者像は、結婚について問題を抱えやすいとみなされていた社会層、「身の上相談」で構築された結婚観に目を通していた社会層の特徴も示している。

分析に入る前に、結婚観が示される言説空間の問題を扱ううえで、読者と投稿者をあきらかにする意義を述べる。これまでの研究は、明治期から戦前において、知識階層の語る結婚観が、新中間層に、あるいは一般に「受容」され、「浸透」、「普及」、「定着」していたと論じている。

しかし、これまでの研究は分析対象の選定基準、流通地域、読者層などの論拠に問題があると筆者は考える。たとえばノッター（2007）が論拠とした前田（[1973]1993: 215–218）は、年収を基準とした「新中間層」の世帯数と、婦人雑誌新年号発行部数とがほぼ同じであることから[11]、その読者層が新中間層女性だと推測している。しかし、新中間層世帯数と婦人雑誌の発行部数が同じことをもって、その読者が新中間層女性であると判断することはできない。また大塚は『主婦之友』がターゲットにした読者層、および相談欄投稿者が新中間層女性であったことを論拠とする（大塚 1994: 245–246）。しかし、ターゲット層と購読者層とが必ずしも合致するわけではないという問題と、とりあげた相談欄が七事例だけという問題がある。大正期の恋愛論を研究する菅野（2001）や、恋愛結婚と優生思想の関連を指摘した加藤

(1997, 2004) が分析している資料は、何を基準にして選ばれたのか、どれほど読まれた本なのか、書籍の位置づけや選定方法がまったく示されていない。

庶民の「恋愛結婚」に関する語りを分析しているのは、新聞投稿欄を分析した思想の科学研究会 (1956) と早川 (1998) である。ただし、思想の科学研究会の大正期の記事は『都新聞』が五件（一九一八・九・一〇、一九一八・一〇・二〇、一九二二・一・二八、一九二五・三・二九）、『主婦之友』が三件（一九二四・一二月号、一九二五・五月号、一九二五・一月号）と資料が少ない。早川は大正期を分析する意義を、「一九一〇年代は明治国家編成期に再生産された新しい規範が官の取締りや学校教育、新聞雑誌などを通じて庶民の暮らしのなかに浸透した」からだとしている（早川 1998: 223)。しかし、分析対象は一九一四年から一九一七年の四年間の『讀賣新聞』に掲載された「身の上相談」欄の記事に限られている。

このように、誰の語りが示されたのか、その語りが誰に向けられていたのかという問題が曖昧なまま、結婚観の分析がなされてきたのである。どのような人びとが、「身の上相談」に投稿していたのか、また、そのなかで結婚について投稿しやすいのはどのような社会層の人びとだったのかを綿密に検討しなければならない。

(1) 読　者

一八七四（明治七）年一一月二日、本格的な大衆新聞を目指した『讀賣新聞』が創刊された。広く大衆を対象とするため、『讀賣新聞』は読み書きをする能力が低い人びとも読みやすいよう、すべての漢字にふりがなをつけ、記事全文にわかりやすい通俗語を用いた。また、創刊時の社告は、女性や子どもを含めた広い層に向けて『讀賣新聞』を発刊する旨を表明している。読者の投書を募集するその社告には「此の新ぶん紙は女童《おんなこども》のおしえにとて為になる事柄を誰にでも分かるように書いて出す旨趣《つもり》でございます」（「社告」一八四七・一一・二）とある。

このような紙面づくりの効果もあってか、『讀賣新聞』は創刊から二年目には関東近県だけでなく、大阪、神戸、京

表2　学齢児童就学率の推移

年度		小学校数	男 (%)	女 (%)	総数 (%)
1875	明治 8	24,303	50.80	18.72	35.43
1880	13	28,410	58.72	21.91	41.06
1885	18	28,283	65.80	32.07	49.62
1890	23	26,017	65.14	31.13	48.93
1895	28	26,631	76.65	43.87	61.24
1900	33	26,857	90.35	71.73	81.48
1905	38	27,407	97.72	93.34	95.62
1910	43	25,910	98.83	97.38	98.14
1915	大正 4	25,578	98.93	97.96	98.47
1920	9	25,639	99.20	98.84	99.03
1925	14	25,459	99.47	99.38	99.43

注）（調査）文部省「学校基本調査」の結果
1．学齢児童就学率とは就学児童数を学齢児童数で除した割合。
2．学齢児童とは、学校教育法施行（昭和22年4月1日）前については満6歳から満14歳に至る8年まで。就学児童とは、学齢児童のうち、義務教育を修了した者及び就学している者をいう。
3．1880（明治13）年以前の就学児童数には、卒業者が除かれているため、1881（明治14）年度以後と直接比較できない。
出典）学校数は文部省『日本の成長と教育』（1962: 170-173）。生徒数は日本統計協会『日本長期統計総覧第5巻』（1987: 212）より作成。

都にも売りさばき所を開設し、三年目には一日の発行部数を二万五千部に伸ばし、全国一位の売り上げをほこる新聞となった（読売新聞社社史編集室 1987: 217, 224; 読売新聞社 1994：665）。ただし、全国一位といえども、この発行部数から、創刊当初の全人口二六〇〇万人のうち、『讀賣新聞』を手にしていたのは約〇・〇七％にあたる人びとにすぎない[12]。しかし『讀賣新聞』は、活字メディアが大衆化する大正期に全国一位を保持できず、広く一般に読まれる新聞とならなかった。前節で述べたが、一般大衆に新聞がいきわたるようになった頃、他紙に比べ部数が伸びなかったのである[13]。

では、大正期に新聞を読むことができたのはどのような人びとだったのだろうか。明治三〇年代以降から大正期にかけて、広い層の人びとが活字メディアを読むことができるような環境が整っていった。その環境とは、教育の拡充、図書館の全国的な整備、ルビ付き新聞の普及、流通網の整備、新聞社による読者開拓などである。

学校教育の拡大を背景に、明治期に比べ人びとのリテラシー、つまり読み書きの能力が向上し、活字メ

表3　中等普通教育機関の在学者数

年度		中学校		高等女学校	
		学校数	生徒数	学校数	生徒数
1885	明治18	106	14,084	9	616
1890	23	55	11,620	31	3,120
1895	28	96	30,871	15	2,897
1900	33	218	78,315	52	11,984
1905	38	271	104,968	100	31,918
1910	43	311	122,345	193	56,239
1915	大正 4	321	141,954	366	95,949
1920	9	368	177,201	514	151,288
1925	14	502	296,791	805	301,447
1930	昭和 5	557	345,691	975	368,999

注）（調査）文部省「学校基本調査」の結果

1．中学校は尋常中学校を含む。入学資格は年齢12歳以上の男子（1899年中学校令施行以降）、修業年限は5年。

2．高等女学校には実家高等女学校も含まれる。入学資格は年齢12歳以上の女子（1899年中学校令施行以降）、修業年限は4年（土地の状況により1年の伸縮有り）。

3．年度によって文部省の把握ができていないため、文部省「学校基本調査」には限界があり、おおよその傾向として参照。

出典）学校数は文部省『日本の成長と教育』（1962: 170-173）。生徒数は日本統計協会『日本長期統計総覧第5巻』（1987: 242-243）より作成。

ディアを読む層が増えた。明治期の義務教育学齢児童就学率の推移をみると、大正期には義務教育が定着していたことがわかる(14)（**表2**）。また、読み書きの能力を確実に持つことができた中等教育の在学者も、増加傾向にあった。この頃、とくに女子向けの中等教育である高等女学校の生徒数の増加は著しく、大正後期には男子が通う中学校の生徒数と同程度に達していることがわかる(15)（**表3**）。

くわえて小学校卒業のみの学歴でも活字メディアが読める環境が整備された。木村涼子や永嶺重敏が指摘しているように、それまでは義務教育のみでは、雑誌や新聞などの活字メディアを読むのに支障があった（永嶺 1997: 19-20, 2004: vii; 木村 1992: 234-235）。そのため彼らの読み書きの能力の低下防止への有効な対策として、内務省が全国の公共図書館を充実させた。図書館利用者は、明治三〇年代後半から「都市下層へ、さらに地方郡部へと拡大し始め」ていった(16)（永嶺 1997: 19-20; 2004: iii-v）。『讀賣新聞』がおこなったようなルビ付きの活字メディアの出現も読む能力の獲得に役立った。戦前の婦人雑誌を分析した木村によれば、

『主婦之友』（創刊一九一七〔大正六〕年）の読者欄に「仮名を拾い拾いして読むうちにわかるようになった」といった感想を寄せる投稿者も少なくなかったという。小学校卒業生のなかにもルビ付きの活字メディアを苦労しながら読むうちに、読み書きの能力を身につけた状況があった（木村 2010: 33, 56）。

さらに、永嶺によると、誰もが読書できる環境の整備によって活字メディアは地方読者へもひろがっていったようである。活字メディアを地方読者にひろげたのは、交通、販売路の整備による活字メディアの全国流通網の形成であった。(17)また、明治三〇年前後から、中央活字メディア、つまり都市部の新聞社・出版社は同業社との激しい競争のなかで、「貪欲に」地方の読者の開拓を進めていった（永嶺 1997: 19–20; 2004: iii–v）。

それでは大正期において活字メディアがひろく読まれるなか、『讀賣新聞』はどのような読者を獲得していたのだろうか。(18)**表4**から**表8**は、永嶺、山本がまとめた一九一四（大正三）年から一九三二（昭和七）年の新聞読者調査の結果である。**表4**と**表5**から、大正中頃における東京の職業婦人は『東京日日新聞』『讀賣新聞』『東京朝日新聞』の順で読んでいたと永嶺は指摘している。**表8**の結果から、山本は「センセーショナルな三面記事と身近な家庭記事、ラジオ番組などで家庭婦人に人気をかちえてきた『讀賣』が職業婦人に人気があったこと、また、『讀賣新聞』がこのような「大衆的な家庭新聞の色彩、イメージをもっていたので、青年団にはあまりくいこまなかったのでは」と指摘している（永嶺 1997: 167–170; 山本 1981: 225–234、240–243）。つまり、「婦人附録」は『讀賣新聞』の大きな特徴と認知されていたのである。

表4　女工の新聞購読状況

	①		②		③		④		⑤		⑥	
調査年	1919（大正8）		1919（大正8）		1919（大正8）		1919（大正8）		1921（大正10）		1928（昭和3）	
調査地	東京府		東京府		東京府		東京府		東京府		神戸市	
調査人数	2,350		631		231		1,054		1,323		3,846	
購読新聞（人）	国民	56	東京毎夕	63	東京毎夕	11	東京毎夕	77	やまと	174	神戸	689
	やまと	10	やまと	29	やまと	7	都	63	東京毎夕	123	神戸又新	470
	東京日々	9	報知	15	万朝報	6	東京日日	56	都	100	大阪朝日	272
	報知	9	万朝報	15	東京日々	5	万朝報	53	東京日日	78	大阪毎日	256
	東京朝日	8	**読売**	14	東京毎朝	3	やまと	52	東京毎日	66	時事	2
	中央	6	都	13	中央	3	国民	36	万朝報	54	門司	2
	時事	5	東京毎日	13	国民	3	東京朝日	34	東京朝日	53		
	中外商業	2	中央	9	時事	3	東京毎日	25	国民	53		
	東京毎夕	1	時事	6	報知	2	報知	22	二六	42		
	山梨日日	1	国民	3	都	2	中央	22	報知	31		
			東京朝日	3	東京毎日	2	二六新報	21	**読売**	30		
			東京夕刊	2	**読売**	1	**読売**	15	中央	27		
			茨城	1			時事	6	時事	25		
							東京夕刊	3	東京夕刊	14		
									労力	10		
									その他	56		
合計		107		186		48		485		936		1,691

注）1．『読売新聞』の位置が分りやすいように著者が太字で強調した（以下の表5～8共通)。
　　2．対象者は以下のとおりである。① 東京府の製糸女工、② 東京府の化粧品製造業女工、③ 東京府の染色整理その他の加工業女工、④ 東京府の印刷製本業女工、⑤ 東京府下の諸工場の女工、⑥ 神戸市のマッチ工場従事女工。

資料）①「製糸工場に於ける女工事情」『社会政策時報』5号、1921年1月、②「化粧品製造業女工事情」『社会政策時報』7号、1921年3月、③「染色整理其他の加工業女工事情」『社会政策時報』8号、1921年4月、④「印刷製本業女工事情調査」『社会政策時報』9号、1921年5月、⑤ 東京市社会局『職業婦人に関する調査』附録「女工に関する調査概況」、1924年、⑥『マッチ工業従事女工ノ生活状態調査』神戸市社会課、1930。

出典）永嶺（1997: 168-169）より作成。

表 5　職業婦人の新聞購読状況

	⑦		⑧		⑨		⑩		⑪	
調査年	1922（大正11）		1924（大正13）		1926（大正15）		1926（大正15）		1924（大正13）	
調査地	東京市		名古屋市		広島市		京都市		東京市	
調査人数	900		1,190		800		2,048		900	
購読新聞（人）	東京日日	151	名古屋	535	中国	212	大阪毎日	998	東京朝日	134
	読売	137	新愛知	413	大阪毎日	180	大阪朝日	886	東京日日	151
	東京朝日	134	大阪朝日	182	大阪朝日	160	京都日々	93	時事	105
	時事	105	大阪毎日	169	芸備日々	56	日出	52	国民	84
	万朝報	104	名古屋毎日	20	**読売**	18	**読売**	22	万朝報	104
	国民	84	報知	16	万朝報	6	新愛知	14	報知	79
	報知	79	時事	14	東京朝日	5	報知	4	**読売**	137
	東京毎夕	61	万朝報	13	産育	2	中外日報	3	都	51
	都	51	国民	9	報知	2	万朝報	2	東京毎日 注2)	18
	やまと	45	**読売**	9	中外日報	2	時事	2	東京毎夕	61
	東京毎日	18	東京日日	6	広島日々	2	都	1	やまと	45
	中央	16	東京朝日	5	婦女	2	明治	1	その他	47
	二六	12	中外商業	4	福岡日々	1	京華日報	1	不明	8
	東京夕刊	2	婦女	3	家庭週報	1	外国新聞	1		
	大東京	2	愛知	2			不明	55		
	大阪毎日	2	東京	2						
	大勢	1	やまと	1						
	教徒	1	大阪時事	1						
	中外商業	1	神戸	1						
	埼玉朝日	1	伊勢	1						
	官報	1	婦人	1						
	その他	8	宗教	1						
	不定	8	天業民報	1						
			アルス	1						
			子ども	1						
			（読みます）	1						
合計		1,024		1,412		649		2,135		1,024

注）対象者は以下のとおりである。⑦ 東京市内の職業婦人、⑧ 名古屋市内の職業婦人、⑨ 広島市内の職業婦人、⑩ 京都市内の職業婦人。⑪ 東京市内の職業婦人。

資料）⑦ 東京市社会局『職業婦人に関する調査』附録「女工に関する調査概況」、1924 年、⑧ 名古屋市社会課『職業婦人生活態調査』1925 年、⑨ 広島市社会課『職業婦人生活状態』1927 年、⑩ 京都市社会課『職業婦人に関する調査』1927 年、⑪ 東京市『婦人自立の道』1925 年刊行に所収。

出典）⑦・⑩ 永嶺（1997. 169-170）より作成。⑪ 山本（1981: 233）より作成。

表6　女学生の新聞購読状況

	⑫		⑬		⑭	
調査年	1914頃（大正3）		1914頃（大正3）		1932（昭和7）	
調査地	東京市		東京府		秋田・本荘市	
調査人数	226		90		322	
購読新聞（人）	朝日	70	報知	30	魁新報	129
	報知	54	朝日	25	東日	85
	万朝	50	万朝	20	東朝	47
	国民	28	国民	16	報知	26
	時事	28	都	7	**読売**	14
	日々	14	やまと	7	秋田旭	6
	読売	12	時事	6	東京時事	5
	二六	12	二六	6	秋田毎日	4
	やまと	9	日々	6	国民	3
	中央	9	中央	5	都	3
	都	6	**読売**	4	その他	不明
	日本	5	日本	3		
	毎日	4	下野	2		
	婦女	4	婦女	1		
	地方新聞	8	大阪朝日	1		
			横浜貿易	1		
			新愛知	1		
			公民新聞	1		
			礫川新聞	1		
			官報	2		
合計		313		145		(322)

注）対象者は以下のとおりである。⑫東京の某高等女学校、⑬東京の某高女本科3･4年生、⑭東京府立第五高女全生徒。

資料）⑫⑬松崎天民『社会観察万年筆』1914年、⑭「女学生読物調べ」『東京朝日新聞』、1932年。

出典）永嶺（1997: 170）より作成。

表7　労働者の新聞購読状況

	⑮		⑯		⑰		⑱	
調査年	1919（大正8）		1919（大正8）		1919（大正8）		1919（大正8）	
調査地	東京市京橋区月島		東京市ガラス工場		栃木県足尾銅山		東北地区炭鉱	
調査人数	不明		不明		不明		不明	
購読新聞（人）	万朝報	106	やまと	218	東京日日	237	報知	150
	東京毎夕	89	東京毎夕	211	東京朝日	162	いはらき	117
	東京日日	78	万朝報	123	万朝報	110	やまと	69
	東京毎日	67	東京日日	90	報知	27	国民	61
	やまと	53	都	82	国民	21	東京日日	58
	国民	24	報知	81	やまと	18	福島	53
	報知	24	時事新報	73	下野	16	河北	38
	時事	23	東京毎日	69	東京毎夕	5	時事	32
	読売	22	二六	63	時事	3	福島民友	31
	都	20	国民	56	都	3	万朝報	17
	東京朝日	5	**読売**	31	中央	3	中央	14
	その他	83	東京朝日	29	東京毎日	1	東京朝日	9
	不明	36	中央	17	世界	1	都	6
			中外商業	1			その他	4
合計		630		1,144		607		659

注）対象者は以下のとおりである。⑮東京市京橋区月島の常雇労働者、⑯東京市のガラス工場労働者、⑰足尾銅山鉱夫長屋1200戸、⑱東北地区（場所不明）の炭鉱労働者。

資料）⑮高野岩三郎、権田保之助らの内務省『東京市京橋区月島に於ける実地調査報告』第1集、1921年、⑯警視庁『社会政策時報』第4号、1920年12月号、⑰⑱「足尾銅山に於ける労働問題研究」東京高等商業学校学生、佐藤輝雄の卒業論文、1921。

出典）山本（1981: 225-230）より作成。

表8　その他の人々の新聞購読状況

	⑲		⑳	
調査年	1934（昭和7）		1930（昭和5）	
調査地	大阪近郊農村		全国青年団	
調査人数	不明		不明	
購読新聞（人）	大阪朝日	702	大阪毎日	5,566
	大阪毎日	554	大阪朝日	5,441
	大阪時事	56	東京朝日	3,375
	夕刊大阪	21	東京日日	3,341
	その他	13	報知	2,049
			国民	1,354
			時事	1,171
			読売	491
			大阪時事	325
			中外商業	192
			その他	22,184
合計		1,346		45,489

注）対象者は以下のとおりである。⑲大阪近郊の農村12カ村、⑳全国の青年団。
資料）⑲大阪市『農村の生活』1936年、⑳大日本連合青年団『全国青年団基本調査』1934年。
出典）山本（1981: 240-242）より作成。

（2）投稿者

つぎに、大正期の「身の上相談」投稿者の特徴について述べる。投稿者の属性を計量的に分析し、投稿者全体の特徴と、結婚の悩みを相談した投稿者の特徴をあきらかにする。投稿者の相談はすべて「身の上相談」に掲載されるわけではなかった。したがって、ここでは投稿して相談が掲載された者のことを指して「投稿者」という。

ここでは投稿者全体の特徴を検証するために次のような方法をとった。第一に、記事の読み込みと属性の判断を厳密におこなうために、一九一四（大正三）年の連載開始年から偶数年の記事、相談に標題があり、なおかつ相談と回答がセットになっている記事に限定した。その結果、一六一四件の記事を抽出し、分析対象とする。

第二に、属性を判定して分類した。大正期の「身の上相談」の署名には投稿者のペンネームのみ記載されているので、

表9　職業の社会経済分類の定義

SSM 職業大分類	従業上の地位：雇用	従業上の地位：経営、単独、自営、家族従事者
1　専門的職業	(3)　雇用ホワイトカラー	(2)　自営業
2　管理的職業	(3)　雇用ホワイトカラー	(2)　自営業
3　事務的職業	(3)　雇用ホワイトカラー	(2)　自営業
4　販売的職業	(4)　雇用ブルーカラー	(2)　自営業
5　熟練的職業	(4)　雇用ブルーカラー	(2)　自営業
6　半熟練的職業	(4)　雇用ブルーカラー	(2)　自営業
7　非熟練的職業	(4)　雇用ブルーカラー	(2)　自営業
8　農林的職業	(1)　農業	
雇用関係なし		
N　地主・資産家	(2)　自営業	
M　学生	(5)　学生	

性別、年齢、学歴、職業、居住地は相談記事内の記述から調べた[19]。性別と居住地が明記されていない場合、記述内容から判定した。たとえば、性別については「高等女学校を卒業」とあれば女性と判定した。居住地については、都市か、都市以外かの二つのカテゴリーに分類し、「田舎」、「村」などの記述のある相談については、都市以外の居住であると判定している。学歴については、その教育課程を受けた経験を重視するため、中退と在学中も含めた。

職業については、従業上の地位と、一九五五―一九七五年ＳＳＭ職業小分類・大分類と（安田・原［1960］1982: 103-110）、中村（2000）を参考にして、**表9**のように分類した[20]。

表10は一六一四件の投稿者属性を掲載年ごとにあらわしたものである。表から「身の上相談」投稿者は、各属性で不明が多く、一〇年間の推移をみてもその特徴に大きな変化は認められない[21]。年齢は「二〇代」に集中していること、職業は「学生」、「雇用ホワイト」が多く、「農業」が少ないこと、学歴は「中等教育」までが多い。このことから、手紙の投稿だけでなく、直接来社して面談することができたものの、投稿者は手紙を書くことができる能力を確実に有していた人びとに偏っていたといえる。また、性別と居住地には偏りがないことから、「婦人附録」面に掲載されていた「身の上相談」であっても男女どちらの投稿も掲載されていたこと、都市だけでなく都市以外の投稿者もいたことがわかる。

表 10　投稿者の属性×掲載年（%）

		1914 大正3	1916 5	1918 7	1920 9	1922 11	計	(N)
性別	男性	40.4	39.7	45.7	38.3	52.2	41.3	(667)
	女性	50.2	54.7	50.3	53.6	44.9	51.7	(835)
	不明	9.4	5.6	4	8.1	2.9	0.1	(112)
年齢	10代	7.4	10	12.7	9.7	10.1	9.7	(156)
	20代	30.7	29.7	33.5	22.6	37.7	29.5	(476)
	30代	3.3	7.6	6.2	2.2	5.8	4.6	(75)
	40代	0.6	0	1.6	0.8	0	0.7	(11)
	50代以上	0.2	0.6	0.9	0	0	0.4	(6)
	不明	57.8	52.1	45	64.7	46.4	55.1	(890)
居住地	都市	18.2	18.8	23.6	22.9	24.6	20.8	(335)
	都市以外	15.4	18.2	22.0	9.7	20.3	16.2	(262)
	不明	66.4	62.9	54.3	67.4	55.1	63.0	(1017)
学歴	初等教育	4.3	3.5	8.7	3.2	5.8	4.8	(78)
	中等教育	13.7	10.9	23.3	9.4	14.5	14.1	(227)
	高等教育	6.4	6.2	9.3	6.5	5.8	6.9	(112)
	不明	75.6	79.4	58.7	80.9	73.9	74.2	(1197)
職業	自営業	5.9	4.1	4.0	3.2	1.4	4.3	(70)
	雇用ホワイト	12.7	16.5	15.5	8.9	11.6	13.1	(212)
	農業	1.2	0.9	2.8	0.8	2.9	1.4	(23)
	雇用ブルー	6.6	5.3	12.1	7.5	4.3	7.6	(122)
	学生	10.2	10.0	14.6	10.8	15.9	11.4	(184)
	無職	0.8	1.8	4.7	0.8	1.4	1.8	(29)
	不明	62.7	61.5	46.3	67.9	62.3	60.3	(974)
	計	100.0	100.0	100.0	100.0	100.0	100.0	(1614)
	(N)	(512)	(340)	(322)	(371)	(69)		

注）1．学歴は、初等教育（尋常小、高等小）、中等教育（実業、高女、旧制中学、師範、職業訓練校、教員養成所、中等教育を受けたと記載）、高等教育（高校、高専、大学、大学院、高等教育を受けたと記載）と3カテゴリに分けた（師範については、師範学校と高等師範学校に分かれるが、高等であるかどうか判断できない例が多いため、師範学校は中等教育に含めた）。居住地については、都市（東京市［現東京23区］居住、東京市以外の五大都市［横浜、名古屋、京都、大阪、神戸］）、都市以外（六大都市以外、植民地、田舎・村などと記載）の2カテゴリに分けた。

2．職業は「農業」、「自営業」、「雇用ホワイトカラー」（雇用ホワイトと略す）、「雇用ブルーカラー」（雇用ブルーと略す）、「学生」、「無職」の6カテゴリに分けた。

表 11　相談種類別の相談者性別・居住地・学歴・職業比率（%）

		結婚相談	結婚相談以外	
性別	男性	54.4	45.6	(667)
	女性	59.3	40.7	(835)
	合計	57.1	42.9	(1502)
居住地	都市	50.1	49.9	(335)
	都市以外	52.7	47.3	(262)
	合計	51.3	48.7	(597)
学歴	初等教育	37.2	62.8	(78)
	中等教育	39.2	60.8	(227)
	高等教育	67.0	33.0	(112)
	合計	46.3	53.7	(417)
職業	自営業	67.1	32.9	(70)
	雇用ホワイト	50.9	49.1	(212)
	農業	43.5	56.5	(23)
	雇用ブルー	44.3	55.7	(122)
	学生	45.1	54.9	(184)
	無職	27.6	72.4	(29)
	合計	48.4	51.6	(640)

性別　N=1502,　χ^2= 3.574,　p=0.059
居住地　N=597,　χ^2= 0.374,　p=0.541
学歴　N=417,　χ^2=26.440,　p=0.000
職業　N=640,　χ^2=17.282,　p=0.004

つぎに、結婚について相談した投稿者の特徴をみてみよう。抽出した相談一六一四件に目を通し、結婚、夫婦関係の問題が相談の要素となっている記事を「結婚相談」として八六八件抽出した。

表11は相談者の属性と「結婚相談」記事との関連を示したものである。「身の上相談」の半数が結婚相談であることがわかる。ここから、結婚、もしくは結婚生活に何等かの葛藤を抱きやすい層がわかる。属性をみると、性別、居住地ともに偏りがない。「身の上相談」には男女、都市・都市以外の居住者の結婚にかかわる葛藤があらわれていたことがわかる。ただし、学歴では「高等教育」に、職業では「自営業」にやや偏る傾向がある。

以上の投稿者の分析から、「身の上相談」にあらわれた結婚観が、男女どちらの読者にも、都市だけでなく都市以外の読者にも示されていたことがわかる。したがって、主たる読者が都市新中間層女性である婦人雑誌を分析対象とするこれまでの結婚観に関する研究に対して、本書の分析対象である「身の上相談」はよりひろい社会層の結婚観をあきらかにすることができるといえる（大塚 2003; ノッター 2007）。

また、分析結果から次のようなことが考察できる。数は少ないが、学歴が初等教育までの投稿者、職業が農業、雇用ブルー、自営業の投稿者もいたことから、「身の上相談」にあらわれた結婚観はひろい層を巻き込んで「大衆的な」結婚観として構築されていた可能性がある。

さらに、結婚相談を投稿した層が、高学歴層に偏っているのは、教養主義的学生文化の影響によって結婚を理想化して葛藤を抱えやすいという可能性が考えられる。竹内（1999）によれば、高等教育経験者にひろがっていた教養主義的学生文化は、読書による近代的知識の蓄積によって古い思想と現実を懐疑し、理想を追い求めようとするものであった。ノッターは、友愛結婚観に教養主義の影響があったと述べている（ノッター 2007: 75-77）。このことから、「身の上相談」においても、高学歴層が結婚の理想を徹底して、葛藤や懐疑を抱くような態度を示していたと考えられる。

四　「身の上相談」の関係者

（１）「よみうり婦人附録」の記者たち

この節では、「身の上相談」欄担当者と「婦人附録」の編集者たちの特徴から、「身の上相談」がいかなる社会的空間で醸成されたのかをたどる。担当者や編集者は、読売新聞社史（以下「社史」と略）と、「婦人附録」関係者の関連文献、読売新聞記事等の資料からある程度みてとれる。これらの資料から、「婦人附録」編集部の状況、人物像、彼らに共通する特徴を調べる。

「婦人附録」の関係者を取り上げる理由は、第一に、「身の上相談」には回答者の記名はなく、回答の最後に「記者」とのみ記載されており、実際に、誰がどの時期に「身の上相談」担当記者であったかは、記事から判別できない。第二に、社史で紹介されている「身の上相談」担当記者が在任していない時期も「身の上相談」が連載されていることから、

表 12 「婦人附録」関係者一覧

氏名（旧姓）	生没年	在社期間 入社年.月-退社年.月	出生地 （現県名）	最終学歴 （年は判明した者のみ明記）
五來 欣造	1875-1944	1914-1915	茨城県	1903年 帝都大学仏文科卒
小橋 三四子	1883-1922	1914-1915.10	静岡県	日本女子大学国文学部卒
松本 雲舟	1882-1948	①1914.3-1915.9 ②1918.11-1919.夏頃	神奈川県	早稲田大学卒
羽仁 吉一	1880-1955	1914-1915?	山口県	1893年 漢学塾、周陽学舎を中退
田村 俊子	1884-1945	1914-1923	東京都	1901年 日本女子大学国文科中退
与謝野(鳳)晶子	1878-1942	1914-1916?	大阪府	1894年 堺女学校卒業、補習科
恩田 和子	1893-1973	1914？-1917	茨城県	1913年 日本女子大学
下妻 つま子	生没年不詳	1914 or 15-1917?	不明	不明
周田 松枝	生没年不詳	1914-1926？	東京都	神奈川県立高等女学校補習科
柳(橋本)八重	1883-1972	1914-1916	東京都	1910年 日本女子大学校研究科生
大月 隆仗	1883-1971	?-1915.10	岡山県	哲学館（現・東洋大学）哲学科
前田 晁	1879-1961	1915.10-1917.5	山梨県	1904年早稲田大学哲学科、英文科
水野 仙子	1888-1919	1915.10-1916.3	福島県	1904年 須賀川裁縫専修学校
生田(西崎)花世	1888-1970	1915年秋から約半年間	徳島県	徳島高等女学校
野坂 貞子	生没年不詳	1915.2-1915.10-？	不明	不明
保高 徳蔵	1889-1971	1915-1917	大阪府	1915年 早稲田大学英文科
窪田 空穂	1877-1967	1916.10-1917.5	長野県	1904年 早稲田大学
佛子 須磨子	1885-1969	1916.5-1916.10	大阪府	堂島高等女学校
松村 英一	1889-1981	1917年の半年ほど	東京都	愛知県厚熱田尋常高等小学校退学
百瀬 しづ子	1890-????	1917(1919年夏は在社)-？	長野県	1909年女子美術学校
石島(菅野)菊枝	1899-1975	1918-1925	東京都	会津高等女学校卒
安成 二郎	1886-1974	1919-1927	秋田県	秋田県立大館中学校中退
三大寺 本紹	1876-1932	1914-1930 1919頃に婦人部移動	佐賀県	哲学館（現・東洋大学） 関西法律学校
望月 百合子	1900-2001	1919.6-1921.3	山梨県	1919年 私立成女高等女学校
山口たかこ	生没年不詳	1919年夏頃は在任	不明	女子英学塾(現・津田塾大学)

注)「身の上相談」担当者は網掛けで表示。

出典) 五來、前田（読売新聞一〇〇年史編集委員会 一九七六)、小橋（中村 1989)、松本（佐々木 1991; 中村 1989)、羽仁（自由学人 羽仁吉一 編集委員会 2006)、与謝野、田村、百瀬、望月、山口、石島（江刺 1997)、与謝野（村岡 2001;『読売新聞』2009.4.7 朝刊 25 面)、周田（永代［1927］1988)、柳（柳敬助・八重夫妻展 1996)、前田（佐々木 1977)、大月（青野 1959)、水野（武田 1995)、生田、石島（『読売新聞』1961.10.4 朝刊 9 面)、恩田、下妻、野坂、保高（『讀賣新聞』1932.10.22)、窪田（臼井 2006)、佛子（植村 2005)、松村（山本 1977)、石島（『読売新聞』1975.6.23 夕刊 9 面)、安成（紅野 1977; 安成 1972)、三大寺（永代［1930］1988;『讀賣新聞』1932.2.25)。

表13　「身の上相談」担当記者の担当期間

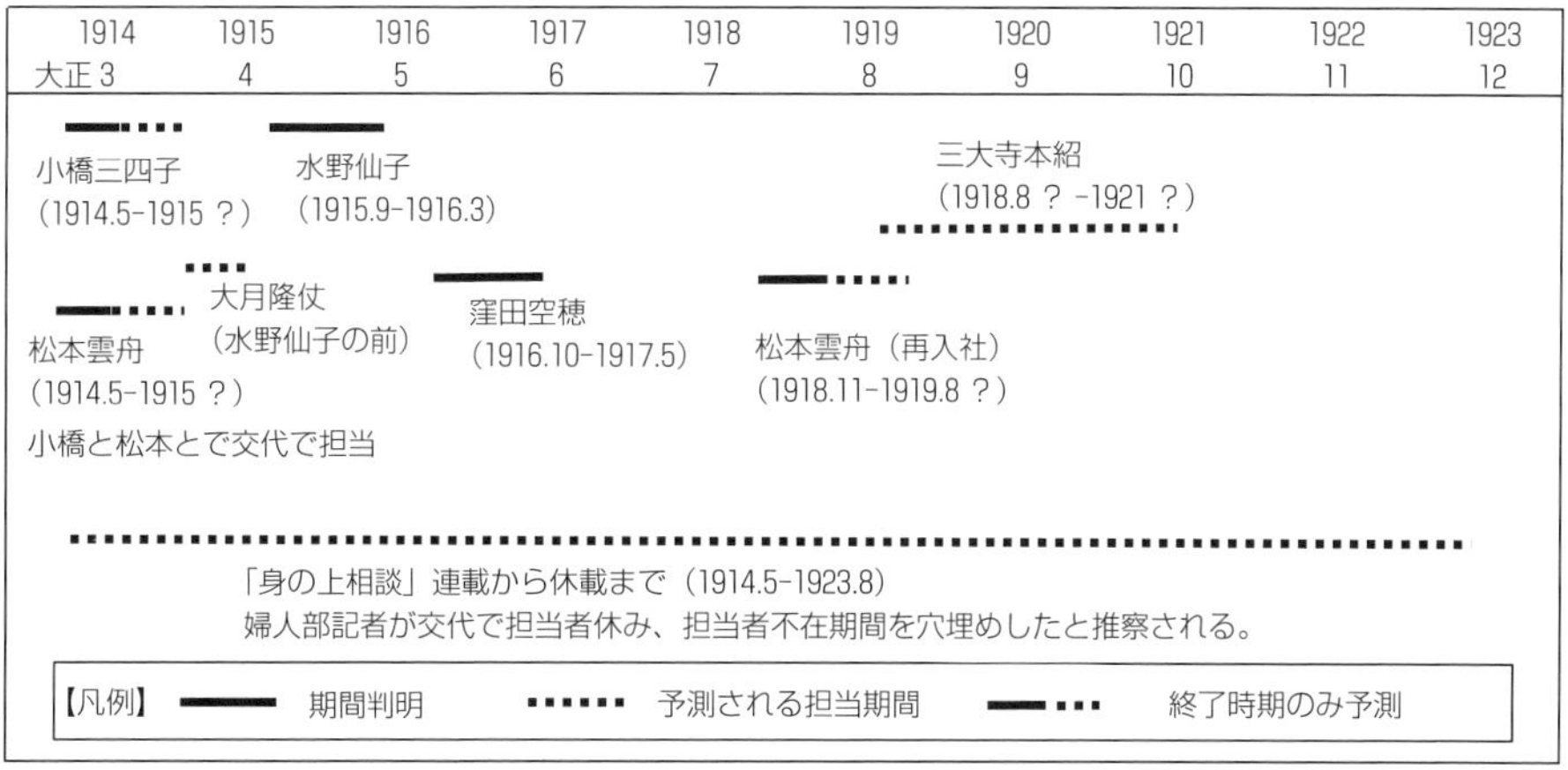

「婦人附録」記者たちが穴埋めしていた可能性と、他にも「身の上相談」専任担当者がいた可能性があるからだ[22]。第三の理由は、これが重要な理由であるが、「身の上相談」の開設と連載は「婦人附録」編集部の状況や編集方針があってこそはじめて可能となったといえるからである。

「婦人附録」編集部（以下婦人部と略）の在籍者は次のような人たちである。社史には「身の上相談」担当者として女流作家の水野仙子、歌人の窪田空穂《うつほ》、大月隆仗《たかより》の名があげられている。ほかには、「婦人附録」開設者の五來（本章第二節参照）、編集顧問の羽仁吉一、編集主任の小橋三四子、開設時に入社したとして与謝野晶子、田村俊子、松本雲舟、婦人部長として前田晃、安成二郎などの名が、さらに婦人記者として柳（橋本）八重子、野坂貞子、恩田和子、下妻つま子、佛子寿満子、生田（西崎）花世、望月百合子、保高徳蔵、松村英一の名が記されている（読売新聞社 1955: 220–221, 1994: 93; 読売新聞一〇〇年史編算委員会 1976: 241、253–255）。さらに、関係者に関する資料から、石島菊枝、三大寺本紹、周田松枝、山口たかこ、百瀬しづ子らが婦人部に在籍していたことがわかった。

表12は調査の結果判明した人物も含めて「婦人附録」関係者の生没年、在社期間、出身地、学歴をまとめたものである。**表12**から彼らには高学歴の傾向があり、男性記者は早稲田大学、女性記者は日本女子

大学出身者が複数人いる。新聞記者名鑑を調査した河崎吉紀によれば、讀賣新聞社も含め早稲田出身の新聞記者が比較的多いのは当時の傾向であった（河崎 2006: 60–62）。一方、当時の女性記者は、女性で「文章をつづれる」能力をもっていた高等女学校や、女子大学の出身者で学校時代文芸好きだった女性が採用されていたという[23]（紅蓮洞 1913）。

社史に記載のあった水野、窪田、大月以外に「身の上相談」を担当していたのは、小橋、松本、三大寺であったことが資料から判明した。社史によると、「身の上相談」回答者の仕事は、相談の手紙や面談内容すべてに目を通して、そのなかから「一般性の高いもの、興味深いものを選」ぶことである。さらには、質問内容を掲載しやすいように編集して、その相談への回答を記すことだったという（讀賣新聞社 1955: 221; 読売新聞社一〇〇年史編集委員会 1976: 254–255）。

表13はどの記者がどの時期に担当していたのかを示したものである[24]。「身の上相談」開始の一九一四（大正三）年五月二日からは、小橋と松本が交代で担当していた。そのつぎに、大月、水野、窪田と続き、記者が不明な期間を挟んで、松本、三大寺の順で担当していた。三大寺の後は担当者が不明、もしくは専属担当者が不在だった可能性がある。

（2）編集現場の諸相

社史と関係者資料から、大正期頃の婦人部は、主任あるいは婦人部部長の在任時期によって四期に分けることができる。それは小橋、松本が主任を務めた開設当初期（一九一四・三―一九一五・一〇）、前田婦人部長期（一九一五・一〇―一九一七・五）、松本婦人部長期（一九一八・一一―一九一九夏頃）、安成婦人部長期（一九一九・一〇―一九二七）である。以下では短い松本婦人部長期を安成婦人部長期に含めて三区分し、各期間の「婦人附録」編集部署内がどのような空間であったのかをみていく。

「婦人附録」開設当初の顧問・監督の存在であったのが五來と羽仁である。一九〇四（明治三七）年、五來は当時の読売新聞社主本野一郎（一九六二―一九一八）の斡旋によって、読売新聞社特別通信員の肩書で仏と独に留学した。その後、本野から委託されて「婦人附録」を開設した（読売新聞一〇〇年史編集委員会 1976: 251–252）。その時、婦人雑誌の編集に詳しい羽仁が、編集顧問として招かれた。羽仁は、自分の代わりにと小橋（図2）と松本を推薦し、一年くらいで読売新聞社を去っている（『讀賣新聞』一九三二・一〇・二二）。同時期に、「婦人附録」開設の援護を依頼された田村と与謝野が寄稿家として読売新聞社に入社する。

小橋と松本は、「婦人附録」の社説である「婦人と時勢」を交代で執筆していた。小橋は使命感を持って女性問題の紙面づくりにあたった。小橋が編集主任のときは松本が「身の上相談」の「主任」を務めていたという。この二人が「身の上相談」を独立のジャンルとして確立したのである（江刺 1997: 306; 中村 1989: 335-362; 山口ほか編 2001: 141）。

大月は松本と小橋が編集主任であった後半頃から水野の前まで「身の上相談」を担当していた。大月は「身の上相談」の担当について「退屈で大変」と回想している（青野 1959: 222-226）。大量に寄せられる投稿の手紙をひたすら読み続け、投稿する手紙を選び、面談もし、文章を編集しなおし、回答を記載することが、大月にとって「大変」だったようだ。

この頃、「婦人附録」記者をしていたのが、周田松枝、恩田和子、下妻つま子[25]、柳八重である。周田は記者生活のかたわら女性の選挙権の獲得を目指す婦選獲得同盟で婦選運動にかかわっていた（江刺 1997: 202, 306）。

図2　小橋三四子

出典）『讀賣新聞』1932年10月22日付

一九一五（大正四）年一〇月、当時の編集局長上司小剣《かみつかさしょうけん》の推薦で前田晃がやってきた。前田の代で「編集主任」という肩書が「婦人部長」に代わる。前田は日々起こるニュースをそのまま話題として「婦人附録」にとりあげ、そこに婦人部記者や識者、著名婦人たちの意見をそえるなどして紙面を刷新していった（読売新聞一〇〇年史編集委員会 1976: 234-255）。

この前田部長期から「身の上相談」の相談記事は、一件の相談に文面を多く割くようになっていく。この頃の「身の上相談」担当者は水野と窪田である。水野の「身の上相談」における回答は、真面目で熱心であり、常識的だが説得力があったという（尾形 1986）。同時期に婦人部記者をしていた生田によると、相談をする「婦人たち」は投稿の手紙を書いて相談することができずに、面談に訪れていた。水野はその話を聞いて質問部分の記事をつくり、回答をつけて身の上相談欄の今の型のものをつくりあげたという。水野の回答が評判であるため理事の石黒敬文も水野を大事にした（『讀賣新聞』一九三二・一〇・二二、『読売新聞』一九六一・一〇・四、朝刊九面）。しかし、入社から半年後、水野は肋膜炎、結核の発病を機に退社している（武田 1995）。[26]

一九一六（大正三）年一〇月、前田は水野の後任として親友の窪田を入社させる（臼井 2006: 13–16）。窪田の日記には「身の上相談」は実際にやってみると楽ではなかったと記されている。翌年の五月、窪田は前田と共に、「身の上相談」の内容をめぐって上層部と対立し、退社した。社主本野の妻の久子から「身の上相談」が貞操問題ばかりで「読むに忍びざる」という苦情が出た。苦情を受けた窪田は「身の上相談は、相談に対して有益な回答をするもので、教育者としての自分の意見を吐くのが目的ではない」、「婦人が記者に相談してくる問題は、人に語れないような心の秘密である。この多くは男女問題に関するものだ。身の上相談はこれを排することはできない」といった趣旨の手紙を書いた後に退社する（臼井 2006: 409–418;『読売新聞』二〇〇九・四・一七、朝刊一五面）。ただし、前田時代の婦人部記者生田花世は、当時を振り返り「のんびりしていた」と回想していることから、このような衝突が日常的におこっていたわけではなかったようだ。（『読売新聞』一九六一・一〇・四、朝刊九面、二〇〇九・四・一〇、朝刊二五面）。

一九一九（大正八）年八月末に読売新聞社社長の本野英吉郎が死去した。次期社長に秋山忠三郎が就任したのに伴い、幹部社員は刷新された。一九一八（大正七）年に再入社していた松本婦人部長はこの時に退社し、安成二郎が婦人部長となる（江刺 1997: 262–265）。安成部長期前の一九一九（大正八）年六月頃には三大寺本紹が「身の上相談」を専任で担当していた。三大寺は一九一四（大正三）年に読売新聞記者となり、社会部から婦人部に移る。その際に、身の上相談係となった（永代［1988］1930: 415; 永代［1927］1988: 126）。

安成部長期には石島菊枝、望月百合子、山口たかこが婦人部記者として活躍していた。有名婦人訪問を担当していた石島は、女子教育の振興の時期であったこともあり、下田歌子などの婦人教育家を取材していた（『読売新聞』一九六一・一〇・四、朝刊九面）。百瀬しづ子は、婦人部記者として朝鮮・中国特派員として取材し、記事の中で家にこもって、中国人とつきあおうとしない現地の日本人女性を批判し、「女は子どもの守りをして、台所の番さえしていればよいという思想」が原因だと書いている（『読売新聞』二〇〇九・四・三〇、朝刊一五面）。

（3）関係者の特徴

「婦人附録」関係者の略歴から彼らの特徴を、①明治期、大正期の活字メディアの編集経験者、②キリスト教信者、③自然主義文学者、④女性解放思想の影響の四点にまとめることができる。

第一の活字ジャーナリズムの編集にかかわっていた人びとが多いという特徴についてみていこう。開設当初の編集顧問である羽仁は、報知新聞に在社し、「家庭之友」の創刊にかかわっていた。小橋は、日本女子大学同窓会誌をはじめ、キリスト教系婦人雑誌『新女界』などの編集に参加しており、松本はキリスト教系雑誌『羊門』を発刊後、東京毎日新聞社に入社していた。「婦人附録」の開設当初、編集を強化し、紙面を継続させるために編集経験があり、そのノウハウを知るものが必要であったのだ。

つまり、新聞、雑誌の発刊、編集経験によって、彼らは、「身の上相談」をほぼ毎日のように、長期にわたって連載することができたのだ。投稿された手紙、口語の面談から相談の論旨を汲み取って編集する技術と、誰にでも伝わりやすい文章で相談と回答を書く技術が、「身の上相談」の編集には必要である。この非常に高いリテラシーと編集能力が求められる作業を可能にしたのは、関係者たちの活字メディアにおける経験の豊富さによるところが大きい。

さらに、「婦人附録」関係者たちから「身の上相談」に関するノウハウが他の新聞、雑誌にも伝達され、その開設に寄与した可能性も高い。彼らのなかには「婦人附録」を立脚点として活字ジャーナリズムにかかわっていったものもいた。読売新聞社退社後、恩田、大月、周田は別の新聞社の記者に、小橋、保高、柳、前田は雑誌の発刊者となっていた。彼らが退社後に在籍した『朝日新聞』、『婦人週報』などにも「身の上相談」が開設されており、「婦人附録」関係者たちから「身の上相談」に関するノウハウが他の新聞、雑誌の開設に活かされた可能性が高い。

第二の特徴であるキリスト教についてみる。開設時編集顧問の羽仁、「身の上相談」担当者の小橋、松本、窪田らはキリスト教信者であった。この点に関連して、読売新聞社史によれば「婦人附録」の開設当初、小橋、松本の影響によりキリスト教婦人団体である「婦人矯風会[27]の会報じみた」ところがあったといわれている（岡野 1955: 221）。

彼らの個人史をみると、松本と窪田はキリスト教について、高尚な知識を養い、人生の解明に役立つものだとみなしていた（佐々木 1991: 121–122、窪田 1962: 46–47）。また、小橋はキリスト教の影響から、さまざまな問題を抱えて苦しむ多くの人びとを救うという使命感を持っていた。小橋は『新女界』（一九一四年六巻一一号）において、キリスト教の理念を持って「身の上相談」を担当していたと回想している。そして、「身の上相談から見た社会」で「未だ嘗て見たことのない程、人間を露骨に見せられ」たと語る。小橋は投稿者に答える際に「成るべく人びとの現在と将来とを見て、最もよき処置、最もよき道を選ぶようにしたい《ママ》、そうする事が人を新しい生涯に導き、希望を与えるには非常に必要な事と思って」いたという（小橋［1914］1975: 31）。

小橋の使命感から、「身の上相談」は発展していったといえる。なぜなら小橋が「身の上相談」の体験を語った立場は、「婦人附録」開設時の一節、「幾多の問題に対する真実で間違いのない解決の好適例を示したい」という記述と共通するからである。どちらの記述にも投稿者たちの独白をできるだけ多くすくい取り、そこで彼らに最もよい道を指し示そうとする意志がみてとれる。

回答の文面にもキリスト教の影響がみられる。たとえば、小橋と松本の担当時期に掲載された相談である。離縁された夫との復縁を願う女性からの相談に対して、「求めよ、さらば与えられんですからどうしても復縁する決心で夫に御文通なさい」（一九一四・五・二六）とある。臼井は、次の窪田の担当記事にキリスト教の影響をみている。継子とうまくいかない継母の悩みに対し、窪田は「足蹴にされても辛抱する程の愛を貴方は持つ事が出来ないでしょうか……進んで此方から与えて行こうとする事が、何よりもお考えになるべき事です」(一九一六・一一・二)と答えている(臼井2006: 42-59)。教会へ足しげく通っていたという彼らは、救いを求める人びとへのアドバイスのヒントを教会での説教から得ることができたと考えられる。

第三の特徴である自然主義文学についてみる。「身の上相談」を担当していた水野、窪田、大月、婦人部長の前田、「婦人附録」のために入社した与謝野、田村、記者の保高、松村は自然主義に傾倒した文学作品を残している。また、彼らのなかには自然主義作家の田山花袋とつながりが深い者もいた。大月は自然主義作家の岩野泡鳴の弟子である。保高が退社後に書いた処女作「捨てられたお豊」は自然主義作家の正宗白鳥から賞賛を受けている(粟坪1972: 354)。

自然主義文学は社会批判的性格と告白文学的性格に分けられ、中年作家と女弟子の関係を告白した田山の『蒲団』(1907)の成功から次第に後者の傾向が優位になっていった(日地谷＝キルシュネライト1996: 110)。和田謹吾によると、『蒲団』のような自然主義作家が意図した客観描写と内面描写の達成時期は大正期だったという(和田［1966］1983: 375)。ありのままの人生を事実に忠実に描写する作品群が「私小説」と呼ばれる前に、「身の上話」「身辺雑記小説」などと呼ばれていた(日地谷＝キルシュネライト1996: 110)。したがって、自然主義文学と身の上相談の関連は深いといえる。

さらに、その描写方法も身の上相談との関連の深さを示している。自然主義的描写方法が可能にした私小説の様式の構造は主人公、語り手、作者の視点が一致していることである。つまり、日地谷によると、この文体は「読者の、主人公への完璧な同一化において成立する。読者はまさに、主人公のなかへ入り込んで行くのである。さらに読者は、主人公の眼を通して世界を把握し、それは、合理的要素のほとんどを排除して情緒的に行われる。その結果は、知的なプロセスをはじめから除外した、感情の一致である」(日地谷＝キルシュネライト1996: 115)。

そもそも『讀賣新聞』は自然主義文学との関連が深い新聞であった。「日曜附録」を編集していた正宗が島村抱月の弟子であった関係から、一九〇七(明治四〇)年前後を境に『讀賣新聞』は早稲田系の自然主義論や自然主義派の連載小説を主流とした（読売新聞社社史編集室 1987: 254）。

さらに、自然主義に傾倒していた「身の上相談」担当者たちは、現実を直視してその体験を客観的に描写しながら身辺の状況を写実的に描き出す作品を残している。たとえば、窪田は写実的な身辺歌に独自の歌境を開拓したと評価されている（村崎 1954）。水野の作品を分析した尾形明子によると、一九〇九（明治四二）年に水野が『文章世界』に発表した「徒労」で、死産に終わった姉の出産を描いた。この作品は特異な題材と光景を緊密な文体で、リアリティを持って描いたことが田山から評価されている。尾形は「身の上相談」を担当する頃の水野の作品の傾向について、自分のおかれた状況とその心情の告白によって、夫とのズレを埋める方法、あるいは女だけが持つ息苦しい宿命から脱出する方法を導き出そうとしていると評している（尾形 1986: 8–12）。

自然主義に傾倒した関係者たちが執筆する「身の上相談」の文体によって、投稿者のありのままの人生が忠実に描写され、読者はそこに表出している投稿者の私的経験に感情移入することができたのである。また、結婚、家族の悩みを主に掲載できたのも、読者が投稿者の私的経験を共有することに成功する文体を用いていたからである。

「身の上相談」の回答姿勢にはこのような自然主義文学の影響があらわれていた。臼井によれば、窪田は「相談者への共感の深さ」をもち、問題を共有しようとしていた。「自然主義文学の波を潜った」窪田にとっては、老若男女を問わずその境遇に自らをおいてみることが可能だったのである（臼井 2006: 355）。

第四の特徴である女性解放思想についてみる。生田、田村、水野、百瀬らは、婦人部記者になる前に、婦人のおかれた状況や、生き難さを著した作品を『青鞜』や『女子文壇』などの雑誌に発表していた。一九一四（大正三）年、生田が『反響』に発表した記事がもとで「貞操論争」がおこり、女性の処女性や売春に関する議論が発展していくこととなった。「婦人附録」でも生田の入社した頃の一九一五（大正四）年九月一七日〜三〇日まで、記事「生命か貞操か」が一四回にわたって連載された。周田は婦人部記者時代に、小橋、生田、石島、恩田、百瀬などは読売新聞社退社後に婦人参政権獲得運動に参加し、日本で初めて女性の政治的権利の獲得を目指した団体である「新婦人協会」で活躍している（折井・女性の歴史研究会編 2006: 201–270）。

また「婦人附録」は一九一九（大正八）年六月に「働く女」という記事を三二回にわたって連載している。連載記事における、逓信省《ていしんしょう》預金局（交通・通信行政の中央官庁）の取材は、男子に比べ女子は昇進の機会や賃金が少なく、いつまでたっても高等官の下止まりだという問題を論じている（『讀賣新聞』一九一九・六・二六、二〇〇九・四・一一、朝刊一六面）。さらに、諸外国の者も含め「婦人参政権」に関する記事、日本初の市民的女性団体と称され女性の選挙権を求める活動を進めた「新婦人協会」、婦人参政権運動の中心的団体である「婦選獲得同盟」についての記事が掲載されていた。

婦人解放思想の影響から、「婦人附録」関係者の間には、女性のおかれた現状や立場を吟味し、改善しようとする機運があったことが容易に推察される。「身の上相談」はこのような気運のなか、女性たちが抱える問題を相談という形で提示したのである。さらに、回答記事は、投稿者たちだけでなく同じ問題で悩む女性たちを援助したいという意志によって発展していったといえる。

五　「現実」を吟味改善しあう読者、投稿者、回答者

「身の上相談」では、第三節、第四節でみてきたような特徴をもつ読者、投稿者、回答者が影響しあっていた。つまり、この三者間で問題状況を吟味し、改善策とその有用性を提示しあいながら、結婚や家族のあり方についての考えを形成していた。たとえば、以下のような「娼妓」との結婚にまつわる、一連の相談のやり取りがある。一九一四年七月九日に「遊女を妻にしたい」と題する以下の相談が掲載されている。少し長くなるが全文引用する。

【投稿】私は今迄真の恋は処女にのみよって得られるものだと信じていました。肉の最初の満足と、霊の最初の満

足とを一致させ度《たい》と思っていました。そして禁欲的な生活を続けていました。ふとした事から或る友達に依って一人の女を知る様になりました。而し其の女は世間から卑しまれている遊女でありました。私は彼の女の生活を呪っていましたが、同情はしていました。唯私は可憐でたまらないので、逢う度を重ねる様になり、その中《うち》に何日か心から恋する様になりました。女も其行末を託する様になりました。然し私は長男ではあるし、頑迷な親類や親は許してくれそうにもありません。けれども私は其の恋の為に飽く迄他を排する勇気と自信とがある積りですが、果して親類の体面や親不幸《ママ》にはならないでしょうか。

【回答】遊女にも真実《まこと》があるに相違ありませぬが、あなたの場合に於いてはどうだか疑問だと思います。あなたはまだ人生に未経験な単純な方ですから、その女から欺《だま》されているのではないですか。眉毛に唾をつけねばなりません。兎に角あなたがそういう場所に出入りするというのが根本的に悪いのですから、その女を奥様にする、しないは問題外です。親類の体面や親不孝などということを考えうる前に、あなた自身の体面を考えなさらぬと生涯取返しのつかぬことになります。（記者）（一九一四・七・九）

この記事が掲載された数日後、この記事を読んだ芸娼妓からの投稿が以下のように掲載されている。

【投稿】記者様、私は何事も言わずに黙って居る積りでしたが、幾度か同じ境遇に泣く人の事を考えると、もう沈黙して居ることが出来なくなりました。過日御紙身の上相談欄に娼妓と相愛の仲になって、それと結婚する可否を尋ねた一青年が御座いました。其時記者様は娼妓には誠の愛がないからというような御答えでありましたが私はあの記事を読んで痛切に泣いた一人でございます。こうして悲惨な境遇に泣く賤業婦は社会からはね除けられて行くのです。全国幾万の娼妓は行末どうなって行くのでしょう。唯私があの記事を見て泣いたというだけでは、お解りになりますまい。実は私もその賤しめられて居る娼妓なのでございます。一昨年二十の春私は悲しい事情から、一人の病母を連れて此社会に入ったのです。所が昨年の秋或る人から義侠的に救われて此社会を脱け出しました。今では高等教育を受けた方と相思の仲になっています。私の愛には決して偽りはありません。然るに其方の御友人が二人の結婚に反対なさいます。娼妓をした者は一生真面目な人妻になれぬでしょうか。それ程まで迫害を受けねばならぬでしょうか。私は復活のカチューシャと同じ心持です。男を愛する事が深ければこそ、遂に其方と黙って別れました。男の信用も何もかまわなかったら、無理にでも結婚したかもしれませぬ。記者様、どうぞ私を憐れんで下さい。

【回答】立派なお志に感心いたしました。娼妓の中にあなたのような方があろうとは想いませんでした。沼深き池に咲いている蓮のような感じがいたします。……略……（一九一四・七・二六）

回答者は「娼妓の中にあなたのような方があろうとは」と答え、「芸娼妓」への否定的な見方は完全に取り去っていないが、「芸娼妓」に寄り添う姿勢を見せている。

そのほかにも回答者が意見を改める場合がある。「従妹を貰いましょうか」（一九一四・六・二四）と題する記事では血縁の近い者同士の結婚を避けるべきかが相談されている。この回答には「血族結婚には幣があるといいますが、未だ一概には申しません」（一九一四・六・二四）と、あくまで中立な立場が示され、担当記者が代わってもこの立場は続いていた[28]。ある時読者から、自分の子ども二人に障がいがあり、病院から「血族結婚の結果であらうと云はれた」（一九二一・一一・一九）として、中立な回答への反論が寄せられる。その反論を機に、回答者は立場を転向し、それ以降は、近親者同士の結婚を避けるようにと答えている（近親婚については第四章第三節で詳述）。これらの事例から、読者からの反応は回答者の語りにも関与し、反映されるということがわかる。

「身の上相談」では、回答者が一方的に、あるいは権威的に自分の意見や価値観を押し付けるのではなく、投稿者の語りに影響を受けて言葉を選んだり、やり取りを経たうえで価値観を提示したりしていたのである。

小括

本章は、「身の上相談」の成立過程と特徴をたどってきた。本章第一節でも述べたが、身の上相談は投稿者、回答者、読者の三者の語りが影響しあいながら、人びとが抱える問題はなにか、この問題をどのようにすべきか、どのようにすると理想なのかという合意を形成する場である。したがってその意味で人びとの「行為」が望ましい／望ましくないのかが検討され、評価される言説空間である。このような身の上相談の特徴から、本書では投稿記事と回答記事が一括りになって、配偶者選択の望ましいあり方を構築しているとみなす。

この本書の分析視座にとって、しばしば指摘される身の上相談欄の資料的な限界は問題にならない。その限界とは、まず、紙面に載せやすいように、相談記事は担当記者や編集者によって加工されているという問題である[29]（大浜 1953: 43）。つぎに、投稿者による脚色、創作が混じり、虚偽の内容が掲載されている可能性である。投稿者が自分を美化し、重要な事実を隠すために捏造や創作をおこなっていることもある（池内 1953: 8; 鶴見 1956: 11–12; 太郎丸 1999: 74）。あるいは腕試ししたい作家の卵などが創作して投稿していた可能性もある（太郎丸 1999: 74）。さらに、編集者にとってステレオタイプの投書が載りやすいという問題である（永嶺 1997: 157–158）。

つまり、本書は投稿者が意図的に虚偽の悩みを相談したとしても、それが「語り」のなかで構築された配偶者選択のあり方だとみなす。編集やステレオタイプの投稿が選出されていたとしても、その記事は「現実」「行為」のあり方として語り、再構成されることによって構築された、配偶者選択の意味や物語だととらえて分析する。

本章でみてきたように「身の上相談」は『讀賣新聞』が読者を獲得するために、読者のためになる、読者が望む「読者本位」の姿勢を打ち出すために開設された投稿欄であった。また、編集責任者が公的である紙面において非政治的な紙面づくりを目指すための手段として「身の上相談」は開設された。「身の上相談」は編集者にとって『政治的』ではない私的なこととみなした、恋愛、結婚、家庭、離婚等の問題を取り上げていった。このことから「身の上相談」を通して、第一章第一節でみたように、それまで家や共同体の問題と地続きになるような公的な問題であった結婚の問題が、人びとにとって私的な問題へと認識されていったといえるだろう。

「身の上相談」が掲載されていた当時、活字メディアは教育の発展、交通網の整備、国家による図書館の設置、新聞社による読者開拓といった企業努力により、階層、地域を超えてひろがっていった。階層や地域を超えて、同じ活字メディアを読み、そこに書かれた問題を共有する読者共同体があらわれてきたのである。「身の上相談」は他人の投稿に自分の問題を重ねたり、読者、投稿者、回答者が「現実」を吟味し合ったりする場であったといえる。また、『讀賣新聞』の読者層は職業婦人等とされていたが、投稿者層をみると、ひろい社会層を包含して結婚観が構築されていたことがわかる。いわば、それまで一部の知識層が議論してきた結婚観を、活字メディアを通してひろい層の人びとも議論し、構築することを助けたのである。このような点で「身の上相談」においては「大衆的な」結婚観が構築されていたといえるだろう。

そして、そのような言説空間を可能にしたのが「婦人附録」関係者たちの思想や特徴であった。自然主義の影響によって、恋愛や結婚などの個人に起こった出来事を、当時としては露骨に、しかし読者の問題と重ね合わせやすい文体になっていた。そして、高度なリテラシーや編集能力に長けた人びとによって、読みやすい、わかりやすい、問題を共有しやすい投稿文の掲載や長期の連載ができたのである。そのことにより、常にひろい層の読者に結婚観を提示することが可能となっていたといえる。また、困った人びとを救済したいという回答姿勢もそれを手伝っていたのであろう。その姿勢の背景にはキリスト教や婦人解放思想があったのである。

婦人解放思想を持つ人びとは、明治民法下における社会での結婚において男女不平等な状況に異を唱えていた。女性は自由意志で結婚相手を選べず、嫁は舅姑、夫、子に仕えるものとみなされ、また妻の浮気は厳しく罰せられるにもかかわらず、夫が妾を持つことは罪にならなかったのである。そのような状況のなか、彼女たちは「家」のための結婚という女性の呪縛を取り去り、自らの意志で人生を切り開くことができるような女性の自我の確立を目指していた。「婦人附録」関係者が婦人解放思想に傾倒していたのであれば、従来の結婚制度から女性を解放する動因となる結婚観が提示されていた可能性がある。はたして、「身の上相談」では結婚相手をどのように選ぶことが理想とされていたのだろうか。次章で詳しく論じていく。

注

(1) 池内が調査した結果、確認できた相談欄は、『明治協会雑誌』(相談欄連載時期: 1883)、『女学新誌』(1884-1885)、『女学雑誌』(1885-1889)、『以良都女』(1888-1890)、『婦女雑誌』(1891-1892)、『都新聞』(1906-1917)、『東京日日新聞』(1915) である (池内 1953: 9)。

(2) 『新聞販売百年史』(一九六九) によると、日清戦争 (1894-1895) の期間、読者の側が戦地出征した親族の安否確認のために新聞の戦況報道に集中し、新聞社側がそれに呼応して戦況速報、号外競争をしていた。その結果、新聞の購読者は著しく増加した。日露戦争後についてみると『大阪朝日新聞』では、一日の発行部数は「一九一〇 (明治四三) 年に一六万部だったものが、一九一四年 (大正三) 年には二四万部になり、第一次大戦中の一九一七 (大正六) 年には三一万部、戦後の一九二一 (大正一〇) 年には四四万部、翌年には五六万部」と急伸していた (山本 1987: 63)。

(3) また、有山輝雄 (一九九五) によれば、日清戦争の頃、新聞は量的拡大と「民衆的傾向」となるなかで「営業的」な側面を強め、そのジャーナリズム活動を変質させていった。たとえば、一八七〇 (明治二〇) 年頃から日清戦争までの新聞は、『日本』や『国民新聞』などのような「政治的言論によって政治状況に働きかけ」る「独立新聞」が新聞界全体を主導していた。この新聞の読者は財産と教養を持つ選挙権保有者である「有識階級」とその予備軍、あるいはその周辺であった。ところが、『万朝報』や『二六新報』は低価格の購読料、読み書き能力の低い読者を吸引するために文章の平易化、連載小説などの娯楽の提供、社会報道で犯罪や事件をセンセーショナルに報道しながら、不平、憤懣を抱える都市の中下層に向けて成功者達の腐敗堕落を「告発指弾」するなどしていた。そうすることで、読者に強い刺激を与え、殊に都市中下流層を中心とする「特定の社会群における一般感覚の興奮」を作ることによって新しい読者を獲得しようとしたのである (有山、1995: 24-36)。そのほかには、資本主義の発展によって盛んになった企業熱を反映した経済記事、紙面の一部を飾る景品的要素の強い「附録」などが掲載された (山本

1948: 174–178, ［1970］1992: 72–74; 新聞販売百年史刊行委員会編 1969: 301; 羽島 1997: 114)。

(4)『朝日新聞』に文学新聞の光彩を奪われたほかに、販売競争激化のなか部数が伸び悩んだ理由は、『讀賣新聞』が、①財政的な理由で戦地特派員を一人しかおけなかったため戦争の報道競争をする力に欠けていたこと、②新聞経営経験のない高柳豊三郎による、報道に徹しきれない運営方針や編集方針が不統一に陥っていたこと、③何等の新趣向も加えずに紙面は全く特色を失ったことがあげられる（日本新聞販協会ほか 1969: 329–330, 504; 山本 ［1970］1992: 93; 読売新聞社社史編集室 1987: 250–259)。

(5) 新聞販売の競争によって、いたるところで附録合戦が展開され、附録の流行は全国の地方新聞にまでひろがり、新聞販売に大きな役割を果たした（羽島 1997: 114)。

(6) しかしながら、大正期の紙面内容が婦人向きの新聞となったことで、新聞界においてもほとんど新聞として問題にならなかったため部数は増えなかったようだ（山本 ［1970］1992: 93)。

(7) たとえば、斎藤美穂（一九九六）が分析した婦人雑誌の相談欄の掲載期間と件数は、『婦人週報』「身の上相談」欄は三カ月間で一五件、『婦人の友』「悩める友へ」は六年で九六件である（斎藤 1996)。これらの相談欄は新聞よりもかなり多くの文字数で内容が詳細に書かれているのだが、件数が少なく、掲載期間が短い。

(8) また、開設約一年後の記事に、多いときは一日五〇～六〇通、少ないときは三〇～四〇通の手紙が男女の読者から届き、直接の面談も毎日五人から一五人ほどだったことが記されている（一九一五・四・三)。

(9) ほかにも推測の域をでないが、一九一九（大正八）年一〇月から「よみうり婦人欄」に医事相談を扱う「紙上衛生顧問」と、法律問題を扱う「紙上法律相談顧問」など別の相談欄が設けられたこと、一九二一（大正一〇）年八月二九日に警視庁直轄の身の上相談所を紹介する記事が掲載されたことから、相談できる場所が分散したことも要因だろう。

(10) 一九二四年三月三〇日に「読者の質問に応じて身の上相談に答える、回答者は宮田修先生」と題された投稿募集の社告が掲載された。その社告は、「宮田先生も御忙しい中でお引受け下さるのですから、単純な個人的な且つ急を要する事件の御相談は避けられたい」と述べられていた（一九二四・三・三〇)。

(11) 前田は一九二五年の第三種所得税納税者のうち八〇〇～五〇〇〇円の年収がある新中間層の世帯数一四〇万世帯が、同年の婦人雑誌新年号発行部数の一二〇万部と近いことから、購読層を推測している（前田［1973］1993: 215–218)。

(12) 人口については日本統計協会編の『日本長期統計総覧　第1巻』を、人口、世帯数については日本統計協会編の『日本長期統計総覧　第1巻』を参照した。新聞は各世帯で購読するため、世帯で比率を出すべきであるが、一八七七（明治七）年の世帯数は不明である。このような計算は推測の域を出ないが、一九二〇（大正九）年の世帯数が一千万で、世帯人員が五五〇〇万人であることから、一世帯に約五人いたことがわかる。この世帯人数と人口から計算すると、一八七七（明治七）年の世帯数は七二〇万だと推測される。したがって、世帯数で計算すると約〇・三％の世帯が『讀賣新聞』を購読していた可能性がある。

(13) たとえば、一九〇八（明治四一）年頃の一日の発行部数は『大阪毎日新聞』が三二〜三三万部、『報知新聞』が二〇万部であるのに対し、『讀賣新聞』は四〜五万部であった（新聞販売百年史刊行委員会 1969: 329-330）。大正期の部数は五〜六万だとされている（新聞販売百年史刊行委員会、1969: 504）。身の上相談欄を持っていた『都新聞』や『東京日日新聞』と比べても低い発行部数だった。大正前後の一日の発行部数をみると、『讀賣新聞』は一九一一（明治四四）年が二〜三万部、一九二七（昭和二）年が一〇万部、『都新聞』は一九一一年が五〜七万部、一九二七年が一二万部、『東京日日新聞』はそれぞれ七万部と四五万部である（山本 1981: 407-412）。

(14) 一八九〇（明治二三）年に公布された小学校令により、小学校は国民形成や生活への基礎的準備をおこなう「民衆教育」の学校として性格づけられるようになった（山内編 1972: 153）。一九〇〇（明治三三）年に改正公布された小学校令は尋常小学校四年の就学義務を確定し、それ以後就学率が急速に上昇した（『文部省年報』; 森 1984: 62-66）。一八八五（明治一八）年の就学率は男女あわせて四九・六二％である。就学率は一九〇五（明治三八）年には九五％を超えた。一九〇七（明治四〇）年に尋常小学校の修業年限が六年に改められ、その後の一九二〇（大正九）年には就学率が九九％以上を超えた。

(15) 一八九五（明治二八）年の高等女学校規程、一八九九（明治三二）年の高等女学校令の公布は中等教育を受ける女子を増加させていった。

(16) 日清戦争後に文明国との対等を意識した国家は、明治四〇年前後に推進した地方改良運動において、公共図書館を文明の象徴として認識し、推進するようになった（永嶺 2004）。

(17) この全国流通の要因は、第一に大量輸送手段である鉄道の幹線網が全国拡大したことであり、第二に新聞販売業者や書籍雑誌取次業者といった新聞・出版の流通にかかわる企業家の登場である（永嶺 2004: 3-46）。

(18) 明治期の『讀賣新聞』の投稿欄を分析した山本によれば、明治期の投稿者層は学生、商店小僧が多く、この学生は文学好きの学生であったという（山本 1981: 105-109）。

(19) これまでの研究は新中間層女性が中心となって大正期の結婚観を受容したとする（大塚 2003; ノッター 2007）。この新中間層は、個々の研究の目的や方法によって都市居住、あるいは中等教育の経験などが加わるなど、定義の際に採用する属性が異なっている。当時、学歴・職業・親職業を一括りにして階層を定義できなかったこと（永嶺 1997: 182-183）、ホワイトカラー層の子弟だけでなく、商家や農家の子弟も大正期に中等教育以上の機会に恵まれていたこと（菊池 2003; 井上 2005）、ホワイトカラーの出身階層がさまざまであったこと（中村 2000）から、本人の学歴、職業、親職業が特定の社会階層を示すセットとはならないことがわかる。職業と学歴に関連がある程度あるとしても、本書では職業と学歴を別にして投稿者を検証している。

（20）学生は通常「その他」に振り分けられるが、これまでの研究において「旧制高校生」（菅野 2001）や「女学生」（ノッター 2007）が恋愛結婚観の中心的受容層だと指摘されているため、ひとつのカテゴリとした。

（21）一九二〇年に不明が増えたため属性に変化があるが、これは相談記事の文字数が減少したことの影響だと思われる。

（22）たとえば、臼井和恵によると、「身の上相談」担当者である窪田空穂の担当は一九一六（大正五）年一〇月一一日から一九一七（大正六）年五月二三日までである。その期間の窪田の不在時は婦人部記者たちで穴埋めしていた（臼井 2006: 16, 417, 487–502）。

（23）新聞記者の縁故採用が多かったため出身大学が偏っていると推測される。たとえば、柳は羽仁の勧めで（江刺 1997: 251–252）、窪田は同じ早稲田の前田に誘われ（臼井 2006）、保高が同じ早稲田の直木三十五を誘った縁で妻の佛子が記者となった（植村 2005: 38–40）。

（24）水野以前までを担当した大月は正確な担当時期がわからなかった。一九一五年九月から一九一六年三月までを水野が（尾形 1986: 14）、一九一六年一〇月一一日から一九一七年五月二三日までを窪田が担当した（臼井 2006: 16、417）。松本は再入社した一九一八年一一月から退社する一九一九年八月頃までを担当した（佐々木 1991: 126; 江刺 1997: 264）。三大寺は、松本と重なる時期があるなど、正確な時期はわからないが、一九一九年夏頃から一九二一年に宗教記者になるまで担当していたと推察される（江刺 1997: 262; 永代 [1927] 1988: 126, [1930] 1988: 415）。

（25）下妻は前田が就任した一九一四（大正三）年にはすでに在社していた（『讀賣新聞』一九三二・一〇・二二）。一九一七（大正六）年二月一七日の窪田の日記に婦人部メンバーとして名前があがっているので、この時点までの在社は確認できる（臼井 2006: 400）。一九一九（大正八）年に入社した望月が周田のことを「ベテランで堅実な人」と回想していることから長期にわたって記者をしていたことがわかる（江刺 1997）。

（26）面談におとずれていたのは、字が書けない女性（とくに当時、年齢が三〇代以上）、手紙を書いていることが他の家族に知られやすい環境にいた女性だと考えられる。

（27）婦人矯風会とは明治期から活動する、平和、純潔、排酒を三大目標とするキリスト教徒の女性団体で、禁酒運動や、公娼制度の廃止などを主張し、一夫一婦の建白書を帝国議会に提出するなどしていた。実際に、「婦人附録」には矯風会の会合の告知

（「婦人の会」一九一四・四・三、九面）、矯風会が出した「芸妓園芸を禁ずる請願」（一九一四・四・四、五面）など矯風会の動向がとりあげられている。一九一四・四・三〜一九一五・四・三まで一年間に限って「ヨミダス歴史館」において「矯風会」で検索すると一六件の記事が抽出された。

(28) そのほかの記事で回答者は「血族結婚の良否は医学上の大問題で、其の学説も二つに分れ未だ決定的にはなっていないようです」と述べている（一九二一・一一・一五）。

(29) 一九四九（昭和二四）年から『讀賣新聞』の「人生案内」の回答者を担当したことのある大浜英子は、次のような回答のエピソードを述べている。新聞社に送られてくる身の上相談の投書の文章はゴタゴタしたもの、間違いだらけのもの、五枚も一〇枚も原稿用紙に訴えたもの、要点をえず意味の解らないものもある。回答者はなんとかして要点をまとめて回答をする。さらに、新聞社の編集者は、大浜の「答え」をよみ、「問」を整理したという（大浜 1953: 43）。

第3章　結婚相手を誰がどう選ぶのか

問題の所在

本章では、「身の上相談」において、結婚相手を誰がどのように選ぶのが理想とされていたのかをあきらかにする。そのために、「身の上相談」のやり取りから、投稿者が語る結婚相手の選択方法の悩み、悩みに対して回答者が提示した方法や悩みへの評価を具体的にみていく。

理想とされる結婚相手の選択方法を検討するにあたって、まず選ぶ主体にかかわる諸理論を概観していく。

第一章第二節で整理したように、ノッター（2007b）らは大正期の婦人雑誌において友愛結婚観が理想化されていたことをあきらかにした。この結婚観は、親の監督のもと、本人が幸せな家庭を一緒につくれるような相手を選択する、という結婚のあり方である。この結婚観において配偶者選択をする本人、あるいは、その選択を見守る親は、親子関係と結婚する本人同士の関係のどちらにも気を配ることで評価される。

それではなぜ、このような選択方法が理想とされていたのだろうか。第一章でみたように家族に関してさまざまなゆらぎが生じた大正期において、結婚相手を誰がどう選ぶのかという問題は社会関係、つまり親族・家族関係、個人が属す共同体のなかでの関係にかかわる問題であったといえる。結婚における社会関係の問題は、たとえば結婚する本人やその親にとって、誰の選択なら信頼できるのか、その相手とどのような関係を築いて結婚することが望まれるのか、結婚相手を選ぶ際に誰が誰の承認を求めるのか、承認を求める相手とはどのような関係にあるのかといった問題である。

第一章第二節でみたように、大正期は結婚する本人の意志を尊重することが理想とされた時期である。また、当時は結婚相手をどの地域、どの社会層から選ぶのかという通婚圏が拡大したことにより、結婚相手の選択肢がひろがっていった時期である。このような状況において、「誰が選択するのが望ましいか」という選択主体の問題が主題化されていたと考えられる。なぜなら、通婚圏と選択肢がひろがることで、結婚する本人だけでなく、その親族もあまり知らない相手を選択することになるからである。さらにいえば、よく知らない相手を選択することで、結婚後に相手の問題が判明するというリスクを負う可能性が高まるからである。

問題はそれだけではない。選択肢が拡大するのと同時に、自己自身による「自由」な選択が希求されると、逆説的に他者による選択への審判を許してしまうことになる。大澤真幸は自由を可能ならしめている条件について探求した『〈自由〉の条件』（2008）で、自由は「増えれば増えるほど減る」といった逆説を提示している。選択肢が膨大に増加した状況下では、逆に選択することが不可能になってしまう。それでも「自由」であることを希求するため、行為者にあった選択肢を提供してくれる他者への依存を強めていく[1]（大澤 2008: 109–120; 東・大澤 2003: 170–171）。

大正期は結婚相手の選択肢が増えるなかで、自己自身による「自由」な選択が求められており、同時に活字メディアにおいて正統な結婚のあり方が繰り返し語られていた。当時、このような状況のなかで、自己が正しい方法で結婚相手を選択できるか、安心できる相手を選択できるかにかかわる結婚観が登場していた可能性がある。また、正しい結婚相手の選択のあり方のために、正しくない選択のあり方も提示されていた可能性もある。

たとえば、大塚（2003a, 2003b）とノッター（2007b）らの議論にみられる結婚相手を選択する主体とは、第一に結婚する本人、とくに女性が「純潔」規範から逸脱しないように監督・保護しながら選択させる親であり、第二にその親のもとで相手を選択する本人である。つまり、友愛結婚にとって、「純潔」を守ることが重要なのである。これに対して、

「ロマンティック・ラブ複合体」（ノッター 2007b: 26）のような「恋愛」に価値を付与した結婚は、「純潔」規範を逸脱するというリスクを伴う。つまり、恋愛の情熱によって、女性が処女を失うことが問題視されている。結婚する本人が自由に選択することは、親にとっても本人にとっても問題なのだ。すなわち、友愛結婚観は、「純潔」を守るために、本人だけで選択をさせないために、常に親と結婚する本人にとってよりよい相手を選択する主体を理想としている。

筆者はこのような家族関係性に配慮する主体を「家族関係的主体」と命名し、近代日本の配偶者選択主体をあきらかにするための分析枠組みとする。

この「家族関係的主体」という分析枠組みは、ミシェル・フーコーが提示した近代的主体性についての議論から派生している。フーコーは「牧人＝司祭型権力」を基軸概念として、告白によって形成された個人の「主体化＝隷属化」のテクノロジーについて論じている(2)。ここで形成される主体は、「自己のためによりよく生きようとする自己」である。これに対し、本書では「家族関係的主体」を「家族をよりよくするために生きようとする自己」と位置づける。

フーコーのいう主体は、教会の司祭がいなくても、自己が真理にそっているかどうかを自己意識のなかで確認させ、自分が正しいかどうかを常に注視させる。したがって、主体化とは自己の内にある他者の視線に自らの意志で従うものであり、さらに内面化された「肉体＝誘惑」が道徳から外れないかどうかを意識することである。いいかえれば、常に自分が誘惑に負けて道徳から外れる行為をしてしまうのではないかと意識しながら、行為を決め、常に自己の正しさを気にかけなくてはいけない自己を形成することが主体化なのである（Foucault 1984 ＝ 1987; 中山 2010: 105–146）。このように形成された主体は、常に「正常な規格／異常な規格」や「異常」な他者を創出し続けなければ正常になれない、存在証明ができないものとなっていく。

しかしながら、フーコーの主体論には、キリスト教社会を前提とする「常に誘惑にさらされる肉体」や「告白の装置」があるという点にも留意しなければならない。この点は、フーコー自身も指摘している（Foucault・渡辺［1978］2007: 161）。第一節と第二節でとりあげた家族と結婚観に関する先行研究をたどると、個人の内面に配慮しつづける自己は見いだせない。先行研究が示した「家」規範における選択の問題は、家長と当事者といったタテの関係と、非血縁者を含めた「たがいにむつみあう」ヨコの関係とつながり、近代的結婚観における選択の問題は、夫婦間の愛情というヨコの関係と、親の監督を引き受けるタテの関係とつながっていた。ここからは、「自己のためによりよく生きようとする」「個人形成的」な主体ではなく、社会関係性を意識しながら「よりよく配偶者を選択しようとする」主体の姿が見いだせる。

つまり、配偶者選択にかかわる結婚観を分析する枠組みとしての「家族関係的主体」は、「恩」「孝行」といった親子関係性、「愛」「恋愛」といった結婚する当事者の関係性をめぐる規範のどちらにも従うものである。ここでいう本人同士の「愛」「恋愛」は幸せな「家庭」をつくるために必要であることから家族関係に関連しているといえる。具体的にいうと「家族関係的主体」とは、親と当事者にとって安全な相手を選択することに気を配り、逸脱しやすい当事者を規制しながら、当事者間の恋愛を包含しようとする親や仲人であり、その親の保護と規制に従属しながら情緒的に結びついた夫婦関係を目指す結婚する当事者たちなのである。すなわち、このような「家族関係的主体」が結婚相手を選択することを理想とするのが友愛結婚観である。この友愛結婚観を詳しくみるための重要な視点は、結婚する当事者と家族との関係がいかに位置づけられているかである。

また、第一章第三節でみたように、大正期は親子関係においてもゆらぎが生じた時代であった。さらに、第一章第三節で述べたように、非血縁者である親子関係においても保護と恭順の関係性が形成され、個人が非血縁親とその家族、つまり自分が属する家族のために生きようとするような「家族関係的主体」が存在していたことが示されている。

そして、「身の上相談」において親子や夫婦といった関係性に配慮する主体、「家」や「家庭」のためによりよく生きようとする主体を見いだせる可能性がある。本章では、親子関係のゆらぎに着目しながら、「身の上相談」において結婚相手を誰がどう選ぶことが理想とされていたのかについて検討していく。そのために、第一に、「恩」「孝行」という親子の関係性と、親子間の情愛という関係性、「家庭」における夫婦とその子どもの間にある情愛という関係性など、家族関係の複雑なパターンがあったこと、第二に、子を保護する親だけでなく、子が親への配慮や恭順として配偶者選択するあり方も提示されていたこと、第三に、この親子の保護と恭順の関係性には血縁親以外の親との関係性が含まれていた可能性を視野に入れながら分析する。第一節では友愛結婚の諸相を、第二節では、この結婚観を遂行するためにどのような方法が提示されていたのかをあきらかにしていく。さらに、男女の「語り」が掲載されていた「身の上相談」を分析することで、そこで提示されていた友愛結婚観に、ジェンダーの非対称性があったのかもあきらかにする。

一　友愛結婚の諸相

(1) 親孝行になる恋愛結婚

「身の上相談」では、親への孝行になり、かつ恋愛関係にある相手を選択する結婚が理想とされていた。ただし、そこでは、強制的な親が否定されることで孝行の対象になる親が、子である自分に結婚相手を強制しない、子に慈愛を与えてくれる親となっていた。つまり、「身の上相談」では、親が本人の意志を無視して子の結婚相手を選択することが問題視されていた。同時に、結婚したい相手がいるにもかかわらず、親が別の相手と結婚させようとすることに悩む投稿がある。後述するが、この悩む行為自体が孝行につながる。投稿者は、親のみが決めた結婚が、愛のない結婚であるため、一生不幸な夫婦生活を送ることを問題視している。また、回答者も同じ理由で問題とみなしている。たとえば、以下の「結納を交わした後で」と題する事例である。

【投稿】私は十九歳の女ですが、数年来私を愛して下すった方があります。その人は只今東京に遊学して来年六月大学を卒業なさいます。処が此の頃私の叔父が来てぜひ或る人の妻に私をくれとの事で、結納の取交しをさせられました。然るに其後学生の方は私を妻になさる考えであったことが解りましたので、先日涙の内にすませた結納の式を破棄して、其の学生の卒業なさるまで待つ方が善いでしょうか。

【回答】結納をなすったのは重々早まりなすった事でしたが、一生不幸に泣くよりも、今の内に破棄して、学生の方の卒業をお待ちなさいまし。（一九一四・一二・一〇）

投稿者は叔父の要望により泣く泣く結納を交わした相手か、自分を愛してくれている大学生か、どちらと結婚するか迷っている。回答者は「一生不幸に泣く」として本人の意志で結婚するようにと答える。ここで注目するのは、投稿者の語りが、「結納の取り交わしをさせられた」「涙の内にすませた」と表現されていることだ。この表現によって、叔父の選択が優先され、結婚する当事者の気持ちは無視されていることが示される。

このほかにも、回答者は親の決めた結納の相手よりも、「敬慕する将来有望な方」と結婚したいという投稿には、「愛のない結婚をしてはあなたの為にも、先方の為にも不幸な結果」をもたらすと答えている（一九一四・九・二）。結婚する本人の意志が無視される投稿記事では、いかに親やそれに代わる親族が強制的であるかが何度も語られる。親の強制による結婚を嫌だと語る投稿に対して、回答者は本人の意志を優先するよう答える。つまり、恋愛を最優先させようとする。

こうした回答例とは別に、「身の上相談」では、個人の意志や恋愛だけを根拠とした結婚ではなく、親孝行を意識することも重視されていた。このような姿勢は、結婚する本人が、自分の親への孝行と、自分の意志との間でゆれ、どちらにとってもよりよい選択方法がないかという訴えのなかにあらわれる。たとえば、「深い恋に陥って」いる「懇意の宿屋の娘」と、「年老いてもう余命も少なかろうと思う母」の「奨める」娘との間で葛藤している記事がある（一九一四・一一・一二）。別の「許嫁の女が厭で」という記事では、投稿者は養親の親族と結婚するように言われた戸惑いを語る。

【投稿】私は二十歳の男子です。今ある家に奉公していますが、まだ十二歳の時、両親が親戚の六歳になる次女を表向き妹として貰い受けました。……略……親戚の家でその妹と私を夫婦にするとの両親の考えを聞きました。……略……（しかし：筆者補足）何う云う訳か余り好きになりません。と申して別に他に思う婦人もありませんが。其上彼女の両親も私を非常に親切にして呉れるし私の両親も私の将来を思って計って呉れた事でもありますから、今更不服を云うは申し訳がないように思われます。然し望まぬ者と夫婦になれば後の不和が鏡を見るより明らかですから、日夜胸を痛めております。

【回答】親と親との許婚ということは余り喜ばしいこととは思って居りませんが、あなたがあまり好かぬというのに大した理由があるのでなければ、親たちを喜ばせるために其の儘にして置かれたが善いと思います。併し、……略……どうしても嫌なら、そのことを明らかに両親にも親戚の者にも話して、よし今迄の約束がどういう約束であろうとも、夫婦の縁は自分達若い者の一生の幸不幸の分かれる所であるから、これだけはこちらの自由に任して呉れなければ困ると言う訳をよく呑み込んで貰うがいいと思います。……略……この感情を通す為に、親達や其女をどれだけ失望させるであろうか、その失望を見ている自分の苦痛と自分の嫌だという感情を抑える苦痛と、どちらが強く、どちらが自分の一生に取って大事であるか、そういう点をも十分考えてみた上のことでなければいけません。（一九一六・五・二八）

投稿者は「望まない者」と夫婦になることは結婚後「不和」につながることはわかっているが、「其の彼女」の両親や自分の親を無視することは「申し訳ない」と訴えている。そして、「日夜胸を痛めている」と語ることで、投稿者自身が相手との関係も親子関係も考えた配偶者選択の方法を模索していることを表明している。しかも、自分の親が自分の「将来を思って」配偶者を選択してくれたことに対して、「不服を言えない」「申し訳ない」「胸を痛める」と語ることで、その両親の配慮に、当事者も応えようとしていることがわかる。(3)

第一章第一節でみてきたように、戦前の配偶者選択は「家」という組織の再生産を最優先し、家長が結婚相手を決定していた。子は親への「忠孝」「恩」を根拠としてその選択に従う。川島によると近代以前の「孝」は子の親への義務とみなされ、子が親から受けた「恩」を返さなければならない上下関係であり、「親に対する子の恭順・服従」であったという。親などの「恩恵者は権利のみをもち」、その「受恩者は義務のみをおい、しかもその義務は無限の大きさをもち、恵みに対応する忠誠によって支えられねばならない」（川島 1957: 88–89, 116）。「家」の規範のもと、親や家長による結婚の決定が「『恩』として教えられまた意識され」ていた（川島 1957: 92–93）。「恭順」とは目上のものの言うことにつつしみ従うことである。

親の強制による選択についての記事から、「身の上相談」において恋愛至上主義の結婚観が理想とされていたという印象を受ける。第二章第四節で述べたように、「よみうり婦人部」には一種の自由主義な空間があった。このことと、個人の自由を尊重した結婚の提示は無関係ではないだろう。

つまり「身の上相談」では、義務として親に従うような、いわば、親が強制的な恭順だけを子に求めることは否定されている。先の投稿「許嫁の女が厭で」で注目すべき点は、子である自分のことを考えて結婚相手を決める親が、配慮すべき対象となっている点である。このような親の態度に対して回答者は、親たちの喜びや「婚約が破談になったときの親たちの失望」を考慮しろと述べ、投稿者にその失望を受ける覚悟があるのかと問いかけている。回答者は投稿者が結婚によって苦痛を抱えないように、同時に親への配慮の感情をもつべきと述べる。回答者の語りのなかにも、親子関係、結婚する当人同士の関係、どちらにも配慮するような具体的な選択、決定方法がいくつか提示されている。

つまり、「身の上相談」では、親にとっても、結婚する本人にとっても、よりよい相手を選択しようとする姿勢をもつことが理想だとされていた。この姿勢は、親から子に服従を強いる伝統的な「孝」ではなく、親から子への情愛や配慮に向けられる。親の配慮を意識しながら熟慮して、本人らが納得する結婚相手を選ぶ方法が提示される。

この親子関係のあり方は「身の上相談」以外にもあらわれていた。たとえば、大正初期には親の慈愛へ「恩」を返すという保護と恭順の関係という観念が生じていた。今田絵里香によると、一九一五年の『少女の友』において、子どもは子どもであるがゆえに親に孝行するものではなく、「子どもは親に愛されるがゆえにそのお返しとして孝行するのであり、愛さない親には孝行しなくてもいい」というような親子の関係性が語られていた。また、孝は親の愛情の結果という言説は『少女の友』以外でも語られていたという[4]（今田 2007: 95）。

「身の上相談」にも、この親の保護に対する子の恭順という関係性の観念が、つまり、愛されたことのお返しとしての恭順が語られていたのである。同時に、結婚する当人同士の愛ある関係にとっても適当な相手を選択するために熟慮することが理想とされていた。しかも、子に配慮しない親、子が愛情ある「家庭」をもつことを目指さない親には、当事者から恭順できないと、あるいは回答者から恭順の必要はないと述べられている。つまり、「家族関係的主体」ではない親による配偶者選択が否定されているのである。

ただし、結婚相手を選ぶ際に配慮の対象となるのは親だけではない。伯父・叔父、伯母・叔母、兄弟・姉妹、養親など実の親以外の親族、あるいは学費を出資してくれたなど血縁関係のない恩人までが配慮すべき対象として登場する。たとえば、結婚したい相手がいるが叔父から「一つ年上の親族の人に嫁ぐように進め」られ、姉にも「叔父の御恩を」受け入れろと言われたという投稿などがある（一九一五・七・二九）。恩や支援によって、血縁親よりも「恩」がある親類に結婚相手の選択権を認めていたのである。「大恩人」である商店の主人と「関西の恩人」がすすめる結婚との間で（一九一六・三・二九）、あるいは養親と養子、学資支援者と被支援者との間で[5]、このような葛藤が語られる例は少なかった。学資支援者と被支援者の事例の場合、将来の婿・嫁とみなした相手に学資を支援する者と、その学資を受けた者との関係が葛藤の原因となっている。たとえば、以下の一九一五（大正四）年の「双方に義理を立て」と題する記事である。

【投稿】私は今市内の某校に学ぶ二十五歳の青年ですが、ふとした事から一婦人と知己となりその境遇に深く同情して全力を尽くして慰めている中、遂に将来をも許す様になりました。所が私が四五年前から出入りしている某家の親たちは実親にも優って親切に私を●●毎月四五円の金を出して学費を●●●て呉れます。同家には一人の●●●て、両親は勿論其娘と私との結婚を欲しているという事を今になって知り得ました。同家には忘れる事の出来ぬ恩を受けている関係から其要求を避ける訳に行かず、といって前の婦人との約束も守らなければならず、昨今其進退に迷って居ります。双方円満に解決のつく方法はないものでしょうか。私としては詮方なく両方を辞して独身で終わり双方に義理を立てたいと思います。
【回答】よくある事ですが、貴方は其の家から補助を受ける時既に今日のことを予想しなければならなかったのです。といって今更仕方もありませんが、……略……補助を受ける事が将来娘との結婚の約束を意味して居たのなら格別、さもなければ貴方自身した約束の方が重いようにも思われます。其顛末を明《あか》らさまに恩人の一家にお話しになってはどうですか。そう●て●猶義理知らず恩知らずというならば、それは云う方が少し無理ではないでしょうか。（一九一五・一二・二九、●部分資料欠落）

投稿者は学資支援者の親切や、出資してくれた「恩」、「義理」に応えるためにその娘と結婚をしなければならないことはわかっているが、恋愛関係にある婦人との結婚の約束も守りたいという葛藤を語る。もしその方法がなければ、「双方に義理立て」するため、どちらの要望も断り、それが「義理立て」だとわかるように一生「独身」でいる方法をとろうとしている。この投稿に対し、回答者は、結婚を条件にした学費支援が「よくある事」「貴方は其家から補助を受ける時すでに今日の事を予想しなければならなかつた」（一九一五・一二・二九）と述べる。このことから、恩人からの支援への恭順として、結婚を受け入れる当事者が想定されていることがわかる。しかしながら、回答者は同時に、その学資支援者による恩や義理が、支援を受ける者に対して無理強いするためのものであれば、「それは云う方が少し無理」であると答える。

そのほか、学資出資やその支援者に関する記事で投稿者は、立身出世、つまり学歴を取得して社会的地位を得るべきか、自分の希望する相手と恋愛結婚するべきかに悩んでいる（一九一四・八・二〇）。いずれにしても、このような学資出資にかんする記事のなかでは、学歴のあるものを家に所属させたいという、打算的な親の選択も描かれる。投稿者は、支援者に学費を出してもらい、あるいは「食客」として下宿させてもらうなどして世話になり、そのお陰で立身出世を果たすことができた分、その「恩義」の大きさと、自分の選択との間に差し挟まれていることを訴えているのである。「身の上相談」では、血縁親以外の親族や恩人に対しても、愛情や保護の結果の孝行が示されていた。

第一章第三節（2）でみたように、大正期、血縁親以外の親族や恩人も、恩を与えた者の結婚相手を選んでいた。近世後期から戦前の日本において、親子関係は生みの親とその子には限られていなかった。ただし、「身の上相談」においては、義理のある親とその子の間にも、絶対的な服従として献身、奉仕するような結婚相手の選択のあり方はみられなかった。以下では、とくに言及の必要がない場合に限って、このような非血縁の親や恩人も含めて親として論じていく。

（2）未熟な若者のための友愛結婚

「身の上相談」において、結婚相手を選択する際に、子に配慮しない親が否定されるのと同様に、親に配慮しない子の身勝手さも否定されていた。その理由は、未熟な若者が恋愛によって大きな危険に陥る可能性があるからである。このことから「身の上相談」には、友愛結婚の歴史社会学が分析した『主婦之友』と同様の結婚観が登場していたことがわかる。しかし、この規範の対象になっていたのは、恋愛によって冷静な判断ができなくなるような「未熟な若者」であった。

投稿記事をみると、投稿者が親に承認を得ないまま、自分達だけで勝手に結婚の約束をしたために、結局は本人たちだけで結んだ婚約が破たんしてしまうという内容が多い。たとえば、「騙されたのが残念」と題する記事である。

【投稿】私は青森の近くのものですが六年前故郷の人と夫婦約束をしました。其頃其人は医学生で上京しましたので私も時々上京しました……略……すると新聞紙上に夫の成功の趣が伝えられたので喜んで手紙を出しますと意外にも女の手蹟で、而かも文面によると其人の妻らしき様子の窺える手紙が来ました。私は驚いて更に手紙を出すと今度は返事も来ません。私はあれ程の約束があった故父母の勧める縁談も断っていた位でした。……略……
【回答】……略……なる程あなたを欺いた其男は不都合な人ではありますが、生涯の大事を両親の賛同も受けず二人だけで軽々しく極めて置いたりしたのはあなたの過ちで、これが若し双方の両親も承知して結ばれた約束であったら其男もそう軽々しく破約が出来ずあなたも残念な思いをせずともよかったでしょう。(一九一六・九・一)

六年間も東京の医学生を待っていたのに相手の男性にだまされた女性に対して、回答者は「身から出た錆」だと答える。そして、親から結婚の承認を得ることは、結果的に本人同士の結婚の約束を強くすると指摘する。さらに、親に従わないことで結婚に失敗したと語る投稿者に、「貴方が親の許しを得ずにそのような事をした罪は非常なものです。何所迄も苦しむのが当然です」と(一九一八・一一・一)、また、愛があっても勝手に結婚の約束はせずに「慎重な態度をとることが必要」(一九一四・八・二六、一九一五・一・二三)とも述べている。回答記事において、親の「賛同」、「承知」を得なければならないとされているのである。

この親の承認を含めることの重要さを際立たせるのが、親を無視したことで関係を破たんさせてしまい、大きなリスクを抱えてしまう投稿者の姿である。親を無視して婚約したとする記事にはジェンダーの非対称性が示される。それは、結婚を本人たちだけで決めて、結局、相手に裏切られてしまう女性、裏切る男性という構図である。たとえば、以下の「二人の孫娘を」と題する事例である。

【投稿】……略……実は孫事三年前上京いたしまして、或る家へ奉公し、正直に勤めていましたが、このほど暇を取って帰りましたので、どうしたのかと訊《(ママ)》きますと、お恥ずかしいことですが、ご主人の弟御なる大学生と夫婦約束をして最早只の身ではないとのこと。……略……それにつけ孫の申しますのには、弟御様はこの事がいま世間に知れたら親には勘当されて、学校も止めなければならぬから、人目に立たぬ裡に国に帰って、此方からの手便《たより》を待てと言われたので、帰国した訳だそうでございますが、其の後待てど暮らせど、先方からは何の手便もなく、案じ暮らす孫娘は、碌々ご飯も頂かず、見る影もなく痩せ細った有様、端のみる目も痛《(ママ)》わしく……略……
【回答】……略……先方は若い学生の身空とはいうものの、多少実意がないでもありますまいから、兎も角手紙でなり又貴方が出京するなりして、ご主人に交渉せられた上で穏やかに話を進められたら良いでしょう。（一九一七・一〇・一八）

「最早只の身」ではないとは、処女ではなくなった、あるいは妊娠してしまったということだろう。投稿者は親の承認を得なかっただけでなく純潔規範を逸脱してしまったこと、相手との関係の破たんをなげく。このなげきによって、自分たちだけで勝手に結婚の約束をすることが女性にとっていかに危険かが示される。なおかつ、親の意志を無視して純潔規範を逸脱する行為が、「親には勘当されて、学校も止めなければならぬ」ものだと投稿者によって語られる。「身の上相談」では、リスクや困難を被る若い女性と、そのような女性を自分勝手に裏切る男性像が何度も登場する。(6)

このような本人のみの婚約のもろさは、男性の裏切りだけでなく、相手の男性の病気や（一九一九・一二・二四）、死亡によっても生じる（一九一九・一・二三、一九一八・一二・四）。「懇意になり、行末の事まで約束」した相手が死んでしまった後に、「其方の種を宿し」ていることがわかり、「頼る所がなく途方に暮れる」という事例もある（一九一八・一二・四）。いずれにしても、投稿・回答記事をとおして、親子間の信頼だけでなく、結局は恋愛関係も失ってしまう、あるいは処女を失う、さらに妊娠してしまう当事者の姿が描かれる。

大塚によれば、『主婦之友』において、このような本人のみで交わした婚約によって、だまされる女、だます男が頻出していた。そして、この婚約の失敗によって女性の被るリスクやその悲惨さを提示することで、結婚相手の選択を慎重にするべきだという結婚観が提示されていた(大塚 2003a)。「身の上相談」においても、恋愛結婚の危険性を示しながら、親の保護のもとで相手を選択する友愛結婚の重要性を示す言説が登場していたのだ。

以上、みてきたような「身の上相談」で提示された友愛結婚観は、その対象をおもに未婚の若者としていた。(7)「身の上相談」では、本人同士のみの婚約によって引き起こされる問題が何度も登場するなかで、若者が恋愛感情のおもむくままに分別なく選択することが否定される。若者は親の意志を無視して結婚相手を決めてはならない当事者だとされる。たとえば、以下の事例である。

【投稿】私の義兄の友人で日頃、宅へ出入りする青年が一人あります。若いに似合わずしっかりとした人とて、父母も常々立派な人よと申して居ります。……略……私は此方の外には夫を持とうとは思いません。こう申しただけでは只一時の浮薄な心と思し召すかもしれませんが、決してそうではありません。で一層父母に打ち明けてとも思いますが、何だかそれもなり兼ねて一人心を痛めております。……略……こういう事を考えるのは若い女として許されないことでございましょうか。

【回答】若い者は、男でも女でも、また世の中を知らぬものですから、ややもすれば其の時の一時の感情に駆られて、前後の思慮もなく軽率なことをしてしまう。それがいけないから両親なり伯父なり叔母なり、相当に世間を知った者によく見定めて貰うようにするのであります。(一九一六・六・二五)

このように、親や親族の意志を無視して「軽率な」ことをして欲望に打ち勝てない若者たちの未熟さが語られ、親を無視した配偶者選択は避けるべきだと語られる。また、年齢は記されていないが、投稿者は、結婚を親に反対されたうえに、仲人のいない結婚が非難されたことに悩んでいた。それに対して回答者は「結婚するものの自由意志に基づいたもので、同時に若い者に伴い易い一時の感情に駆られた無分別なものでなくするには何ういう方法を執ればよいかと考案中」と述べ、「貴方のような境遇に立った方は人一倍の責任のある事を、呉れ呉れもお覚悟になるべきです」と答えている（一九一七・二・一八）。したがって「身の上相談」において友愛結婚が奨励されていたのは、回答者にとって結婚するには未熟な若者、恋愛の情熱によって「純潔」規範から逸脱しやすい若者、あるいは後述する「自由結婚」ができる年齢に達していない若者であった。彼らには親や親族の保護による規制のもとで選択することが必要とされていたのである。

このような投稿・回答記事は、親を無視した本人のみの選択が、いかに本人やその両親を脅かすのかを示している。いわば、親子関係を無視して、もろい恋愛関係の相手を選択をした未熟な若者が「身の上相談」の中で否定され、排除されているのである。このことから家族関係的主体が理想化されているといえる。

一方、ある程度の年齢に達している場合は、親に承認を得ていない相手であっても、相手に問題がなければ、結婚してもよいとされている。たとえば、以下の「労働者の娘と」と題する記事である。

【投稿】「労働者の娘などと結婚することは許さぬ」という親や兄の大反対をも顧みずに、私は愛する其の女と同棲を続けていますが戸主たる兄は法官の職務にある所から、身分にも障るからとて極力離別を迫って来ます。女は私にとっては理想の妻たるの資格を備えていると確信しているに拘わらず。……略……来年は両人共自由結婚の到達期です。此際どんな処置を取るが宜しいのでしょう。親兄姉とは全然妥協の余地はありません。

【回答】……略……その本人が善良の人で、妻たるに支障のない限り、愛のある限り結婚するに何等の不合理をみとめません。唯注意すべきは女の品性の良否其他大なる欠点などの有無で、若し自己のみ盲目的に愛していても第三者の眼から如何にも許し難い瑕瑾《かきん》（欠点、短所、恥辱などのこと――筆者補足）を有《も》つものも無いとは限りませんから、冷静に此の点を考慮する必要があります。斯《か》くして、何等の欠点なければ今日まで愛の同棲を続けられたことであるから来年の自由結婚期を待ちて結婚の届け出をなさるが宜しいと思います。（一九二〇・七・七）

投稿者は、互いに愛があり、相手に「理想の妻たる資格」があるので、親兄弟の反対を無視して「自由結婚」してもよいかと問う。回答者は、冷静な判断ができているか第三者に確認してもらい、相手に問題がないという条件つきで「自由結婚」をするように答えている。ここにも親の強制による結婚を否定する論理がはたらいていることがわかる。

「身の上相談」における「自由結婚」とは、一定の年齢を超えて親の了承なしに結婚することを指す。大正期、法律上、結婚するには親の了承が必要であった。回答者の説明によれば「自由結婚」とは「男は満三十歳、女は満二十五歳となれば親達の同意が無くとも当事者同志の届け出に依って結婚が成立する」ことであり、「相当分別のつく年齢に達すれば出来る」結婚である（一九二〇・三・二六）。したがって、第一章でみたような恋愛至上主義の結婚観にある、親の強制やさまざまな束縛を打ち破って、本人らの恋愛によって自由に結婚するというよりも、どちらかというと、親の強制を打ち破る代わりに、法律の後ろ盾を得られるまで待つ結婚である。

ただし、こうした「自由結婚」や法律上の親の同意が必要な年齢は、ひろく一般に知られていたわけではないようである。「身の上相談」はこのような法律上の手続きを提示する場でもあった。たとえば、本人の意志のみで結婚を成就させたい投稿者に対して、回答者が「自由結婚」の法律やその方法を解説する記事がある（一九一六・一・一六）。また、法律上の「自由結婚」ができる年齢について投稿者が問い合わせる記事がある（一九一六・九・六、一九二〇・三・二六）。

また、「身の上相談」には、投稿者がすでに事実婚状態であったり、子どもが産まれていたりする場合、親を無視した本人たちのみの選択を認める記事がある。たとえば、親の反対を押し切って駆け落ちしたうえに子どもがおり、この子を非嫡出子、つまり戸籍上で婚姻関係のない男女の間に生まれた子としたくないという記事である。この投稿に回答者は、「認定児として届け出ておきさえすれば」、「自由結婚」した後でも「嫡出児」にできると答える（一九一四・七・一六）。このような投稿に対して回答者は、子どもができてしまった以上は、本人同士の愛情が確かなら、結婚するためにいろいろな方途を探るべきだと語る。「自由結婚」「非嫡出児」の記事から、「身の上相談」は一般的に知られていなかった知識や法などを「教える」場でもあったことがわかる。

(3) 理想の追求よりも結婚生活

「身の上相談」では、自由結婚が許される人びとだけでなく、ほかにも友愛結婚の対象にならない人びと、つまり回答者によって本人の意志が優先されない人びとが登場する。友愛結婚の対象にならないのは、第一に、友愛結婚をしなかったことを後悔する既婚者である。彼らには理想の追求よりもそのまま夫婦関係を継続することが望ましいとされる。第二に、死亡したキョウダイの夫や妻との結婚を強いられる投稿者である。投稿者の死亡したキョウダイが生前に形成した家族関係や子どもの養育の方が、友愛結婚よりも優先される。第三に、自分の望んだ結婚ができないなら独身を貫きたいとする投稿者である。これに対して回答者は独身主義を許さない。

第一のような記事では、既婚者である投稿者が自分で選ばなかった相手との夫婦生活への後悔を語る。その理由は親の選択だけによる結婚で、夫婦間に愛情が生じなかったからだ（一九一四・八・七、一九一四・八・一八、一九一六・一・七ほか）。

しかし、このように結婚の理想を語る既婚者に対して、回答者は親選択の問題を語らずに結婚生活を継続するようにと答える。たとえば、親の選んだ相手が自分と「性格」も「趣味」も違うという理由で、夫婦生活を続けるべきかに思い悩む既婚者からの投稿である。この投稿に対して、回答者は「奥様が気に入らずとも一度結婚した以上は、奥様を教育して、思想も趣味も高くするように努めなさいまし」（一九一四・六・五）と述べる。回答者は、すでに結婚している、あるいは子どもがいる投稿者には、夫婦生活の継続を求め、その代わりに夫婦生活がうまくいく方法を述べる。つまり、自分の意思によって結婚相手を選ぶという理想の追求よりも、結婚後の夫婦関係や二人の間に生まれた子との関係を守ることの方が、なによりも重要であることが示されているのである。

友愛結婚の対象にならない第二の事例である死亡したキョウダイの妻や夫との結婚でも、第一の事例と同様に今ある家族の生活を優先させるという論理が働いている。たとえば、「兄嫁と一緒に」と題する、妻と子どもを残して亡くなった兄を持つ弟からの投稿がある。彼は親戚一同からこの兄嫁と結婚するようにすすめられたことを悩む。

【投稿】……略……上京勉学中、家を継いで居った兄は二十五歳の妻と、五歳になる幼児と、老いた母とを残して、卒然死にました。私は即時帰郷せしめられ此の兄嫁と結婚し、家を立てて行く様に親戚一同から強制せられております。然し学問少なく、趣味も低く、到底夫婦として相愛していくことは出来まいとも思い、且つ自分の体質に適せない農業に従事する気になりません。……略……

【回答】相愛することが出来ねば結婚しても仕方がないでしょう。併しそういう問題を今直ぐ定める必要はありますまい。兎に角あなたのお家のためには、兄嫁と一緒になられることが一番善いのですから、数年間の懸案にして、兄嫁と親しく交際してごらんなさいまし。互いに理解するようになったら或は愛が起こるかも知れません。数年間交際しても、どうしても愛することが出来ぬなら、結婚を思い止まって、兄嫁は兄嫁として寡婦を立て通すか、又他に縁付くかして、あなたは又あなたとして自由行動を取るが宜しいでしょう。いずれにしろ兄さんの子はあなたが後見して教育しておやりなさる義務があります。（一九一四・一一・四）

このような、夫と死に別れた妻が、その後、亡き夫の兄弟と結婚することを逆縁婚という。(8) 投稿者は親族から強制される相手とその家業に不満があると語る。回答者は決断を先送りにして、「交際してみる」「理解し合う」などして、兄嫁と愛や同情が生じたら結婚するように、親族による結婚相手の選択も手段のひとつとしてすすめている。強制の結婚であっても、回答者にとっては「家」の存続はもちろんのこと、寡婦と子どもの生活を継続させるための提案なのだ。注目すべき点は、せめて「後見して」というように、疑似的にでも遺児との親子関係を結ぶ方が望ましいと、回答者が提案していることである。(9) また、寡夫が亡き妻の姉妹と結婚することを順縁婚という。順縁婚の事例も「身の上相談」に登場している（一九二〇・七・二一）。つまり、「身の上相談」において逆縁婚・順縁婚は、本人の意志を無視した結婚相手の選択であっても、亡きキョウダイの家族の生活に配慮した選択として肯定的に語られる。

第三の独身主義の投稿者の意志が否定される例をみていこう。投稿者は、結婚する本人の意志を無視した結婚をしたくないため、もしくは恋愛が結婚にむすびつかなかったため独身を通したいと語る。なかには、親がすすめても、結婚した友達や親戚で幸福な人はいないから、一生独身で過ごしたいと語る記事がある（一九一四・九・五）。

このように、結婚によって不幸になることを理由に独身主義を語る投稿者のほとんどが女性である。彼女らは自活の道を歩むことを選ぼうとする。たとえば、独身で一生を過ごすために生け花かお茶の師匠をして独立したいという記事（一九一四・八・三一）、独身を貫くため看護婦になりたいとその方法を問う記事がある（一九一四・八・二九、一九一四・八・三一）。独身主義を語る男性の場合は、「洋画研究を進めたい」のに義父が無理な結婚をすすめるという投稿（一九一四・六・二〇）、親の押し付ける結婚よりも働きたいという投稿など（一九一八・七・一三）、独立したい、立身出世したいという希望を持って親による結婚相手の選択を否定している。

このような記事で、投稿者は親の押し付ける結婚に対抗するために、あるいは自分の理想を押し通すために独身を語る。投稿に対して回答者はその選択に反対する。もしくは、生活が落ち着いてから、立身出世ができてから結婚するように答えている（一九一四・八・三一）。つまり、自分の生まれ育った家族の関係も、結婚して新しい家族との関係も築けない独身主義を否定しているのである。

本節の（2）、（3）でみたように、子どもの養育にかかわる結婚問題が示される投稿・回答記事では、友愛結婚でない方法が肯定的に語られている。すでに子どもがいる投稿者の結婚問題では親を無視した配偶者選択が、あるいは自分のキョウダイの子どもがいる逆縁婚・順縁婚の問題では当事者を無視して、結婚相手を選択することが可能であると語られていた。これらの事例においては、生まれた子どもと、親である結婚する当事者との親子関係が配慮されているのである。つまり、友愛結婚であるかどうかよりも、子どもを育てていくことが重要なのである。

二　友愛結婚の方法

「身の上相談」には、親子関係、結婚後の夫婦関係に配慮した結婚相手を選ぶ方法、つまり友愛結婚を実践する具体的な方法が示されていた。その方法は大きく四つに分けられる。第一の方法は、親孝行を意識していること、親に対して配慮の気持ちを抱いていることを明示する方法である。第二は、恋愛関係にある本人同士の結婚を遂行するために、親とうまく交渉する方法である。第三は、親が決めた相手と清く正しい「真の愛」を形成する方法である。そして、第四は、親であっても結婚する本人であっても、どちらが選んだとしても、親と子にとって安心な相手との結婚を後押しする結婚調査を用いた方法である。

(1) 孝に配慮する

第一の、結婚したい相手がいる投稿者が、親孝行の姿勢を示して結婚の承認を得る方法についてみていく。親への孝行か、結婚相手への愛かに葛藤する投稿者に対して、回答者は当事者間の恋愛を優先する代わりに、親や恩人への「孝行」「義理」「恩」に報いる別の方法を提示する（一九一七・四・一九、一九一四・九・一八）。たとえば、つぎの「両親は名利を望み」（一九一六・六・一二）と題する記事である。

【投稿】私は某官庁に奉職している二十三歳の青年で、下宿生活をしていますが、その宿の娘が日ごろ何くれとなく親切にしてくれ、又その親たちからも常々そんな風な心持を示されましたので、未来の妻は此の娘の外にはないと思っています。……略……処が此処に困った事には私の奉職してる《（ママ）》官庁の長官が、私を有為な青年と認めたと見え、人をして私の両親に娘を私にくれたいと再三申込みました。私の両親は大喜び、私がもう大官になる保証でも得たように喜んで、是非結婚せよと申して来ました。……略……私にはこれ迄親切にしてくれた宿の娘を見捨てる事は良心が許しません。けれど親の命に反《そむ（ママ）》けば不孝になります。……略……

【回答】……略……親の命に背くのはいかにも不孝に違いありませんが、併し此の一時の不孝が後来《こうらい》永い間の孝行になって、前の不孝を償う事が出来るのならば、徒《いたず》らに盲従するよりは却って孝行になります。親の命令だからと言って何でも盲従したが為に、後来長い間一家の平和が保たれぬような結果になったのでは却って不孝になります。兎《と》に角《かく》一家は夫婦の和合が一生の大事ですから、その和合が保たれるかどうかを第一、其他を従属条件として考うべきであります。……略……（一九一六・六・二一）

投稿者は親切にしてくれる娘と、その娘の親との関係がうまくいっていることから、「未来の妻は此の娘の外にはない」と主張する。つまり、投稿者の男と娘家族とは、すでに情緒的絆で結ばれた関係を形成しているのである。また、親はわが子の出世を思って、本人にとってよりよい結婚相手を望んでいることも語られる。

つまり、この記事は第一節の（1）でみたような親孝行になる恋愛結婚のために、どのような振るまいをすべきかを示しているのである。投稿者は娘とその親を裏切ることの「良心」の呵責と、自分の親に対して「不孝」にならない結婚をしたいという恭順との間で葛藤していることを示す。投稿者は自分の出世を願う親へ「不孝」にならないような、恋愛関係を裏切らないで「良心」を守るような、どちらにとってもよりよい選択をしたいと訴える。この訴えによって、投稿者は自分が親子関係にも結婚後の夫婦関係にも配慮していることを表明している。つまり、自分が家族関係的主体であることを示しているのだ。

さらに、つぎの例では投稿者が親に配慮していることを主張し、回答者はその配慮を肯定するものの、親の承認がない恋愛関係を親不孝だと否定する。

【投稿】私は家の一人娘で今年二十二歳、二年前から或る男と恋に落ち離れがたい仲となりました。私の父は実の父ですけれど母は義理の母です。二人の結婚を許して貰う様幾ら頼んでも母は許して下さいません。男の云うのには後三年間辛抱すれば自由結婚が出来ると云うのです。だが私は自由結婚をするのはいやなのです。矢張り世間並みな結婚をしたい。然《そ》うしなければ親に申し訳が立たぬ。人からも笑われる。それが厭なのです。済みませんけれど記者様のお考えを。

【回答】自由結婚なんかは厭で矢張り昔からの「親の許した」結婚がしたいと云う平凡な様でも今時に一寸珍しい相談です。自由結婚をすれば親に申し訳が立たぬ、人からも笑われる。非常に親孝行な優しいお考えには記者も敬服します。だが、親の許さぬ結婚を排斥する貴方が、親の許さぬ男を拵えて離れ難い仲になるなんて一寸信じられぬ事に思われます。何も『毒を食らえば皿まで』と云う様な考えは記者にもありませんが、人に笑われるのは厭だ何でもかまわぬから人前だけは繕いたいという思想は余り感心した思想ではありません。其所で貴方はもっともっと一生懸命にお母さんに願って御覧なさい。そしてそれでも尚お許しを得ないなら今度は男を思いきりなさい。さもなければ貴方の生きる道は一寸見当たらぬでしょう。(一九二二・九・七)

投稿者は親に「申し訳ない」結婚を避けたいという意志を語り、それが回答者に「敬服」に値する「親孝行」と評価されている。投稿者は離れがたいほどの仲であっても、自由結婚することは親に申し訳ないとして親に配慮している態度を、そして「自由結婚」ではなく親の承認を受けた結婚を求めていることを表明している。しかも、「義理の母」に幾度も頼んで許しを請うているとして、親の意志をくみ取りながら結婚相手を選択しようと努めていることが示される。そして、「世間並」の結婚をして親を安心させるようとする姿を示して、回答者と読者の承認を得ようとする。

回答者も「貴方はもっともっと一生懸命にお母さんに願って御覧なさい」と、当事者相互の意志による選択ができるように、より努力する方法を提示している。ただし、「親の許さぬ男を拵えて離れ難い仲になる」ことは「親孝行」したい人がとる態度ではないと嫌味ととれる一言をつけ、最終的にはどちらかを選べとつきはなした回答をしている。

ここでみた事例には、結婚する当事者間の恋愛を優先したいとしながらも、親――血縁親、非血縁親、親族、恩人――にも応えたい当事者の訴えと嘆きが示されている。さらに、その訴えのなかで、親子関係、恩と義理の関係、結婚後の夫婦関係などの家族関係性がゆらぐことを怖れる当事者の態度が語られる。つまり、孝行と恋愛との葛藤が語られるなかで、親子間、夫婦間どちらの関係性にも配慮する家族関係的主体による選択が理想的なあり方として提示されているのである。

また、回答者は、このような家族関係的主体であろうとする投稿者を肯定し、恋愛関係を優先しながら親孝行をする方法を提示する。たとえば回答者は、親の命令に盲従せずに、気に入った相手と結婚して夫婦の和合を保つことがよっぽど親への「孝行」につながると答えていた。要するに、たとえ親の決定に従わなくても、当事者が互いに恋愛結婚を遂げて「幸福な家庭」を築くことが、いずれ親孝行につながるというのである。回答者は親の選択や命令を否定しながらも、最終的に親と恩人からの評価／承認を受ける方法を語っている。つまり、当事者による選択を推奨するようにみえる語りも、親子あるいは恩人との関係性を守ることが、真に幸福な状況であるために必要であることを示している。

（2）親との交渉

ここまでみてきたように、「身の上相談」では、結婚する本人による選択を評価／承認する親の姿が示されていた。そのうえ、親子関係、恩と義理の関係と恋愛関係の折り合いのつけ方が提示されている。それが第二の友愛結婚の方法、つまり、恋愛関係にある本人同士の結婚を遂行するために、親とうまく交渉する方法である。

たとえば親に打ち明ける前に、相手の気持ちを確かめるという段取りをつける方法を提示する記事である。「奥床しい婦人と」と題する記事では、投稿者が結婚の段取りが不安になり、その方法を聞いている。

【投稿】……略……誠に人格の高い奥床しい婦人を知りどうか自分の妻にはこの人をこそと切に思うのです。然し直接に私の意中を語るは、如何にも礼を失するように思われます。双方の親は未だに一面識もなく、全く未知の間なのです。さればと云って其の間に立って貰う知人もないのですが、斯様な場合、どうしたら私の意中を先方に語る事が出来ましょうか。……略……

【回答】……略……あなたの意中を語るには適当な機会を見出すことが必要であります。先方があなたをどう想っているか、良く見定めてからでないと失敗する恐れがあります。……略……（一九一四・九・一〇）

このように、「身の上相談」では親を怒らせないで「礼」をもって交渉し、自分が希望する相手と結婚する方法を模索する投稿者の語りがあらわれる。それに対して回答者は、まず相手にその気があるかどうか、愛があるのか、あるいは愛が生じる可能性があるのか確認するようにと答える。

そして、回答者は結婚したい相手と結婚する方法として、相手の親との正しい交渉方法を提示する。具体的な交渉方法は、恋愛結婚の際に、親の承認を得る方法であり、親子間、当事者間どちらの関係も重視する結婚相手の選択、決定方法とみなされていた。たとえば「許嫁の女が厭で」の回答者は、「どうしても嫌なら、そのことをあさらかに両親にも親戚の者にも話」す、「言い訳をよく呑み込んで貰うがいい」と述べている（一九一六・五・二八）。ここでは、親の了承を得るために当事者が親を説得することが求められる。結婚する本人による選択を遂行させるために、親への「恩」と当事者間の情緒性のどちらにも配慮して、「あきらかに話す」「よく呑み込んで貰う」ように取り計らうべきだと、回答者は語っている。

「身の上相談」では、親との交渉において、承認をとりつけるための段取りを適切におこなわなかったために、親を怒らせる投稿者がたびたび登場する。以下の「内々の婚約」と題する記事である。

【投稿】私は唯今或る専門学校に籍を置いている青年ですが、昨年或る少女と卒業後は両親の許可を得て結婚しようという約束をして、それ以来文通を続けております。然るにそのことを知った少女の母や兄は、私たちを不品行者、淫奔《いんぽん》ものだと言っています。私はただ少女と未来を口約したばかりです。それに少女の家と私の家とは極親しくしてもいます。私は悪いことをしたとは思っていませんが、私は間違っているでしょうか。又自由結婚などは出来ないものでしょうか。

【回答】貴方のお考えは問題にもならないほど明らかに間違ったものです。少女は両親の保護の下にある身で、何の自由も許されてはいないのでしょう。その人が生涯の大問題である結婚というような事を、両親に一言の相談もなく極めるというのは悪い事です。貴方がたは自身の権利でない事を敢えてしたのです。貴方がたが若し父なり母なりの立場に立っていたら矢張り立腹するだろうと思います。将来の事は貴方の心がけ次第で何《ど》うにでもなりましょう。(一九一六・一一・二五)

投稿者は「両親の許可を得て結婚しようと」約束しており、いずれ両親に結婚のことを話すつもりだったと述べる。しかし、たとえ双方の家に交流があっても、「文通」による交際であっても、事前に親の許可を得ていないため親から「淫奔もの」、つまり性的にふしだらだと言われている(「文通」については(3)で後述)。回答者は「私は間違っているでしょうか」という問いを受けて、「あきらかに間違ったもの」と答える。しかも、「少女」は親の保護下にいて「何の自由も許されていない」ため、結婚を決める「権利」がないと答えている。[10] こうして、投稿者が親に「相談なく」結婚を決めてしまう行為は、親に配慮がないと批判される。

このような投稿・回答記事を通して、親に配慮して交渉する当事者のあり方が理想として提示される。ほかにも親に結婚が許されていない投稿に対し、回答者は「親族の者の心を和らげて穏やかに後々の立つよう談合された方がよい」(一九一六・四・二七)と答えている。記事では、当事者だけで結婚を約束し、勝手に文通などで交際することを否定すると同時に、交渉をうまくとりおこない親の承認を得る方法が示される。たとえば、以下の「娘の父に怒られる」と題する記事である。

【投稿】……略……二人の意思が疎通した訳でもう三年になります。……略……私より彼女に対して手紙を出したのが原因で、素より彼女も早速返事を呉れていまして別に変ったこともなかったのです。その裡に彼女が母親に打開《(ママ)》けたと見えて、こんなに不躾に本人に求婚して来るのはいけない。媒介者を通じてくるようにということが解りました。その後二三回文通していると、その父親が手紙を見たものらしく、親の許さぬ結婚はさせられない、然しそれ程までに二人が望むならば、先方も親を通じて仲介人をいれて相談すれば応ずるということを父が申していると彼女が云ってきました。……略……すると数日前彼女の父から私の父へ宛て、将来彼女との文通を断ってくれるようにと申し込んだと見え、国の父から厳重な手紙が来まして遂に二人の間の文通は遮断されてしまいました。……略……

【回答】……略……現在の日本の社会事情よりすればその娘のお父さんがお怒りになるのは当然と思います。自分の娘を誘惑されたように感じてあなたに敵意を持つでしょう。併し御両人の意志がそれほどまで疎通しているのならば、これを破壊することは御両人の心に癒え難き傷を与えることになりますから、親として能く考えねばならぬでしょう。記者があなたならば、其の娘さんのお父さんに直接面会して、今までの罪を謝して、自分の人物を其のお父さんに能く知っていただくことにするでしょう。其のお父さんが此の人ならば自分の娘をくれても善いと思はれるまで、親密になることが必要でしょう。今後は先方のお父さんと親密になることを努めて、娘さんとの直接交際はお止めなさい。(一九一八・一一・二九)

投稿者は、事前に親の許可を得ていない文通だけでなく、媒介者を通じていないことを親にも回答者にも批判されている。この記事における望ましい交渉方法とは、まず当事者が親に結婚したい相手がいることを伝え、つぎにその親は仲介人を通して相手の親に結婚の相談をすることである。また、「不躾に本人に求婚したこと」を直接相手の親に謝罪し、「先方のお父さんと親密になることを努め」ることも適切だとされる。しかし、回答者は本人たちが「それほどまでに疎通する」恋愛関係なら、親もその結婚を考えるべきだとも答え、親も「然しそれ程までに二人が望むならば」と二人の思いを受け入れている。つまり、親の意志ばかりを優先しているわけではなく、親による子の恋愛の承認を得る方法として仲人を介することが提示されている。

阪井によると「日本の結婚の特色として『仲人』の存在をあげる論者は多い[11]」が、媒酌結婚は、明治一〇（一八七七）年ころまで、そもそも人口の一割未満に過ぎない武士階級の婚姻慣行でしかなかった。このような仲人を介した結婚は、その後、しだいに地域や階層を超えて民衆レベルにまでひろがっていった[12]という。その背景を阪井は、「見合い結婚」の制度化に内包される「家」を中心とするような「家族主義」と、恋愛を志向する「個人主義」の理念との「重層性」と指摘した（阪井 2009: 89–92）。ここから、親子関係、夫婦関係を意識しながら「よりよく配偶者を選択させる」「家族的個人を形成する権力」によって、理想的な配偶者選択主体として「仲人・媒酌人」が構築されていることがわかる。そして、このような親に配慮した当事者による配偶者選択を補助する役割としての「仲人」が、「身の上相談」にも描かれている。

さらに、結婚する本人たちは、相手との愛情が深ければ、自分の意志で選んだ相手と結婚したいという気持ちが強ければ、なおさら、このような方法で交渉することを望まれる。たとえば、「あなたが若し真に其方を愛して結婚したいなら、先づお母さんにでもその事を打明け」（一九一五・一・二六）、あるいは、思いが深くなるなら約束を重んじ、両親の「悪感」を解いて「承知していただくようにご尽力すべき」という記事（一九一四・六・三〇）がある。また、「両親に打明け難く」と題する記事において、投稿者は結婚したい相手が自分の家の「召使い」であり、両親に打ち明けることができないが、かといって相手を思い切れないので「二人で逃げ様と」している。この投稿に対して回答者は、「真実両人の間に絶ち難い恋愛関係があって飽くまで添い遂げる堅い意志があるならば、どんな困難を侵しても正しい手段に出でなくては不可ません。其には先《ま》づ両親に打明けて許しを受ける外はありますまい」（一九一九・一一・二六）と答えている。このように結婚のための「正しい交渉術」は、当事者の意志だけでなく親の意志にも配慮した配偶者選択の方法として提示され、当事者同士に真の愛があれば達成できる方法だとみなされていた。

しかし、望む相手との結婚のための「適切な交渉術」はジェンダー非対称であった。男性投稿者の場合は、自分の親はもちろんのこと、相手の親に結婚したいことを伝えて、結婚のために交渉してよいとされる。先にとりあげた「娘の父に怒られる」の回答では、「其の娘さんのお父さんに直接面会して、今までの罪を謝して、自分の人物を其のお父さんに能く知っていただくことにする」（一九一八・一一・二九）と述べられ、男性投稿者に対し、将来の義理の父親である相手の父親と、親子間の関係性を築くことが求められている。また、生活上の余裕がない自分が、「想い」を打明けていいのかと迷う投稿に対して、回答者は「若いあなたが其の想いを成就せんとするならば、其の少女の父上に御打明けなさるが善いでしょう。表玄関から堂々と行くのは、男子の本懐であります」（一九一五・六・二六）と答えている。

一方、女性投稿者の場合は、自分の親、とくに母親に打明け、親同士で話をつけてもらい、それまでは相手方に直接打明けないことが理想とされる。八年間想い続けている相手と結婚したいという女性投稿者に対して回答者は、「あなたが若し真に其方を愛して結婚したいなら、先づお母さんにでもその事を打明け、先方の品行を調べて其の意志をたしかめるようになさいまし」（一九一五・一・二六）と述べる。次の例でも、女性の積極性が否定されている。

【投稿】……略……両親には内証でありますが、密かにお慕い申す方がございます。二か月程前先方へ打明けて了《しま》いました。が、先方はまだお手紙をくださいません。それには色々とお考えがあることと思います。……略……両親には打明けて話す勇気はなし。何ういう方法を取ったらよいか……略……。

【回答】……略……男は積極的に女が其心を打ち明けられたる時、大抵は嫌な感じがするものです。つまり女のはしたなさを思うのです。あなたも矢張り其の方からそういう悪い印象を受けられたかも知れません。……略……矢張り御両親に打明けなすった方が善いでしょう。口で言えずば、手紙で書いてなりして申し上げて御らんなさい。あなたの主観的感情が生きるか死ぬかという場合ですから、それくらいの勇気をお出しなさい。案ずるより生むが

易いかも知れません。(一九一八・一二・一一)

この女性投稿者は相手への気持ちを「両親に内証」にしており、「打明ける勇気がない」と、自分の親から承認を得ることに躊躇している。この躊躇に対して回答者は、女性から相手に想いをうち明けたり、相手方の両親に直接交渉したりすることは「はしたない」ことであり、時にはうまくいく可能性を自分からこわす行為だと述べる。

同様に、結婚したい相手に意中を尋ねたい女性の投稿には、「そういう事は内々お母さんに打明けてからなさいまし。若い女がいかに心の裡に想うとも、直接言い寄るなどということはいかにもはしたない業で、却って出来る縁談も打ち壊してしまうおそれがあります」(一九一五・一・七)と回答している。ほかにも、「先方があなたを愛する心が真にあるかないかしっかりと確かめた上でなければ、あなたの思いを先方に打ち明けるのは危険だと想います。またご両親に打ち明けるのも良くありません。女は自分から積極的に明かしてはいけない」(一九一四・一一・二五)というように、女性が相手や先方に直接結婚を申し込むことを禁止している。

このように「身の上相談」は、男性と女性とで異なった親との交渉術を提示している。そして、男女それぞれの方法で、親子の関係性を侵害することなく、当事者間の恋愛のために正しく交渉術ができる家族関係的主体が提示されていたのである。「正しい交渉術」とは、結婚する本人が親に心配をかけない、怒らせないように結婚相手を選択する方法である。記事では、結婚する本人が自分たちで結婚を決定する前段階で、仲人・媒介者を通してから、自分の親に打ち明けて結婚を決定する方法が評価されている。

ただし、この主体による交渉術には当事者間の情緒性の深さや、固い意志・約束が必要条件とされる。当事者間の絆が強い場合は、両者にとって適切な交渉術のための努力ができ、それによって親子の関係性を保持することができるものとして描かれる。

(3) 清い恋愛をはぐくむ許婚

「身の上相談」では、親が決めた許婚《いいなずけ》(「許嫁」とも表記)、つまり婚約者であっても、許婚同士が恋愛を育むことができるような結婚のあり方が提示されていた。むしろ、親による選択だからこそ、親の保護のもとで本人同士は恋愛することができるため、その交際は純潔な交際であるとして肯定的に語られていた。たとえば、以下の「裏切られたる愛」と題する事例である。

【投稿】……略……私には幼少の頃から許嫁の人がありました。私どもは成長するに連れて益々相愛するようになりました。私は全く彼の為に生き彼の為に笑い彼を生命と致していました。併し互いに厳格なる教育を受けつつある学生の身故、互いに行いを慎み、文通なども休暇の時の外は致さず、後日の成業の日を楽しみに励み合っておりました。……略……半年の後には彼は人を介して、此結婚には兄弟が不承知である。結婚期も甚だしく遅れるからという理由を附して破約を申し込んで来ました。私は絶望の余り久しく病床の者となってしまいました。一時は一層一《ひ》と思いに死んでしまおうかとも思いました……略……それより一生独身で尼になった心で過ごそうと思い決めましたがそれでも久しく心に感じていた彼の事が離れられず、折にふれては思い出されてなりません。……略……

【回答】……略……此上はお父上の云われるように、諦めるべきものは諦めて心を新しくして、将来の幸福を思うべきです。心が新しくなり、相手の選択を誤らなかったならば、結婚すれば新しい愛も湧き幸福も得られましょう。結婚なさるのが至当です。……略……(一九一七・一・一七)。

この事例の注目すべき点は、投稿者には自分の意志が反映されることのない「幼少の頃」に親が決めた許婚がいること、その幼少の頃から長い時間をかけて本人同士の恋愛がはぐくまれていたことが述べられているところにある。しかも、たとえ親の選択である許婚であっても、投稿者の恋愛感情は「彼の為に生き彼の為に笑い彼を生命」という程までに深い。さらに、相手の兄弟の不承知によって破約した後は「死んでしまおうか」、「一生独身で尼に」と思いつめるほどである。最終的に投稿者は「年老いた父母の心配するのを見」て違う縁談に向き合うこととなり、再び親の選択を受け入れたことが語られる。回答者も「父上の云われるように」するように答えている。

また、このような許婚に関する記事において、当人同士が直接会ったことがないのに、その親の選択に従う例がある。たとえば、「諦め難き最初の愛」（一九一七・四・一八）では、「高女を卒業せんとする二月、ある人の子息と婚儀定まり、私も否むに由無く承知いたしました。けれども当人同士は一度もみ合ったことな」いと述べられている。また、「許婚の男の不品行」（一九一七・四・二四）では、兄が「私」を兄の恩人に交際させるようにしたものの、「併し私とその方とは今日まで一度も逢ったこともなく、唯写真で見知っているだけ」とある。会ったことのない許婚でも恋愛関係になることが、投稿者から語られる。

さらに、これらの許婚関係の記事では「お互いもまた深く想合って居りました」（一九一四・一〇・二九）、「真の愛の全部捧げていました」（一九一七・四・二四）などのように夫婦になる前から許婚との間に生じた愛が強調される。また、結婚ができなければ「尼になる」（一九一四・七・二二）、「一生独身で」（一九一七・一・一一）などと表現され、親が決めた相手である許婚としか結婚したくないと語られることもある。(13)

回答者は親が決めた許婚関係であっても、当事者相互に恋愛感情があるなら当事者の意志を優先するべきだと答えている。たとえば、「真にあなたを愛しておられるのですから、結婚なすっても差支えないでしょう」（一九一四・九・一四）、「あなたの愛がどうしても其の少女を貰わねばならぬ程熱烈な又永久的なものなら、利己的感情を棄てて少女をもらってやれ（一九一四・一〇・二五）、「結婚について第一に考えるべきは愛で」ある（一九一七・四・二四）、「あなたとしては其の方以外には結婚せぬ覚悟が必要です」（一九一五・九・二七）という回答である。親の承認／規制のなかで形成された許婚関係だからこそ、当事者間の恋愛は正統な関係性だとみなされているのである。

このような親が決定した事例では、親の監督の下で許婚同士が「清らかな交際」をすることが理想化されていた。また、当人たちも親が決めた相手と「清らかな交際」をし、その交際によって「愛」を深めていることが語られる。たとえば、次のような例である。

【投稿】……略……伯母の遠縁の、学校出の青年を、私の夫にと伯母はきめて、私も同意して許嫁の仲となりました。一昨年まで私はその方を心に誓った夫として傅《かしず》いておりました。（同居はしません）その方は心柄のただしい、同情心のある方で、私は深くその方を思うようになり互いに恋の甘味に酔って居りました。その方は私を深く思い、私の境遇に深く同情して呉れ、又私を非常に愛して呉れますが、一度も私に操を要求しませんでした。それだけ私はその方を信頼しておりました。……略……（伯母の心変わりで破談になったため許嫁との：筆者補足）操を守る事が出来ない故、自殺しようと思うております。妾《わたし》の考えは間違っておりますか。理解の行くようお諭を願います。

【回答】……略……貴方の縁談が破れようとした際、貴方なり又許嫁の方なりが、他に執るべき方法が無かったのだろうかと、残念に感じます。それ程までにその愛があり、相互に尊重があったならば、伯母の方と許嫁の家との誤解を解くなり、又貴方は既に戸主の身であり、且つ相応の年齢にも達している事ですから、場合によっては独立した行動を執ってもよかったろうと思います。……略……（一九一七・四・二七）

「一度も私に操を要求しません」という表現からわかるように、伯母の決めた許婚は投稿者に一度も性的関係を要求しなかったことが、当人同士はこの純潔な交際によって愛を育んでいたことが肯定的に語られている。回答者は、死を選ぼうとする投稿者に、それほどまでに許婚との愛があるのなら、当事者が「戸主」で「相応の年齢に達して」いるので、結婚してもよかったのではと答えている。

このような親選択の許婚の記事では、許婚関係の「清らかな交際」の手段として、純潔な恋愛関係を形成するのに望ましい手段として、親の保護の下でおこなう「文通」が登場する。たとえば、親兄弟が決めた許婚と、「親兄弟の監督のもとに文通をしあい、その為に温かき日を送ることが出来て今日に及びました」（一九一七・四・二四）、「親の監督の下に相互に清き書面の交わりにその日その日を温かく暮らしておりました」（一九一七・四・一八）、「互いに行いを慎み、文通なども休暇の時の他は致さず」（一九一七・一・一二）などである。親の保護の下でおこなわれる「文通」は、当事者らが直接会って相手の「操」を汚すような「清くない」交際に発展することを防ぐことができる。（２）の例でみた「文通」は親の許可がなかったため否定されていた。

第一章で述べたように、ノッターはこのような親の監督のもと「純潔」を守りながら「情緒的絆」を形成する結婚を、恋愛結婚ではなく友愛結婚と指摘した。友愛結婚観は、大正期の論壇が恋愛至上主義の傾向になるにつれ、知識人たちによって真の愛ではない、ときには売春と同じであるなどと否定されるようになっていた（ノッター 2007b）。

一方、「身の上相談」に登場した、上記のような許婚との「真の愛」は、恋愛至上主義の論理を用いて友愛結婚を推奨するものである。許婚関係でも「真の愛」を築くことができるという印象を読者に与える。しかし、結婚する当事者同士の「真の愛」を理想化するような恋愛至上主義に傾倒しながらも、純潔規範を守ることが重視される点はノッターらの友愛結婚と同じであるといえる。当事者同士の恋愛が正統な恋愛になるためには、親の監督の下で長期にわたってなされる「清い交際」を経る必要がある。許婚同士の「清い交際」は当事者同士の恋愛を許しながら、親が子を性的に逸脱しないように規制することができる。文通はこのような関係を築き、継続する手段に適っていたのである。そのうえ、子が親を裏切らないのでよりよい親子関係を築くことができる。また、ここで重要なのは、記事内で親の強制的な選択は否定されている点である。だが、これは、結婚する本人だけの選択を優先させているのでもない。親が子どもの都合を考えずに許婚関係を破棄することは、親が子の幸せに配慮していないため否定されている。

以上のように、このような許婚は、当事者の両親、またはその許婚の両親だけでなく、当事者の兄妹、伯叔父、伯叔母などの親族によって決められていると語られていた。ノッター（2007b）や大塚（2003a、2003b）があきらかにした友愛結婚観は、女性が男女交際において「純潔」を失う危険を回避しながら、当事者の「情緒的絆」を重視するために、親の保護の下に子の意志が優先されるあり方である。この結婚観が、「身の上相談」においても提示されていた。

(4) 結婚調査

「身の上相談」では、結婚相手を選ぶのが親であっても、当事者であっても、最終的に親も当事者も納得して決定できる選択方法が提示されていた。その方法は「結婚調査」である。結婚調査とは、結婚を考えている相手に問題がないかを結婚前に調査することである。具体的には、結婚する当事者や家族が自らおこなう結婚調査、調査を専門に請け負う「結婚調査所」に依頼する方法が示されていた。そして、結婚調査は友愛結婚を補完する手段だといえる。たとえば、以下の「血統上の疑い」と題する記事では、結婚前に相手を「結婚調査」した結果を受けての悩みが述べられている。

【投稿】私は目下懇意な人からその知人の娘を娶るように勧められて居ますので入念に調査をしました処その娘及び家庭は申し分ないのですが唯一点気掛かりなのは血統についてです。其れもその娘に就いては少しも忌まわしい噂は聞きませんが娘の叔母の縁先に癩の疑いがあって死んだ者があったそうです……略……。

【回答】叔母さんの嫁に行った先が血統が悪くとも、其の家さえ悪くなければ、差支えないように思われます。縁家をそれからそれへと尋ねたら、必ず血統の悪い家も出て来ますから、それまでも避けては全く縁組することが出来ぬと思います。(一九一九・三・二四)

このように、「結婚調査」が事前に相手の問題を察知するために有効な手段であること、相手だけでなく、相手の家や親族にまで及ぶ可能性があることがわかる。ただし、この投稿への回答では、あまりにも調査対象をひろげすぎると「全く縁組することが出来ぬと」され、適度な「結婚調査」の範囲があると述べられる(癩、つまりハンセン病をめぐる問題は第四章で後述)。

病気以外にもさまざまな調査内容が記されている。たとえば、「結婚前に其女の素行調査は私として出来るだけしました。彼女はすでに貞操を汚されて居たのでした」(一九一六・三・一二)、弟が結婚したいという「先方の身許を調べてみましたら」、「戸籍上に偽りのある女と知れ」た(一九二〇・一〇・四)、「最近田舎から妻を娶ることになったので、其の身許調べをいたしますと、意外にも私の未来の妻たる田舎娘は、私と血を分けた肉身の妹であることが判明」（一九二〇・一一・一八）、二人の妻の候補者がいるが「身元調査をして見ますと、甲の方は再縁者で殊に年増女、又乙の方はと云うと所謂莫連者（莫連者とは不良少女のことを指す――筆者補足）に近い女ですから、両方とも断ってしまいました」（一九二三・八・八）などである。回答のなかには「今後は軽々しく婚約などせず相手方の人格其他結婚上必要なる事柄に就き綿密に調査して」（一九二〇・一二・一五）というものもある。

投稿記事内で当事者や親などが相手の「調査」をおこなったことが語られることで、事前に相手の問題が判明したという成果が示され、「調査」は評価されるものとなる。

以下の記事に対して回答者も「結婚調査」を推奨している。

【投稿】私は十八歳の女です。昨年九月ふとした機会から二七歳の某大学在学中の一青年と婚約いたしました。其の青年は大変真面目で品行も方正というので母初め私の一家は皆信じ切っていますし、お友だちも皆賛成して下さいましたので、青年の卒業を待って正式の結婚式を挙げることとし、それまで私方で同棲することとなりました。爾来何事もなく幸福に暮しました。然るに最善青年の故郷から父上様として同姓の名前の者の発信が到着しました。手跡から察すると十歳位の女の子らしく、これに不審を起してだんだん捜《さぐ》ってみますと、青年は五六年前から二五歳迄、大変に遊蕩して家産の殆ど半分を蕩尽し、芸者に馴染みを重ね、女中にも関係するなど母親を泣かせた上に他に妾を囲って置いた色摩であったのです。只今は猫を冠《かぶ》って外面を詐《あざむ》いているので東京での友達は誰も之を知りませんが、国のほうでは皆指弾していることが判りました。手紙の主は必ず隠し子であると思われます。軽率に婚約をして身を許した私。今更泣くにも泣かされず……略……。

【回答】最初に綿密な結婚調査をしなかったのが、貴女若しくは貴女の親達の非常な手落ちです。世間に往々例のある悲劇で何とも御気の毒に堪えません。……略……（一九二一・四・七）。

このような「悲劇」が「世間に往々例のある」ことから、回答者は、「最初に綿密な結婚調査」が必要だと、それをしなかった当人も親も「非常な手落ち」だと注意している。

また、子の結婚後の「幸福」を願う親によって、こうした結婚調査がおこなわれていることを示す記事もある。たとえば、「慕わしい」青年がいるのだが、「父母は私の為に一日も早く幸福な生活をさせようと、選択に選択し、調査に調査を加えた人と結婚せよと迫ります」という投稿に対して、「親が選択し調査した人との縁談の方が貴女にとって安全でしょう。併し出来得る限りはその青年との縁を実際に努力してみるのもいいでしょう」と答えている記事である（一九一六・五・一）。親が子に配慮して調査をしていること、回答者がその徹底した調査を「安全」な配偶者選択の保証とみなしていることは注目すべき点である。

さらに、「身の上相談」では、こうした結婚調査を合理的にかつ詳細に、失敗なくできる解決策として結婚調査所を取り上げている。次の「結婚の身許調べ」と題する記事は、「素人」による「身許調査」の限界と結婚調査所の利用の適切さを示す。

【投稿】私事或る男と結婚の話が持ち上がっておるのですが、当事者は当地に居るのでよく分っていますが、その者の国が遠いので身許が分からず、若しや悪い血統ではないかと日々思い悩んでいます。鉄道の便はよい所ですが二百里近い所ですから、態々《わざわざ》そこまで行って調べてもらうという人もなく、又父は商用で忙しがってばかりいて自身でも出来かねます。人の話に、右のような取り調べをして下さるところがあるとの事ですが、それは何処にありますか。遠方でも取調べていただけましょうか。血統の事は一生の大事ですから、思案に余ってお尋ねいたします。委《くわ》しくお教え下さい。お願いします。

【回答】この人の海のような、且つ移動の常のない都会では、結婚その他の場合に、他人の身許調べをしようと思っても、自身の手では容易には出来ません。そういう人の為に、身許調査をしている所が方々にあります。中でも朝報社の中にある入念社、報知新聞社の中にある安信所などは最も信用されています。御依頼になれば、巨細《こさい》となく取調べて呉れます。手数料は何方も、割合として安いように思います。委しくは直接に御照会なさいまし。序《ついで》乍《なが》ら、東京に於ける身許調べは、こうしたそれを専門にしている所があるので、地方などよりは却って容易に真相を知り得るようになっています。（一九一七・三・一）

この記事は、結婚調査所が「身許調査」を専門とする機関であること、手数料を支払ってでもこのような結婚調査所を利用する傾向があることを伝えている。そして、人の移動が多くなったことによって結婚相手を選ぶ範囲が拡大し、「素人」では調査が困難になった状況があることが示される。つまり、こうした状況のなか、記事において結婚調査所は綿密で確実な調査をするため、逸脱した「身許」を持つ相手との結婚を回避するために用いられる「信用できる」有効な実践法と位置づけられているのである。

そのうえ、「身の上相談」では結婚調査所として、「丸の内報知新聞社内安信所内等」、「京橋弓町の朝報社内入念舎、同町の人事興信所」、「鞠町区有楽町の報知社内安信所」などが紹介され、料金が調査事項の多少によってかわると説明されている（一九一九・一〇・五、一九二〇・二・八、一九二〇・二・二八）。朝報社、報知新聞社など新聞社内にこのような結婚調査所が設置されていることは注目に値する[14]。

しかも、結婚調査所は、調査する側とされる側に交流がなく利害関係がないため、選択主体の希望や主観が入り込まないという徹底した調査が可能だと位置づけている。たとえば、以下の事例「両親が結婚調査を」である。

【投稿】私は二十六歳の青年ですが、一年前から交際を続けている婦人があります。此の婦人と私との間に恋愛関係が結ばれ段々進んで結婚問題に逢着しています。然るに私の両親の調査した処によると、婦人には過去において品行上非難すべき一つの欠点を持っているし、加うるに其の性質が多情であるとのことですが、私の観る所とは余程違っています。……略……この場合両親の調査にのみ依って結婚を破談にするには余りに残酷と思いますが、矢張り親達の調査に信頼するが相当でしょうか。

【回答】当事者同士の観察は往々其の正鵠を誤りがちです。殊に恋愛関係のある男女相互の観察はあてになりません。……略……性質を今少しく的確に御調べなさる必要がありましょう。利害関係のない第三者即ち秘密探偵なり興信所なりに具体的の調査を御頼みになって、其の結果から断定されての上になさることを望みます。（一九二二・五・一〇）

投稿者は親達の調査を信頼して婦人を裏切ることは残酷な行為ではないかと迷う。回答者は、恋愛による盲目的判断や、利害が差し挟まれる親の判断によって引き起こされるトラブルを回避する有効手段と結婚調査所を位置づける。ほかにも「其れには専門の調査機関があるから、其れへ御頼みになるが宜しいでしょう」（一九一九・九・二三）と答える記事もある。さらに、「血統を調べた上に返事をしたいと思います。何処か身許調べを頼む処がありましたらお知らせくださいませ」（一九二〇・二・八）など、配偶者の条件の問題等が示されずに調査所の場所のみを質問する記事（一九一九・一〇・五、一九二〇・二・八、一九二〇・二・二八）までも登場している。

以上のように、「結婚調査」をしたという記事は、親族、知人など「よく知った相手」からすすめられる「よく知らない相手」、あるいは当事者のみ知っていて親は知らない相手、当事者も親も知らない相手との結婚の際に、相手を調べる必要性を提示している。つまり、誰が結婚相手を選択したとしても、結婚を決定するまでに誰もが納得する「結婚調査」をする必要性が示されているのだ。

さらにいえば、「結婚調査」によって、結婚相手を選択するのは当事者か親かという対立関係は消去される。「結婚調査」を用いていれば当事者も親の選択もどちらも肯定されていた。「結婚調査」の記事から、親子、結婚後の夫婦の関係のために、安心でよりよい配偶者選択をしようとする主体の姿が浮かび上がる。いわば、「結婚調査」は、当事者とその親に配慮して、結婚後の当事者のよりよい関係を目的としていることから、家族関係的主体による選択が合理的にできる方法とみなされていたことがわかる。

小括

以上、本章では、「身の上相談」における友愛結婚観の表出をみてきた。同時に、結婚相手のあり方とそこで配慮される社会関係性を分析した。その結果、「身の上相談」においては、親孝行な当事者による選択、当事者の恋愛を承認する親による選択、親に配慮しない当事者選択の否定、子に配慮しない親選択の否定が語られていたことがわかった。当事者間で決めたとしても親への配慮を示すことが、親だけの決定でも当事者の関係性に配慮するような主体のあり方が、理想だとされていた。

親子関係と当事者関係どちらにも配慮した結婚相手の選択のあり方として、親への「孝」と恋愛をすり合わせる当事者、「孝」と恋愛のために親と正しく交渉できる当事者、親の保護のもとで許婚と情愛を深める当事者、親と当事者の安心・安全のために結婚調査をする親と当事者が提示されていた。これらの選択のあり方にはジェンダー非対称性、若年者の性愛を制御する規範性が示され、性別、世代によって関係性への配慮の仕方が異なって提示されていた。そして、既婚者、子どもの養育が必要な者には友愛結婚の理想よりも、今ある家族の関係性の配慮の方が優先されていた。結婚相手を選ぶ主体が配慮しようとする親子関係は、血縁親以外の親、親族、兄・姉、学資支援者などの「恩人」との関係も含まれていた。

回答者は、投稿者の語りのなかに登場する当事者が、どの関係性に配慮するかによって肯定／否定の態度を変えるため、ゆらぎと多様性をはらんだ結婚観を提示する。回答者は、血縁、非血縁を含んだ親の保護に、恭順の意を表明する投稿者を評価する一方で親の承認を得ない当事者関係のもろさを嘆く投稿者を批判していた。また、親の強制に逆らえないと訴える投稿者には当事者選択を示し、親孝行と当事者の恋愛どちらも叶えたいと葛藤する投稿者には当事者の意志を優先させ恩返しを別の形式でするように回答していた。

このように「身の上相談」では、家族関係的主体と呼べるような、親子関係、当事者関係どちらにとっても、よりよい配偶者選択をすることが理想として提示されていた。ここでは、配偶者を選択する主体に、愛にもとづく当事者関係も、「恩」「孝行」にもとづく親子関係も配慮することが期待されていた。しかし、この「恩」や「孝行」は親や恩人の当事者への保護、配慮、養育、学資出資が前提となっていた。これらの恩に応えようとする当事者が配偶者との恋愛関係を守りながら親に恭順を示していた。

いまいちど、「身の上相談」における配偶者選択のあり方を確認すると、次のようになる。第一に親の権威への一方的な服従としての配偶者選択ではなく、親と相互に配慮しあう関係性の継続のために配偶者選択をする主体のあり方が理想化されていること、第二に、それと同時に、当事者間の恋愛が自分勝手で行き過ぎた快楽に向かわないように、親の保護のもとで性愛が規制されたなかで配偶者選択をする主体が理想化されていたことがあきらかになった。

さらに、「身の上相談」では、このような主体のあり方を合理的におこなう方法として「結婚調査」「結婚調査所」が提示されていた。第一章第三節（2）で述べたように、「自由」な選択が希求され選択肢が拡大した結果、逆説的に「増えれば増えるほど減る」といった行為者に合った選択肢を提供してくれる他者への依存を強めていくことがある（大澤 2008: 109–120; 東・大澤 2003: 170–171）。「身の上相談」では、選択肢の増加がむしろ選択を危険に追いやることが語られると同時に、当事者とその親にとって脅威になる相手を徹底的に排除する方法として、つまり主体の補完的役割として「結婚調査」「結婚調査所」が提示されていた。

注

（1） たとえば、大澤はこの選択肢の「過度な拡大」の持つ困難性について、インターネットにおける検索を例に説明する。インターネット上で、ある特定のキーワードを検索すると、あまりにも多くのサイトがヒットしてしまい、実際にどの情報が自分にとって重要なのか、どの情報が自分の欲するものなのか、選択することができなくなる。他者の干渉がない広大な選択の可能性は、われわれから選択する自由を実質的に奪ってしまうのである（大澤 2008: 117–118）。

（２）ここで注意しなければならないのは、フーコーが目指したのは「主体」批判ではなく、自己に自己批判を植え付け、自らの意志で自己に内在する他者の視線に従わせる主体化の装置への批判である。フーコーの目指した課題は、言説を可能足らしめるエピステーメ、言説の背後に潜む思考様式を徹底的に批判することだと葛山や天田は述べる（葛山 2000: 38; 天田 2003: 318）。また、柄谷は「主体」に対する批判というよりも、むしろフーコーは「主体」を批判することを可能にする装置そのものである「牧人＝司祭的権力」に言及しているのだと指摘している（柄谷 1993: 51–52）。

（３）このような養親の選択に関する事例では、子どもの頃から一緒に育ってきた兄弟姉妹のような存在である養子と自分とを、親が結婚させようとしていたこと、そして、それを知ったことへの戸惑いが語られる。親は、養子として引き取った頃から、その養子を実子の配偶者にするつもりで育て、中等、あるいは高等教育を受けさせている（一九一八・一一・一三、一九一八・七・八）。

（４）今田の指摘によると、尾花清・広井多鶴子は、国定三期（一九一八―一九三二年）の修身教科書において、「親の慈愛や養育があり、その結果として、子どもの敬親という観念が生まれ」てきたという見解を示し（尾花・広井 1994: 176–177）、有地亨は「明治の半ばには、親が誤っていても、それに従うのが孝だと儒教主義による絶対服従の孝が説かれていた。しかし、大正の初めになると、親の行為についても、是々非々主義で公平に対処するのが孝であると変わってきている」と述べる（有地 1986: 76–77）。これらの知見から今田は、親子関係性の変化が『少女の友』言説に限ったことではないことがわかると述べている。

（５）ここでいう学資とは、学費を含め学校に通うために必要な費用である。学資を受ける側が通う学校は、旧制中学校、旧制高等学校、高等師範学校、専門高等学校、私立・官立大学である。出資の額や内容はほとんど不明であるが、学費出資以外に寄宿させる、あるいは毎月四、五円の援助をするなどである。学資を受ける者はおおむね男子学生であり、学資の援助の条件として出資者の娘・養女などと結婚することが決められている。学資の出資者は、「富豪」、寺の和尚、叔父、「中流家庭」の主人、医師、外務省の役人などと表記されている（学資支援者については他にも一九一七・四・一九、一九一四・八・二〇、一九一七・六・一九がある）。

（６）相思の仲となって妊娠してしまった後に、相手の男性が過去に何人もの女性と結婚を繰り返したり、他の女性を妊娠させたりしていることがわかったという投稿がある（一九一六・一一・五）。お腹の子の親である「男は妻女に子供二人もあるとのこと」「罪」だと知りながら同棲しているという投稿もあり、回答者は「甚だ感服のできぬことです」と「貴女は抑々最初の出発点からしてあやまっているので、今日では目覚めて根本的に心身の改造をやらなければならぬ」と述べている（一九二〇・九・一一）。なかには、「恋に落ちて一緒になる事を約束した」のに、男性投稿者が女性を裏切った結果「自暴自棄となり、数人の男と関係したり」不幸な結婚をしたりしたこと、騙してしまった過去を思い出して「良心にせめられる」という記事がある（一九一四・九・八）。

（7）学生の投稿者に対して、回答者が親や恩人への「恩」を優先し、当事者の意志ではなく、親や恩人の決定を受け入れるべきだと語る場合もある。たとえば、一九一六年三月四日の「義理と恩との中に」は、「未来を約した」人と恩人の選んだ相手とに悩む相談に対して、回答者はすでに結納を交わしていること、「約した」相手がまだ学生の身分であることを理由に、当事者に親の恩に報いるような、親孝行になるような結婚をすることを期待している（一九一六・三・四）。

（8）このような逆縁婚の風習については、渡邊（2007）、湯沢（2005: 212-213）が詳しい。

（9）ほかにも「兄の戦死のため」と題する記事で投稿者は、親族が逆縁婚をさせようとしていることに「徳義上から考えても、これに同意することが出来ません」と語る。この投稿に対して、回答者は「御家のためから申せば嫂と一緒になられることが一番善いと想います……略……もっと時を延ばしたら善いでしょう。互いに理解し、又互いに同情することが出来るようになったら、その時に始めて結婚なすったら善いでしょう」と答えている（一九一五・六・二二）。順縁婚の事例は「姉さんに代わりて」では、妹が、死亡した姉の代わりに残された子どもの母になることは「不倫」でないかとたずねており、回答者は「昔から往々例のあることで決して不倫の結婚とは思ひません」（一九二〇・七・二二）と述べる。

（10）ほかにも、自分たちで勝手に結婚をきめたことに対して、「軽率」だと、あるいは「堕落女」だと両親から激怒される（一九一六・八・一六）。仲人を通して申し込むように父親に怒られたという相談者を、回答者は現在の日本の社会事情よりすれば父親に怒られたのは当然（一九一八・一一・二九）と述べる。

（11）ここで阪井があげているのは、戸田［1925］1993、柳田［1948］1990、Benedict 1946=1967、川島 1954、鶴見 1972 である。

（12）上子もこの点を指摘しており、若者たちに交際を許すことなく、親が仲人の助けを借りて、子どもの配偶者を選ぶ方式が、地主など上層でおこなわれていた。さらに、「それは家父長的家族制度を推進する明治以来の国策のため、中・上層階級において、都市において、つまり支配文化において」確立したという（上子 1991: 8-9）。

（13）ほかにも、許婚との愛を強調する例がある。「許嫁の男の不品行」（一九一七・四・二四）では、兄から許婚を破断にし、他に嫁げと命令された「私」は、許婚に「真の愛の全部を捧げていました」ので、この気持ちを抱いたまま他の人と結婚することは「不純」だと語る。「純潔な愛と親心」（一九一六・二・一四）、「諦め難き最初の愛」（一九一七・四・一八）などでは許婚との

「愛」が表現されたり、許婚と「私はどうしても別れる気にはなれません」（一九一四・九・一四）、許婚と「数年間互いに深く思って来た間故今更他人と夫婦になる気がなく」（一九一五・九・二七）などと語られている。

（14）　一九一九年四月七日の「婦人附録」は「最近殖えて来た結婚調査の依頼　男より女の調査がむずかしい」という記事を掲載しており、ここから、結婚調査所による専門的な「身許調査」の利用がひろがりつつあることがわかる。

第4章　結婚相手に求められる条件

問題の所在

本章では、「身の上相談」において、肯定・否定される結婚相手の条件を分析し、結婚相手に求められる条件をあきらかにする。また、その条件は男女で異なるのか、結婚する本人とその親とでは求める条件が異なるのかについてもあきらかにしていく。本章では分析結果を結婚相手の人格にかかわる条件、身体にかかわる条件、性、とくに純潔にかかわる条件の3つに分けた。

結婚相手に求める条件について、厚生省人口問題研究所が一九八三（昭和五八）年におこなった調査（『結婚に関する人口学的調査』）結果を参考としてあげよう。この調査は、「夫婦が互いに結婚にあたって重視した条件を、おのおの回想する形で」複数回答から選択する形式でおこなわれた。その結果、一九四九（昭和二四）年以前に結婚した夫婦についてみると、夫は相手の「人柄」、「容姿」、「ものの考え方」、妻は相手の「人柄」、「ものの考え方」、「遺伝病の有無」（「遺伝病の有無」は夫では第四位）が上位三位であった。昭和二〇年代から昭和五〇年代の間に割合が夫妻ともに増加したのは、相手の「人柄」、「ものの考え方」、「趣味」であり、逆に減少したのは相手の「実家の家柄」、「近親者の遺伝病の有無」、「実家の資産」などであった（人口問題審議会編 1988: 36-37）[1]。

しかし、戦前に結婚した人びとの回想による回答もあることから戦後におこなわれたこの調査を大正期について考えるヒントとしてみていくと、第一に、大正期においても「人柄」「趣味」といった人格にかかわる条件を配偶者に望んでいた可能性があること、第二に、戦後すぐは「遺伝病の有無」が重視されていたことから、大正期においても配偶者の身体にかかわる条件を重視していたことが予想される。

第一節では、友愛結婚の歴史社会学が示した、人格にかかわる条件を相手の「人格」そのものの側面と、学歴、教養の側面から分析していく。第二節では、友愛結婚、恋愛至上主義の結婚の歴史社会学があきらかにした、人格と身体のどちらにもかかわる条件としての処女性、貞操観に、第三節では、優生思想による恋愛結婚観の歴史社会学があきらかにした、身体にかかわる条件としての遺伝や生殖に注目する。

さらに、結婚相手の条件が示された記事を分析して、①男女で求められる条件は違ったのか、②親や親族は子の結婚相手にこれらの条件を求めていたのか、③回答者は投稿者が示した結婚相手の条件に対してどう応答したのか検証していく。[2]

一　人格にかかわる条件

ここではノッターの知見に沿いながら、「身の上相談」における配偶者に求められる「人格」と「教養」とはどのようなものであるかをあきらかにする。

ノッター（2007b）によれば、大正期の『主婦之友』において配偶者の条件として重要視されていたのは相手の「人格」であり、同時にそこでは「人格」の高さと教養の高さは関連するものとして扱われている。さらに、配偶者の条件として重要視されていたのは「人格」の高さだけでなく、結婚する当事者同士の「人格」や、その高さを示す「趣味」の一致が求められていた。たとえば、第一に、配偶者に「人格」の高い相手を望むが恋愛による情熱を望むわけではない。第二に、「人格」と同様に、当事者同士の「理解」がキー概念として登場する。第三に、人格の高い者として、互いに趣味もあまりかけ離れていない、しかも教養の高さを象徴している趣味のある者がいい。つまり、「教養のある相手との理解のある結婚生活」が望まれていたという。そして、このような相手との結婚が「ホーム」の必須条件として語られていたのである（ノッター 2007b: 88–90）。大塚も同様の指摘をしている(3)（大塚 2003a: 1）。

ノッターは、大正期の『主婦之友』において示された「教養」と「人格向上」のためになされる男女交際を「教養型男女交際」と呼んで、以下のように説明する。

交際の目的は必ず「教養」や「人格の向上」のためにあると語られ、付き合いの教育的機能が強調されているという。たとえば、文学や宗教（キリスト教）など、お互いの「教育的」な趣味を通して、「潔白な人格の高い」ような相手との交際が自己の涵養《かんよう》に貢献しているものとして語られるのである。恋愛が「人格」と「人格」との結合としてみなされていたと同時に、「人格形成」と一種の教養主義が当時の女学生の学生文化の根底にあったため、「学問」や「教養」を契機とする男女交際は彼女らにとって合理的かつ正統化しやすいものであったと推測できる（ノッター 2007b: 77）。

つまり、ノッターは「教養」と「人格の向上」が交際の目的となっていたと論じる。そして、このような男女交際は結婚を前提におこなわれたため、人格が結婚相手の条件として必要なものとみなされたのだ。

それでは、「人格」と「教養」はどのように関連づけられていたのだろうか。竹内洋（1999）によると、それまで旧制高校において武士的エートスをもつ士族的な文化資本が優勢であったが(4)、近代化、つまり西欧化の波と文明化の波のなかで、学歴貴族文化は教養主義へと移行していった。教養主義とは「哲学・文学・歴史などの人文学の習得によって、自我を耕作し、理想的人格を目指す人格主義」であり、学問や文化への畏敬心を育て、読書によって「傑作に接し、人類の文化の重みを知ることによる人格形成」を目指すものである。そして、読書によって教養を培うことは大正期以降の旧制高校の規範文化となっていった（竹内 1999: 237, 257）。

さらに、このような文化資本としての教養主義は、旧制高校の卓越化の手段となりはじめ、身分文化となり仲間集団以外のものを差異化・排除する機能を備えていく。たとえば、旧制高校の生徒や卒業生は「教養」があるとみなされ、教養がないとみなされた専門学校生などは、選抜や昇進に不利になった。したがって、「教養をファッションのように身につけようとしたものと同じように、エリートの仲間（立身出世）のために教養を身につけようとした者も少なくなかったという（竹内 1999: 233-260）。つまり、大正期において、文化資本としての「教養」は、「理想的人格」を形成し、他者との違いを強調することによって自分の社会的位置を引き立たせる卓越化、差別化にとって必要なものだったといえる。

差異化＝卓越化とはブルデューが『ディスタンクシオン』（1979=1990）で主題としたプロセスである。ブルデューは既成の階級構造を再生産する不可視のメカニズムとして「卓越化＝差別化」をとらえた[(5)]。ブルデューは「趣味」という、個人的な趣向だと思われるものも、その個人の属する階級もしくは集団に特有の知覚・評価、認識枠組みによって方向づけられるとする。そして、「趣味」には他集団と自分たちの違いを際立たせようとする卓越化の戦略が介入するとする。

それでは、なぜ「教養」による「人格の向上」が結婚相手を選択する際の条件となっていったのだろうか。ブルデューは『結婚戦略』において「結婚戦略は常に――少なくとも最も恵まれた家族においては――、単なる結婚ではなく『良い結婚』をなすことを目的としており、つまるところ、利益を最大化し、そしてあるいは、特殊なタイプの取引としての経済的・象徴的費用を最小化することを目的としている」と述べている[(6)]（Bourdieu 2002=2007）。本来は戦略と意識されない結婚相手の選択を、戦略としてとらえた時、「教養」を持つことは、社会階層の上昇、当事者による自己の差別化＝自己卓越化の一環をなしているといえる。この「人格／教養」が階層構造を再生産するメカニズムとして「卓越化＝差別化」するのであれば、「教養」は結婚相手の選択の戦略にとって重要な価値といえる。

ただし、ブルデューらが対象とするフランスと日本では階級のあり方は異なる。また、序論で述べたように、大正期は地理的移動、職業選択が自由になり、階層に大きな変動が起きた時期である。したがって、「人格」と親和性の高い文化資本としての「教養」は、階層を再生産するものではなく、新たに形成されようとする階層において上位に位置するための資格として、結婚相手の条件に求められていたと考えられる。『主婦之友』において「趣味」のある人と「人格」のある人とが同義に並べられたことからも（ノッター 2007b）、「教養」や「人格」が卓越化の指標となり新たな階層が持つ経済的・象徴的資本になりつつあったといえる。

大正期には、「人格」「教養」のある結婚相手を得ることによって、家柄ではなく、新たに形成された階層へと上昇することが、あるいは、夫婦で新たな文化資本を形成して社会的位置を高めることができると考えられていたのではないか。「人格」という言葉からわかるように、その個人が属している「家」の「家柄」ではなく、その個人そのもののあり方を基準にして結婚相手の条件が求められていた。つまり、社会階層とつながる結婚相手の条件は、伝統的な「家柄」から、新しい価値である「人格」「教養」へと移行しつつあったのである。

（1）家柄よりも人格

「身の上相談」でも、『主婦之友』と同様に結婚相手に求める条件として人格が重視されていた。投稿記事では、男女ともに結婚相手の条件として人格を重視し、趣味の一致、思想の一致が理想化されていた。

投稿記事には結婚相手の家柄と人格との葛藤がしばしば登場する。多くの場合、投稿者は親が結婚相手の財産、身分、地位などの家柄[7]に固執することへの不満を語る。結婚する本人は人格を優先して相手を選びたいのだ。たとえば、家柄よりも相手の「性格学識」を調べないと「円満」にいかないのではと心配する事例がある（一九一六・九・一二）。また、親族たちが「非常に家柄や財産のことを申して許さない」ことに対して、投稿者はその意見に従うと自分の幸福や希望が達せられないと迷っている（一九一四・八・二六）。次の記事は、投稿者の弟が「芸者」と結婚したいのに、両る。

親がそれを許さないというものである。回答者も結婚相手の家柄・身分にこだわることより、相手の人格を重視している。

【投稿】……略……（弟が芸者と同棲していることが：筆者補足）国許の両親に知れ、月々の送金もたたれましたが、弟は二十七歳で女は三十、下女同様に立ち働いて玄人に似合わず家持も上手とのことです。……略……弟はたとえ手を切って新しい妻を迎えても偽りの生活を続けなければならぬし、女にも気の毒だから此女と結婚するといいます。併し由緒ある家にそうした女を入れる事を両親は許しません。……略……

【回答】……略……それほどまでに尽くしている女を突き放すことは人情として出来まいと思います。仮令年上でも、又卑しい勤めをした者でも、その女の心に美点と価値を認めることができるならば、晴れて結婚させてやった方がいいと思います。女の価値を家柄や財産やその他の外面的なことで決めたくないと思います。（一九一六・一・一四）

このように回答者は親が押し付ける家柄という価値を嫌がる投稿者に対して、相手の「心の美点と価値」、つまり人格にかかわる価値が何よりも優先されると答える。別の記事において、回答者は家柄・身分にこだわるのは時代遅れであり、今は人格を重視する時代だと主張する。「身分違ひの女と」と題する記事で回答者は、「身分と云ふ事は昔の因習道徳を尊重する時代には非常にやかましかったものですが、人格を重んずる只今の世ではそんなにやかましく取り扱う必要がなくなりました」（一九一四・九・一七）と述べる。さらに、「家柄よりも人物本位で嫁入り口を探さないととんだ事になります」（一九一五・五・八）と、「人間が駄目なら財産なんぞ幾らあってもジャボンの泡のようなもの」、家柄・身分よりも「自分の性格に最も調和しそうな性質の方をお選びなさい」（一九一五・八・一〇）などと述べている。

なぜ、当時は家柄より人格が重視されるようになったのだろうか。人格の重視は、人間がモノとして、手段として扱われないようにするために登場した。明治二〇年代前半頃の「人格」[8]に込められた意味について、赤川学は佐古純一郎が著した『近代日本思想史における人格観念の成立』（1995）に依拠しながら、次のようにまとめている。第一に、人格は人間の生活の中核をなすものであり、第二に、「人格」は「物」や「器械」ではないもの、すなわち自己の意志や動作を有するものを指す。第三に、人格は目的として使用されるべきで、単に手段としてのみ使用されるべきではないという観念である。つまり、すべての人には人格があるので人身虐待や人身売買のように「人格」を「器械」のように手段として使ってはならないという含意を持つ（赤川 1999: 275–278）。

このような人格観念を通して考えると、「身の上相談」において結婚相手の条件に人格が求められた理由は、結婚を経済的依存や物質的利害に左右される手段的関係でなくすためであったといえる。結婚の目的を家や資本のためという手段から切り離すために、家柄よりも人格を重視する視点が必要だったのだ。

しかし、人格の価値づけは、同時に結婚相手として排除の対象となる人格を登場させた。たとえば、以下の記事のように投稿者が人格を重視しすぎて相手との関係の継続を断念しようとしたり、複数の結婚候補者の人格を対比させて、人格をモノのように序列化したりする語りが登場する。

【投稿】私は二十四歳になる青年で芸術に身を投じているものですが、私には従妹に当る許婚の女があります。私は或る程度までの義理と人情とに省みて全力を挙げて彼女と歩調を共にしていきたいと思いましたが、如何にしても何がなしそうした心にはなれませぬ。所がここに一寸した事から知り合いになった女があって、三年越し変わらぬ愛をそそいで呉れました。薄幸な身の上の其女は私をよく理解し慰撫して呉れます。その現代式潮流に染まぬ女らしい彼女を思う時、許婚の女の余りに痛々しい性情を恨まずには居られないのです。そして益々心が離れてくのが感じられます。許婚の女を憚りながらも私と末を共にする事を喜んでいる女と、親が定めた許婚の義理ある女とその両者の間で私は非常に悶えております。私の心はどうしても、許婚の女を排するのですが、私は間違っていましょうか。

【回答】……略……結婚というものが単に方々のみの幸福を図る者でない以上は、その結婚によって両者の内の何れかが惨めな目を見る場合、若しくは二人がお互いに協力一致する事の出来ぬ性格をそなえている場合には、何が何でも義理に縛られなければならないとは申されないと思います。貴方が許婚の女を排されるのは、我儘な心から来るのではないかどうかをご自分でよく吟味してそれからすべてを決めてください。（一九一六・一・一九）

この事例にあるように、投稿者は、一方で、恋愛感情があり、結婚を希望する相手の人格を肯定的に語る。他方で、そうでない相手の人格を否定的に語る。投稿者は人格によって結婚相手を選ぶことの正統性を示すために、相手の人格の良し悪しを対比させる。そのほかにも結婚前に出会った「実に立派な人格で趣味の高い、職務に勤勉」「その上極謙遜な素直で思いやりの深いお世辞と嘘を吐く事の出来ない」「男の方」が忘れられず、「夫を敬愛する事が出来ない」と悩んでいる記事（一九一四・五・二一）のように、結婚後も人格の良い相手への思慕が収まらず、夫に愛情がもてないと悩みを語る事例もある。

このように、相手の人格が結婚に値するかどうかと優劣をつけることは、結婚相手に適した人格／適さない人格を構成してしまう。つまり、人格を重視すればするほど、ひとりの人格を尊重することと相容れないものとなってしまうのだ。また、相互に理想的な人格を選び合うことを重視してしまうと、結婚が可能な相手が絞られてしまい、結局は配偶者を選択することが難しくなってしまう。

また、「身の上相談」では、互いに理解し合える人格であることが求められており、投稿者は、結婚相手やその候補者に対して自分への理解、考え方や「趣味」の一致を希望する。たとえば、「最も私に適した人物」（一九一五・八・一〇）、「趣味の一致した人」（一九一五・六・一三）を望むと語ったり、もしくは「思想や趣味が全然違う」「養子先の女」を否定し、「私とは思想も一致して居る」女性を肯定する記事がある（一九一五・五・一四）。

ところが「身の上相談」では、「人格」を理想化する投稿に対して、人格を重視しすぎないように回答が示される。

このような回答では個人の希望よりも、結婚する者同士、夫婦関係の継続のために努力することが求められる。もちろん、回答者は人格の一致や、好む性格の相手によって夫婦関係が調和することを認めている。ただし、投稿者と異なり、関係性の継続を重視するため、人格の問題を語る投稿者に対して自分の結婚相手を理想の人格にするように努力、工夫することを提案する。たとえば、以下の「荒熊のような妻」と題する記事である。

【投稿】私は目下相当に暮らしている商人ですが、今から四年前に妻を娶りました。それは田舎の農家の娘で、教育は殆ど皆無という位、容貌は十人並み以下、気質は荒々しく、無暗に癇癪を起こし、甚だしい時には私が一寸叱りつけでもすると、女だてらに何《どう》でしょう、手当り次第に私に物を投げつけますので、私は余りの事に腹を据えかね、懲らしめてやろうとしますと、「人殺し」なぞと大声で怒鳴り散らしますので、近所の人に恥ずかしいと思い、振り上げた拳も引っ込めてしまうのです。私は一日も早く妻を離縁してこの不快極まる家庭から逃れたいと思いますが、実の所私がこの妻を娶るに就いては両親や家族が非常に反対するのに係らず、私が強いて貰ったのです。其故両親の手前、私から離縁を言い出しかねます。……略……

【回答】困った奥様ですが、……略……併しそういう奥様も面白いではないですか。昔希臘《ぎりしゃ》の聖人ソクラテスも恰《ちょ》度《うど》あなたのような奥様を持っていました。そうしてその河童のような妻を手馴らすことに依って自ら修養しました。あなたも聖人になったつもりで、そういう荒熊のような奥様を柔和にする工夫をお積みになったらどうでしょう。そういう気質の女も馴らし方に依って温和《おとな》しい奥様になるだろうと想います。その方法に就いては上野の動物園あたりに行って、熊や虎を馴らすのに掛りの人がどういうようにするかお聴きになる事が必要です。猛獣を馴らす方法から尚一層工夫なすったらあなたの奥様を馴らす事が出来ます。（一九一四・六・二八）

この記事では、人格・性格に問題のある結婚相手を選択してしまうと「不快極まる家庭」になってしまうということが示されている。それに対して、回答者は妻の性格を治すことが、自分の「修養」にもつながると述べる。「猛獣を馴らす方法からなお一層工夫なすったら」という返答は行き過ぎてはいるものの、妻を自分の満足する人格にするために、努力することを回答者はすすめているのである。

そのほかにも、回答者は「浮ついた性格に変わった」夫を「貴方の濁らぬ魂の鏡に照らして」あげなさい（一九一六・一・二七）と、「働かない夫」を「励ましたら男なので働く気がおこる、夫婦で協力し一所懸命に運命を開拓するように」と（一九一四・七・三一）、「相手の『悪癖』はあなたの努力で治せる」と答えている（一九二三・四・一）。つまり、結婚相手と当事者の関係性継続のために、我慢して人格の向上や変化を目指すことを重視しているのだ。

また、回答者は、投稿者が恋愛感情によって盲目的に相手の人格を理想化したり、あるいは否定的にとらえすぎていると指摘する。たとえば、先の記事でみたように、人格が気に入らない相手を排するのは、その性格という以前に、「我儘な心から益々嫌って」いないか、「吟味して」から決めてもよいのではという回答である（一九一六・一・一九）。「結婚して見るとアラが見える」場合があることや、「又貴君の理想的に想っている女でも、決して貴君の思っていられるような偉い女ではない」と答える記事である（一九一四・六・五）。

したがって、「身の上相談」において結婚相手に求められていた条件は、個人の優れた人格というよりも、互いの関係のために人格をのばす努力ができる人物であるかどうかであった。このように、「身の上相談」では、個人の人格の優劣が結婚後の夫婦関係の良し悪しを左右すると投稿者によって語られ、それに対して回答者は、夫婦関係の継続を重視するために個人の欲望充足に傾倒しすぎたり、人格の行き過ぎた理想化をしたりする投稿者を否定していた。そして、安易な離婚や婚約破棄ではなく、耐えて、我慢して人格の一致のために互いに努力や工夫ができる関係を形成する方法を提示していた。

つまり、『主婦之友』と同様に「身の上相談」でも人格の重視による結婚の理想化がみられた。ここから優れた人格を結婚相手の条件とする言説が男性読者にも女性読者にも示されていたことがわかる。しかし、「身の上相談」では人格の行き過ぎた重視は、回答者の言説によって抑制されていた。回答記事から人格は本質的なものではなく、変わる可能性があるものとみなされていたことがわかる。しかも、互いの愛情によって、努力して変えるべきものとみなされていたのである。

(2) 学歴と識字能力

「身の上相談」において、結婚相手の条件としての人格と親和性をもって語られるのが、教育や学問の有無である。たとえば、高等教育を受けている男子学生が、自分が結婚したい女性と、親がすすめる女性の教育の有無を比較している記事がある。投稿者は、前者の結婚したい相手である「婦人」を「学校の成績も優等な方で、これまで次席と下がったことがなく、品行といい容貌といい何一つ欠点がない」と肯定し、親に養子にいけといわれた相手を「碌に教育もない、可なりの欠点の多い女」と否定する(一九一八・一二・一三)。つまり、学歴と能力を重視し、それを基準として結婚相手を条件づける語りがみられるのである。ほかにも、「教育もあり、人物も立派な方の所へ嫁ぎたい」(一九一六・四・三〇)という女性の投稿や、「本人に学問と芸がないので物足りない」と述べる小学校男性教師の投稿(一九一四・八・二〇)などがある。男女共に投稿者は結婚相手の条件として「学」や「教育」があることを求めていた。以下の記事では、二八歳の商店従業員が結婚相手を決定するための条件のひとつとして候補者二人の学歴を比べている。

【投稿】私は今年二十八歳になる商店の一小僧です……略……或る旅店の女に思われ、……略……未来の苦楽を共にする事を約しました。然るに今年に至り、主人と関西の恩人との話合いで、大阪の或る同業者の娘を私にめあわせようと頻りに勧めます。……略……後者は高等女学校も卒業し、性質も至極温順で、私の近き将来に出世の緒《いとぐち》ともなるのです。これに反し彼女は浅学にして再縁故、家事に経験があるだけです。……略……

【回答】……略……貴方の手紙によって判断すると、……略……彼女よりも学問があるという事と、出世の糸口ともなるという事に心を惹かれているのだという気がします。……略……先ず条件に煩わされずに、貴方の一生の伴侶として何れが最も調和するかをよく心を静めて再考してごらんなさい。仮令《たとえ》学問がなく地位がなくとも、彼女の方がその比較に勝《かち》を制したなら、主人なり恩人なりに其事を明《あか》らさまにお話しするのです。(一九一六・三・二九)

商店従業員男性は「思われ」て結婚の約束をしている旅店の女の「浅学」と、恩人たちにすすめられた同業者の娘の高等女学校卒を比べている。この記事から「浅学」とは高等女学校より下の学歴を指していることがわかる。

第二章第三節の**表3**「中等普通教育機関の在学者数」のとおり、一九一五年の高等女学校生徒数は約九万六千人である。この「同業者の娘」は当時としては数少ない学歴の持ち主の女性だった。この「同業者の娘」が商家出身者であるように、この頃全国的に高等女学校入学者は商家出身者が多数を占めていた(菊池 1967)。また、地域の富裕層に限られていたことは従来から指摘されてきた(深谷 1966; 国立教育研究所 1974)。このような恵まれた階層に属し、数少ない高等女学校の学歴の持ち主が、理想的な結婚相手として「身の上相談」に登場している。(9)

また、投稿記事では結婚相手の条件として「教育」のなさを問題視するものもある。たとえば、「無教育な之という財産の無い私の家に立派な婿の来て呉れる筈もなく」(一九二〇・一一・二五)という記事である。結婚する本人にとって、教育のないことが結婚の不安材料であると語られているのだ。結婚の条件として教育のないことと財産がないことが並列して語られている。このような条件づけは現存でもみられる風潮であり、中等教育が整備されつつあった大正期にすでに語られていることは興味深い。

結婚相手の条件として「教育」の有無を語る事例のなかには、結婚相手に学歴を持たせて理想の条件に近づけさせたいと語る投稿もある。自分が結婚したい女性は読み書きができず、学問がないので習い事をさせたい男性投稿者や(一九一四・八・四)、自分は中等教育もないから婚約者の女性に高等教育を受けさせたいという男性投稿者(一九一九・三・三一)、駆け落ちした相手にしっかりと高等教育を受けさせないと肩身が狭いと語る女性投稿者などである(一九一四・六・一六)。いずれも学歴と学力が結婚相手の条件としてあげられる。

条件として投稿記事においてしばしば散見される「教育がない」「学がない」とは、どれほどの学歴、どれほどの能力を指しているのであろうか。先にあげた商店従業員男性の事例にもあるように、教育があるとはおもに中等教育以上の能力を指すようだ。教育や学がないとして示されるのは、尋常小学校を卒業しただけの学歴であり、文字の読み書きがむずかしい学力である。まず、学歴についてみてみよう。

【投稿】私は本年二十九歳になる男で、或る職を奉じて居ます。ついこの間私の一向知らぬ間に親と親とが互いに決めた後で、本年十八歳になる女と結婚せよと迫るのです。然しその女は尋常科卒業のみで、教育もない様子です。両親はその女でなければ許さぬと言いますが、娶れば生涯不幸に陥るだろうと思い、独り煩悶して居ます。どうぞ悶えの解ける様お教えを願います。

【回答】教育がなくっても、天性怜悧な質なら必ず世の中に立って、活学問をなし、立派に常識を作ることが出来ると思います。其故、其の許嫁の方にあって、能く其の人物を吟味し、若し到底見込みがないようなら、断然止めてしまったら宜しいでしょう。御両親がそれ程所望なさる女ならどこか取得があるのではないでしょうか。（一九一四・一一・六）

親に迫られた結婚という理由もあろうが、二九歳の男は尋常小学校卒業のみの能力を教育がない状態だとみなし、その相手では生涯にわたって不幸になると心配している。

しかし、「二九歳の男」の世代は、初歩的な教育さえも限られた層しか受けることができなかった。そうであるにもかかわらず、なぜ彼は尋常小学校だけでは結婚相手失格とみなしたのか。それは、当時、尋常小学校就学率が世代間で大きく異なっていたことと関連している[10]。大正期になると尋常小学校への就学は定着していた（第二章第三節（1）参照）。一九〇七（明治四〇）年に尋常小学校の修業年限が四年から六年に改められた後、一九二〇（大正九）年には男女の差もなくなり学齢児童のほぼ全員が義務教育を受けることができた。たとえば、『学制百年史』をみると、事例の「一八歳になる女」の尋常小学校入学時の女子の就学率は一九〇二（明治三五）年で八七％である。若い世代が尋常小学校に就学することはあたり前になりつつあったことがわかる。

しかし、「二九歳なる男」の同世代の女性たちのほとんどは、この尋常小学校卒業程度の学歴、能力をもつことができなかった。「二九歳なる男」の尋常小学校入学年は一八九一（明治二四）年である。この年の尋常小学校の就学率をみると、男子六四％、女子三一％と女子がとくに低いことがわかる。「二九歳なる男」は、同世代の女性の多くが得ることができなかった尋常小学校卒業程度の能力を、一八歳の女性に対しては、その程度では問題だとみなしていたのである。

「身の上相談」では若い世代だけでなく、就学率が低い世代にも結婚相手の条件として、最低限の教育が求められていた。たとえば、次の例のように、教育がないことと同様に、読み書き能力がないことも、結婚相手の否定的条件として語られていた。

【投稿】私は十九歳の女ですが、母から或る男との結婚を強いられて煩悶の余りご相談致します。相手の男は年齢三十五、六歳の大工職で、学問はなく、僅かに仮名の拾い読みをする位にすぎないのですが、唯正直で能《よ》く仕事をするという取り得に無理無体に添わそうと致す……略……私は一家の為め犠牲になって、死んだつもりで辛抱しようかとも思い毎日内外から悩まされています……略……。

【回答】犠牲的精神は貴いものですが、貴女の今の場合には適用するわけには参りません。今貴女が身を殺して一家の為に嫌な男と結婚するということは精神的に死んだ亡骸が、其男の許に行く訳ですから、相互の不幸と言わねばなりません。……略……（一九二二・二・二五）

この一九歳の女性は十分な読み書き能力のない相手との結婚を「死んだつもりの辛抱」と位置づけている。そして、年齢、職業以外に否定する条件として学問のなさ、読み書き能力のなさが示されている。「僅かに仮名の拾い読みをする位」は尋常小学校卒業のみの能力と近似した能力であると考えられる。第二章第三節でも述べたように、当時は尋常小学校卒業後に読み書きの能力が低下していたようだ[11]。さらに、この能力も世代間で大きく異なっていた。大工職の男が義務教育を終える年齢に達する明治期には、地域差はあるものの自分の名前さえ書けない者が多かった。リチャード・ルビンジャーによると、一八九二（明治二五）年に義務教育がはじまって数十年後まで、日本の各地にまったく読み書きができない人びとが存在していた（ルビンジャー 2008: 257–262）。

つまり、読み書きの能力が世間一般に定着しはじめた大正期に、この能力を持たない結婚相手を否定する語りが登場していたのだ。齋藤泰雄によると、大正時代末頃までには「読み書き能力のあやしい者はほとんど例外というレベルにまで減少し」「ほぼ根絶されたと推測され」た。女性は一九三五（昭和一〇）年には非識字がほぼ解消されたと推測されている（齋藤 2012: 55–57）。つまり、事例の「一九歳の女」の世代においては、尋常小学校卒業程度の読み書きができるようになり、「僅かに仮名の拾い読みをする位」はあたり前の能力になったのだ[12]。読み書きの能力は条件ではなく、当然のことと考えられるようになったのである。

以上のような教育の有無を条件とする投稿記事から、義務教育や、名前が書け仮名の拾い読みをできる位の最低限の読み書き能力が大衆化した結果、この学歴と学力は当然視されるどころか、否定される条件として扱われ、同時に中等教育以上の学歴や能力を持つ者は、結婚相手として特別視されていることがわかる。ときには相手の義務教育レベルの学歴や学力は結婚生活を不幸にするとまで語られる。

明治期にはすでに、「学問」の有無によって優劣をつける言説が登場していた。今田によると、学問の有無によって人びとを差別する論理は明治期の活字メディアにおいてごくありふれたものであった。明治の子ども向け雑誌『穎才雑誌』の投稿文には、「学問の有無によってすべての差異に優劣を付けていく」投稿が登場していた（今田 2007: 34–35）。平田由美（1999）によれば、明治期の『讀賣新聞』と『絵入新聞』（一八七五年四月一七日創刊）において、「学問」によって人びとを選別し新たな社会階層に位置付けることを当然とする投書がみられ、「学問」が「新たな分断と強力な差異化のコマンド」となった（平田 1999: viii–ix）。このような学問による差異化と分断が、「身の上相談」においては結婚相手の条件としてあらわれていたといえる。

このような結婚相手の学歴・教養を問題視する投稿に対して回答者はどのように答えているのか。先で取り上げた、「教育のない女を」「娶れば生涯不幸に陥るだらうと思ひ」煩悶している投稿に対し、回答者は、「教育」がなくても、「天性怜悧な質《たち》」があれば「立派に常識を作る」とし、その女性に見込みがなければ結婚をやめたらいいと述べる（一九一四・一一・六）。あるいは、相手は「品行学識共」に「教育者たる私」の希望を満足させませんと悩む投稿者には、「仮にも教育者たらんとする者」が、「一人の女を感化し教育していくこと」ができないわけないだろうと答えている（一九一六・二・一三）。

回答者は、学問は結婚後もどうにかできる（一九一四・八・二〇）、学歴より「人格」や当人がしっかりしていればなんとかなる、「伴侶として」「調和」するかどうかを考えた方がよいなど、学歴を気にしないようにと答えている（一九一四・八・二一、一九一六・三・二九、一九一八・六・六、一九一八・一〇・三〇）。もしくは、学歴について回答でふれない態度を示している（一九一四・九・二八、一九一五・三・一七、一九一八・一二・一三、一九二一・二・二五）。

以上みてきた投稿者の語りのなかでは、学歴・学力という価値が積極的に使用され、最低でも中等教育以上の学歴を持ち合わせてほしいという希望、あるいは識字能力の無い相手との結婚の不安が語られていた。理想的な学歴と学力が有る相手は理想的な結婚相手とされていた。[13] しかし、回答者は学歴を配偶者の条件として価値あるものとはみなしておらず、学力や教養を互いの努力で伸ばしていく道を示していた。

二　純　潔——人格・身体どちらにもかかわる条件

本節は、結婚相手の純潔、処女性、男性の貞操を問題化する記事を分析する。ノッターも指摘しているとおり、この

「純潔」への志向によって西欧的恋愛観が日本の知識人たちに受け容れられ、または〝love〟の翻訳語として「恋愛」という造語が用いられたという（宮地 1977; 柳父 1982; 佐伯 1998; ノッター 2007b）。ノッターによれば、一八世紀終わりごろのアメリカとイギリスを中心に発展し、一九世紀に普及していった「ロマンティック・ラブ」は、「ホーム」という近代家族像の重要な要素となっていた。そして、アメリカにおいて「愛―性―結婚の三位一体」が近代家族の大きな特徴となっていったという。この三位一体とは、結婚が愛のみによって正統化できるものとされると同時に、結婚まで「純潔」を保つことによって性行為が愛の表象となるというものである。それゆえ、「純潔」は近代的婚姻にとってセクシュアリティの軸となり、さらには、「愛―性―結婚の三位一体」を強固に結びつける（ノッター 2007b: 4）。

本節では男女どちらも読者にもつ「身の上相談」において、「純潔」であることが男女ともに望まれていたのか、つまり、性的関係の経験の有無による結婚相手の条件づけは、男女同じだったのかをあきらかにする。具体的には未婚の女性は「処女」であることが、未婚の男性は「童貞」であることが望まれていたのかをみていく。また、妻と婚約者女性の「貞操」だけでなく、夫と婚約者男性の「貞操」や「不品行」についても分析する。さらに、投稿者、回答者たちが結婚相手に求めた純潔さ、その意味づけの違い、純潔さに不安を抱いていたのは結婚する本人たちだけなのかを確認する。

大正期において処女や童貞、男女の貞操などは、どのような意味で使用され、どのような価値が付与されていたのだろうか。牟田によると、明治以降の性規範のもと「処女」は性交未経験の女性を指すようになり、さらに、大正期において、それは「かけがえのない尊い自己」として絶対の価値が付与されるようになった[14]（牟田 1996a: 138-44, 1996b: 80）。処女に絶対の価値を付与した層のなかには知識人女性もいた。彼女たちは「処女」を「正しい」セクシュアリティとして理想化し、女性は「処女」であるべきと規範化していた。たとえば、一九一四（大正三）年から一九一六（大正五）年におこった貞操論争[15]における「処女」の価値づけである。女性の処女性について議論が展開されるなかで、安田皐月は処女性を「人間の女の全般であるべき筈のかけがえのない尊い宝」であると主張していた（安田［1914］1991: 21）。平塚らいてうは「婦人の中心生命である恋愛を成就」させるかどうか、「婦人の生活の中枢である性的生活の健全な自然な発達を遂げ」るかどうか、「婦人の全生活を幸福にするか」の「重要な第一条件」が、「処女を純潔に保つ」ことにあると述べている。つまり、「処女」であるかどうかが女性の人生を左右するとしているのである[16]（平塚［1915］1991: 70-71）。このように女性知識人は未婚女性が処女であることに価値を付与していた。

さらに、当時、男性にも「貞操」を望む語りが登場していた。貞操論争では、男性にも「貞操」が求められ（与謝野［1915］1990: 94; 伊藤［1915］1990: 59）、なかでも久布白落実は、男女どちらともの「貞操」が一夫一婦制の「根本真理」であると述べる[17]（久布白［1915］1990: 121）。また赤川が述べるように「一九二〇年ころまでには、少なくとも男性知識人の間では、貞操の二重基準は陋習《ろうしゅう》とされ、貞操の男女平等を規範として唱道する言説が主流を占めていた」（赤川 1999: 51）。当時、配偶者の条件として、女子に「処女」「貞操」であることが、男性にも「貞操」であることが求められていたといえる。

では、男女ともに遵守すべき規範として同じ様な「貞操」が期待されていたのだろうか。荻野美穂が指摘するように、これまでの社会史研究の蓄積によって、「身体も性もまた歴史的変数であり、個々の時代における社会的、文化的、政治的な権力関係のありようを映し出す鏡であることが認識されつつある」。そして、荻野は医学に注目しながら、身体が近代化することについて、「女と男では、社会が両性にそれぞれいかなる機能をふり当てているかによってその内容は異」なるとみなす（荻野 2002: 125-126）。

実際に、両性に向けられた貞操観は異なっていた。川村邦光によると、一九一〇年代はじめ頃に、女性は男性との性行為によって「血」に変化が起き、それが子どもにも影響を及ぼすという学説が流布していた。たとえば、川村がここでとりあげる「性欲学」の専門家を自称する澤田順次郎は、一九一九（大正八）年に著した本の中で処女でなくなることの身体的影響について述べる。澤田はウィーンの医師による処女か否かを鑑別する血清診断法について紹介し、「性交によって女子の血液中に、男子の精子に対する反応酵素の生ずることを発見した」と述べたという。さらに、性交経験が多い女性は「血液中に、多くの異精子を混ずる結果、その性質は荒みて、多情多淫となる」とも書かれてあった。川村によるとこのような言説は「少なくとも知識人のあいだではかなり広範に流布、支持されていた」（川村 1996: 123-125）とされるが実際、この言説がどれだけの人に読まれていたのか、一般化していたかどうかは不明である。

この性交経験が多い女性は「多情多淫となる」という説明は、「処女」「貞操」が人格の問題と身体の問題どちらにも結びつけられていることを示す。また、ここから「身の上相談」でも女性と男性では規範化されていた「純潔」のイデオロギーが異なっていた可能性を指摘できる。

「身の上相談」の分析に入る前に、純潔にかかわる条件が、身体と人格のどちらにも付された条件とみなせる点について考えてみる。近代以降、性にかかわる問題は人格と深くつなげられた。斎藤光によると、性＝人格論とは「性が人間の中心にあり、もっとも大切なもので、人格の基盤である仮説」（斎藤 1994: 104）である。

フーコーが『性の歴史』（1976=1986）で提示したのは、このように性のあり方が人格と結びついたこと、近代の性をめぐる知の装置によってこれらが結びつけられたことである。フーコーによると、近代的な権力は「生を管理・運営する権力」であった[18]。この「生命を管理・運営する権力」＝〈生―権力〉にとって、「性」は「生殖＝人口増大」にかかわる問題であるために重要であった。重要であるからこそ「性的逸脱への規制」も重視された。こうして、〈生―権力〉によって近代社会は、身体の規律と人口調節の管理に結びついたセクシュアリティ（性的欲望、性現象とも訳される）が意味をもつ社会となった。この権力は「正常であること、普通であること」への調整が重要な要素となった社会を形成する。

フーコーによると、このような社会において、性的欲望は人間の中心にある本質的なものとみなされる。そのため性科学、精神分析、性にかかわる知の装置において、性と身体と人格とのつながりを見いだそうとする言説が多く登場する。そして人びとを正常化し、管理しようとする性に関するおびただしい言説が、想像上の「前提となる性」をつくりだす。この「前提となる性」のなかに、自分自身の深層や真の姿が認められると人びとは信じるのである。つまり、自己に内在する性は意識、無意識にかかわらず人格の基盤となっていると思われているのである。[19]
そして、自己に内在する性が、その自己である人間の真理や本質を裏付けようとするのが、性＝人格論なのである。言説のなかで性が問題とされる際に、身体も人格も正常な規格であることが求められるのである。そのために、個人の性、身体、人格が「正常な規格」から外れないかどうか、「異常な規格」とは何かをめぐる多くの言説が、常に登場し続ける。たとえば、「身体」の「純潔」さは、その個人の内面性に大きくかかわる問題となる。つまり、大正期の日本においても、処女、貞操であるかどうかは、正しい身体の問題であると同時に、正しい人格の問題だとみなす言説が登場していた可能性がある。[20]本章では、このように身体と人格の問題とみなして「純潔」にかかわる条件を分析していく。

(1) 女の純潔

まず、結婚相手の条件としての女性の貞操と処女性に着目して分析する。処女でなかった「女と結婚したのかと思うと口惜しくて悩ましくて仕方がない」(一九一六・一〇・二四)といったように、「身の上相談」では女性が「処女でない」「汚れた身」であることに対して、さまざまな否定的なラベルが付与される。また投稿者が妻の条件として「処女」を重視していた。たとえば、以下の「妻の秘密を聞き」と題する事例である。妻が処女でないことを知った夫は、妻に対して愛情がなくなり、夫婦関係の継続が困難であると訴える。

【投稿】私は今年二十五才になります。そして教職にある身ですが、本年一月世話する人のあるままに妻を迎えました。迎える前に妻の性質や血統の事までさぐりましたが、別に気になる点も認めませんでした。……略……結婚後二十日ばかりして、妻は処女でなかった事を私に自白しました。併しそれは前に人妻であった訳ではなく、ただ人に隠れて不義の快楽を貪ったのです。私はこれを聞くと、今まで愛していたのが急に愛せなくなりました。否却ってその人格の低さを認めて嫌うようになりました。けれども、妻は私に対して親切です。私の父母にも忠実です。一度男の肌に触れた女は、終生或物の陰を認知します。私としては楽しい月日を送る事ができません。悶々と苦しんでいます。離縁したほうがいいでしょうか。（一九一六・三・二六）

投稿者は妻が処女でないことを知ってから、妻の「人格」を低くとらえてしまい「愛せなく」なったことに苦しんでいる。この「一度男の肌に触れた女は、終生或物の陰を認知します」という表現から、投稿者は先に述べた女性の性行為がその身体に悪影響を及ぼすという性科学の知識をもっていることがわかる。しかも、注目すべきは、投稿者がこの「或物の陰」という悪影響が妻の身体だけでなく人格にも及んでいると述べている点である。さらには「処女でない」妻の存在が結婚生活や家庭を脅かす要因だと語る。つまり、処女でないことは、愛ある夫婦関係の形成と継続を不可能にすると考えられているのだ。

そのほかにも、帝大医科学生である投稿者は、結婚経験のある女性との縁談に対して、佐伯博士の所謂「科学上より見たる女の貞操」なるものを考えて「此の承諾を躊躇して」いると語る（一九一四・一二・一三）。この事例からも、性科学による処女でない女性の身体観を投稿者がもっていることがわかる。つまり、これらの語りから「身の上相談」における純潔規範にもとづいた性＝人格論を認めることができる。注目すべきは、よりその不当さを強めるために性科学の知識が用いられている点である。

「純潔」さを持つ女性を、結婚相手の条件とする記事がほかにもある。「純潔な愛を私に捧げていることを認め、この女なら妻としても恥ずかしくないばかりか、理想的の家庭が作れることと思っております。他に親から勧められる女は財産家であるが、財産よりも家庭の円満を望む」（一九一六・二・二三）と語る記事、理想とする女性に「汚れのなさ」を主張する記事（一九一五・四・一六）、「純潔」だからあこがれると述べる記事（一九一四・八・一一）などである。

さらに、「身の上相談」において「処女でない」「貞操でない」という視線は、女性個人だけでなく、女性が属する集団にも向けられる。たとえば、山間部の「某電機会社」に勤めている投稿者は、「僕は此貞操の何物たるか、人生の何たるかをさえ知らない殆ど動物に等しい山間の女を妻として一生を暗黒な無意義なものに終わるに忍びませぬ」(一九一四・五・一八)と語る。ほかにも、「彼女はすでに貞操を汚されていたのでした。併し不厳格な家庭にはよくありがちな事」だという語りがある(一九一六・三・一二)。農業を営む青年は、「どうも私の地方は、風儀が乱れて居って、純潔な処女を得る事がむずかしい」(一九一五・四・二九)と語る。

つまり、ある集団や特徴に「純潔でない」というラベルが貼られ、結婚相手として望ましくないと語られているのである。農山村に住んでいるか、「不厳格な家庭」に育っているかによって、「処女でない」とみなされ、処女性は、その居住地や階層にもかかわる問題だとみなされているのである。

一方の回答者は、妻の「処女」を問題視する男性投稿者に対しては、処女性に拘泥することなく、互いの信頼や、「忘れること」で否定的な気持ちを乗り越え、円満な家庭を築くように答えている。たとえば、先ほど取り上げた「妻の秘密を聞き」の男性投稿者に対して回答者は以下のように答えている。

【回答】希望を持った生活の第一歩に於いて、一大打撃にあった貴方の悶々たる胸に御同情申します。女の不貞操は憎むべき罪の一つでありますが、それが過去の事であれば、その罪に対して奥さんが現在如何なる態度でいるかということが問題だろうと思います。……略……恐らくはあなたの妻は正直な人であるのでしょう。併し正直であるからと言ってその汚れが消える訳ではありませんが、女が過去の行為に対して十分悔い恥じているようならば、貴方にとっては随分苦い犠牲でしょうが、許してやって頂くことは出来ませんか。……略……結婚前一度操を許した女が終生或るものの影を引いているという事は最もな事ですが、併し厳密に言ったら、肌は許さずとも一度人を恋うた女にもやはり影があると言い得ます。兎に角奥さんが其の後半生で過去の疵《きず》を償い得るようならば、許してやられた方がいいだろうと思われます。(一九一六・三・二六)

ここで回答者は、「女の不貞操」は憎むべき罪であると語る。さらに、一度恋愛したことがある女性には「影」が存在するとも答えている。しかし、妻が「正直さ」「罪を悔い恥じ償おうとする姿勢」を持てば夫婦生活を継続することができると答えている。つまり、夫婦間に妻が処女でないことを許すほどの「愛」があるかどうかが重要であるというのだ。

また、ほかの事例で回答者は、投稿者の男性、とくに既婚男性に向けて、処女でないことを許すことで、投稿者自身の人格が向上すると答えている。結婚相手が処女でないことに悩む記事への回答では、「奥さんに対する不快の情を払いのけ」「将来を楽しいものにして行く」「努力するところにあなたの輝きもあろう」（一九一六・一〇・二四）と、あるいは「処女」ではないという「其の過去の罪を忘れてやられ円満に幸福な家庭を作られたならば、あなたは精神的に立派な人物と申すことが出来ましょう」と答える（一九一九・六・二四）。

性科学に影響を受けた投稿者に対しては次のように答えている。「佐伯博士性科学の知識」から「処女」でない相手との結婚を躊躇する投稿者に対し、「（その学説：筆者補足）は、科学上の定説とはいえますまい。真に愛する心があるなら、そんな事はなんでもありません。一度他の男の感化を受けた女は生理的に変化をしていても、愛はそれを埋没して余りあります。そういうことは兎に角あなたが其の人を愛することが出来るかどうかが問題」と答えている（一九一四・一二・一三）。回答者は投稿者に「似非《えせ》科学」に踊らされていると述べ、愛情があればそれは問題ではないと答える。

さらに、「身の上相談」では、投稿者の女性自身が「処女」でなくなってしまったことで、結婚相手としてふさわしくない身体になってしまったと語り、自らをおとしめている。たとえば、「処女でない体で他家に嫁ぐことはできない」（一九一八・一〇・二九）、「操をよごされた」ので「もう一生独身でと覚悟」（一九一六・九・二七）、「処女」でなくなった許婚の女が、自責の念にかられて「精神病で入院し」、「深い煩悶に苦しし」む（一九一九・六・二四）などである。つぎの、「汚れたこの身を」と題する記事の女性投稿者は、一八歳年上の会社員と「取り返しのつかぬ事」になったことに悩み、自らを「汚れた身体」とみなしている。

【投稿】私はまだ十八の女ですが、或会社員と親しく交わっているうちに、心弱くも、ついに取返しのつかぬことになって了いました。……略……只今他から結婚の申し込みがありますが、一度けがれた此の身をどう決心したらいいものでしょう。

【回答】其事を隠して他に縁づくのは人を欺くというものです。……略……忌憚《きたん》なくいえば、貴女はただ悶えなければならないのです。今こそ貴方はしみじみと自分を悔いなければなりますまい。貴女は先ず真に悔いて謹慎する事が必要です。そうして其の上で縁があった場合に初めてそれにつくべきでしょう。併し過去は必ず懺悔しなければなりません。（一九一六・一・一二）

ここで示されているように、回答者は、身体が「処女」であってもなくても、自省の念を抱きその罪を浄化させれば、結婚相手となることができると答える。[21] また、未婚で「処女」でなくなった投稿者に対して、「処女」でないことを「懺悔」し、悔い改める気持ちを内面化するという譲歩つきで、「処女」でなくても結婚できると答えている。

以上のように、投稿者も回答者も、性科学、処女性、純潔性を積極的に用いて語っていた。ノッター（2007b）があきらかにした『主婦之友』における結婚相手の条件としての「純潔」さは、「身の上相談」においても求められていた。また、女性の「純潔」が円満な家庭と夫婦関係の形成のために必須だと語られていた点も同じである。ただし、投稿者が「純潔」を結婚相手の条件とするのに対し、回答者はこの価値に距離を置き、既婚者男性には許す努力を、未婚女性には悔い改める努力を求める、最終的には夫婦関係の形成と継続をするようにと答える。また、「身の上相談」においては、結婚する当事者の親が子の結婚相手の処女性に不満を示す、問題視していると語る記事は見当たらなかった。

（2）男の純潔

「身の上相談」では、夫となるものが結婚前に童貞であるかどうかは一切問題にされていなかった。男性投稿者が

「童貞でない」ことに対して否定的なラベルをみずからに付与することはなく、結婚前の性的関係を反省して結婚できないと不安になる事例はない。同様に、結婚相手の女性が、夫となる男性が童貞でないことで結婚生活や夫婦関係が継続できないと悩んだりする記事は一例もない。

「身の上相談」において夫となる相手について問題になるのは童貞ではなく、「多情」、つまり浮気性である。たとえば、以下の「娘が不承知の縁談」と題する記事である。投稿者の娘の相手の男が浮気によって一度離婚しているため、娘はその男が浮気性であることを理由に結婚を嫌がっている。

【投稿】長女は今年某高等女学校を卒業します。……略……某実業家が娘をその子息の嫁にと、私の兄に周旋《しゅうせん》を頼んで来ました。……略……先方は私の家に取りましても恩のある家ですから、では上げましょうと確かな約束をしました。……略……それから其の話を娘に聞かせますと、どうしても聞きいれません。……略……娘に頼むように説けど聞かせど、「私はお母様のお言葉には従いたいが、先方は一度結婚なすったのを、ご子息様が多情なので離縁になったのではありませんか。そんな多情な人や、二度目の妻になるのは厭です」と泣いて言い張ります。……略……。

【回答】……略……そうした人に娘を嫁《かたづ》けるのは、今まで大切に衛《まも》って来た玉をわざわざ泥にころがしてやるようなものです……略……。（一九一六・三・二一）

男の家に「恩」があるうえに、結婚は親の意向に従いたいと思っていても、娘は相手の浮気性を理由に結婚をかたくなに拒んでいる。このように、浮気性によって数々の「みだりがましい」「不品行」をはたらく男性は、結婚相手として否定される（一九一五・二・一六、一九一六・二・八、一九一六・四・三〇など）。そして、ここで留意すべきは、娘の親も結婚相手となる男性の浮気性を問題として悩んでいることが示されている点である。

このような男性の浮気性を問題視する投稿に対して、回答者は、相手の男性の「不品行」「多情」さを否定し、そのような男との結婚を避けるべきと答える。親戚に「不品行」な男を勧められている投稿者には、「あなたが軽蔑しきっている男を夫に持つのは、どう考えてみても自分に対する反逆です」（一九一六・四・三〇）と答えている。このような「不品行」の男と結婚することは「泥」に沈むような不幸なことだとみなされている。

このころ、本章の冒頭で述べたように、知識人は男女どちらにも貞操を求め、男性がほかで妾を囲ったり浮気をしないことが理想とされていた。しかし、男性の「不品行」に対する回答は、未婚か既婚かで異なっていた。「身の上相談」でも既婚の女性投稿者が、このような「不品行」を働く夫とは、夫婦関係を継続できないと訴えている。たとえば、以下の記事である。

【投稿】私は或る陸軍将校の妻でございます。結婚したのは一昨年でしたが私をよく愛してくれます。そして大変優しい人と思って居りましたが先日何の気なしに行李の片付けをしますと、一つの紙包みがあって、その中に芸者の写真と手紙がございました。今まで他の人に比べて良人の品性の高いのを信じて居りました私は、俄《わず》かに失望致しました。その上忌まわしい病気に罹《かか》って居ることがわかりました。私はそういう良人《おっと》と同棲することは苦痛でなりません。昨年生まれの子供を連れて別居して暮らそうと思います……略……

【回答】……略……男の世界は女には考えもつかないほど乱れて居ります。……略……兎に角今では貴女を又とない妻として愛して居られるのでしょう。其の愛は少しも偽りがないと信じます。……略……そういうことは見て見ぬ振りをなすっていらっしゃい。……略……過去のある御良人を貴女の清い愛情の力に依って品行の正しい立派な御人物となさることが、貴女の最も大切な任務だと思います。夫と別れて浮世の荒波に当たらるるのは、貴女を魔道に引き入れることですから決して賛成致しませぬ。（一九一四・五・二〇）

妻は、自分を愛してくれていた夫が「芸者・芸妓」と関係を持っていることを知り、離縁や別居を考えている。この妻にとって「不品行」なこの夫は、「品性の高い」夫から失望の対象へと下がっている。そのうえ、性病にかかっているため、一緒にいるだけで苦痛な相手となっている。「身の上相談」で問題になる夫の「不品行」とは、「一芸妓に迷う身となり、今は囲者にして昼夜の別ちなく家には少しも居つきません」（一九一六・四・九）、「待合に入り浸って、芸者二人まで妾に」（一九一六・二・七）など「芸妓遊び」「女を囲う」「他の女との間に子供を設ける」などである。

回答者は、既婚男性の「不品行」を訴える投稿者に対しては、結婚生活を継続するようにと答える。もちろん、回答者は「不品行」の夫は結婚相手として失格であることを認め、「男の世界は乱れている」と批判している。しかしながら、既婚女性に対して、夫の「不品行」を耐え忍び、あるいは努力をして夫が改心するのを待つように答える。しかも、回答者は投稿者の「清い愛」の力で夫の「品行の正しい立派な御人物」にすればよいと答えている。回答者が述べるように、当時は女性が母子家庭で生計を立て、子どもを育てることが困難な社会状況であった。したがって、既婚女性には夫婦関係の継続を提示するほかなかったのである。

また、男性の「不品行」は、妻の「清い愛」によって正せるとみなされている。そのほかの記事でも、回答者は、夫婦になってしまった以上は、「あなたの清い愛の力によって次第に夫を清い方面に導いて、実際自分が悪かったと悟るようになさるほかない」（一九一四・五・二六）と答えている。「一芸妓」を囲っている夫に悩む投稿者に回答者は、夫との間に子どもがいるので、子どものためにも「どうか母の使命をもっと強くしっかりと意識して」、夫の「不品行」が嫌でも勝手に別れてはならないと答えている（一九一六・四・九）。このように夫の不品行に悩む妻たちに対して、妻の愛と忍耐によって円満な家庭を形成することが理想であることが示されている（一九一六・二・二九、一九一四・五・二四、一九一六・三・一九、一九一六・四・二三など）。男性が貞操を守らないことは、結婚後の「家庭」を不幸にしてしまうだけでなく、妻と子どもの生活を脅かすことにつながる。しかし夫が貞操を守ることができるかどうかは妻の努力次第だとみなされていた。

以上のように、「不品行」な未婚男性は結婚相手としてふさわしくないと語られ、「不品行」、つまり結婚後に他の女性と関係を持つ可能性があるような未婚男性との結婚は避けられていた。この「品行」という言葉からわかるように、男性の婚姻外の性関係は結婚生活を不幸にするか、しないかを左右するだけでなく、その男性の品性、人格の問題とつながっていることである。一方、既婚男性の「不品行」は妻の努力によって変えていくものとされていた。ただし、「不品行」であっても男性の身体は「汚れる」とは描写されていない。

三　身体にかかわる条件

本節は投稿者と回答者が肯定・否定する結婚相手の身体性をあきらかにする。「身の上相談」では投稿者が、結婚相手や自分の身体にある問題と、その身体が結婚生活と結婚後の生殖に及ぼす影響への懸念を語る。この身体にかかわる懸念は優生学、医学などの知識にもとづいている。本節の目的は「身の上相談」において結婚相手の条件として身体にどのような意味が付与され問題視されるのかをみていく。

優生思想とは、「優秀」な特質を持つ人間の子孫を多く残すことにより、人類を遺伝的に向上させることを目的とした思想である。荻野によれば、優生学は人間の「血統改善の科学」である。そしてそれは、人間をよりすぐれた「種族」、「人類」、「血統」にするために、家畜や農作物などの品種改良を人間にあてはめ、身体、能力、性格のすべての面においてできるだけ社会にとって有益な、「最良の人間種」を増殖させようとする試みである（荻野 1994: 167）。つまり、優生思想は個人の身体にかかわる条件であるものの、子、子孫にかかわる問題でもある。

フーコーは『性の歴史』（1976=1986）で西欧の優生学による生殖の管理の歴史について述べている。西欧において一八世紀半ばはブルジョワジーによる「遺伝の配慮」、一九世紀後半は「優生学のプログラム」がみられたという。「遺伝の配慮」とは、遺伝の危険を考慮に入れ、自分と子孫の身体と健康に目を向けることである。「優生学のプログラム」とは、性と生殖能力の行政的な管理、すなわち、未来の世代に病気を伝えないために、国家が結婚、出産を管理するためのプログラムである（Foucault 1976=1986: 150–159）。

第一章第二節で述べたような、知識人の言説は「優生学のプログラム」に近いといえる。精神と肉体が合致した男女の愛情と生殖欲を伴う「恋愛結婚」は、日本の「未来を担うべき子孫の人種的改良」(加藤 2004: 164) をすることにつながるからこそ、賞賛されていた。このように明治・大正期の日本の「ブルジョワジー」たちは、「恋愛結婚」を正統化する際に、「国民」「国家」への貢献の論理を用いていたといえるだろう。そして、自ら「優生学のプログラム」を招来するような議論を展開していたといえる。つまり、知識人たちは、優秀な国民を生める、国家に貢献できることを結婚の条件としていたのだ。このような「優生学のプログラム」を求める語りは「身の上相談」にもあらわれていたのだろうか。

あるいは、もし「遺伝の配慮」が当時の配偶者選択にも向けられていたのなら、結婚する当事者は、子どもや子孫の身体や健康のために、自分や結婚相手、もしくはその親族の遺伝的な特質を条件としていた可能性がある。しかも、「子孫の身体」に対する「遺伝の配慮」は、直系的親族の生を優先しようとしている点で、「家」にかかわる問題ともつながっている。

本節ではこのような諸研究の視点をふまえ、「身の上相談」において、「遺伝の配慮」のある条件が結婚相手に求められていたのかをみていく。(1)では、遺伝にかかわる問題を引き起こす結婚として近親婚に関する記事についてみていく。(2)では、遺伝ともかかわる問題であるが、結婚生活を維持していく上で問題視される病を抱える結婚相手の条件についてどのように語られていたのかをみる。

(1) 近親婚への配慮

「身の上相談」では、「近親婚」「血族結婚」が優生思想や遺伝にかかわる結婚問題とみなされていた。「近親婚」「血族結婚」とは血縁関係が近い者同士の結婚のことを指す。投稿者は、近親者同士の結婚によって子どもに遺伝的な弊害が出るのではないかと悩んでいる。

当時、近親婚の問題はどのように議論されていたのだろうか。二つの記事がそれを知る手がかりとなる。一九一五（大正四）年の一月と一二月に「よみうり婦人面」において「近親婚」に関する記事が掲載されていた。この二つの記事は「近親婚」によってもたらされる問題について異なった見解を主張している。「近親婚」について、一方は心身に障がいのある子どもが生まれるのでよくないと主張し（杉江薫「配偶者を選択する標準」一九一五・一二・六）、他方は長所となる遺伝も生じやすくなるので一概に悪いといえないと主張している（山内繁雄「遺伝と結婚」一九一五・一・一三）。

一九二四（大正一三）年に出版された理学博士である三宅驥一の『遺伝と結婚』も、当時の近親婚に関する優生学的な知識を知るてがかりとなる。三宅は、潜在的に同じ「劣性遺伝」を持っている可能性のある近親者同士では、生まれた子どもに「劣性遺伝」があらわれるため、「血族結婚」は避けなければならないと述べる[22]。

それでは、なぜ優生学と関連して「近親婚」が新聞記事になるほど注目されていたのか。それは、当時、イトコ同士の結婚など近親者同士の結婚を慣習としている地域があったからである。大間知篤三によると、民法でも認められていたイトコ同士の婚姻はむしろ各地で歓迎されており、極めて多かった[23]（大間知［1962］1967: 69–79）。規模の小さい村、他町村との結婚を歓迎しない村では、血縁が近い親族同士の婚姻は避けられず（大間知［1962］1967: 69–79）、村の独立性と封鎖性が強かったため村内婚が普通であった（有賀［1948］1968: 36–42）。

本章の冒頭で述べたように、人口問題審議会の調査によれば、戦後「遺伝病の有無」は配偶者に求める条件として重視されなくなった。このことについて「戦後いとこ婚などの近親婚が著しく減少したことと無関係ではなく、それは又通婚圏が拡がってきたことと関係が深い」と考察されている（人口問題審議会ほか 1988: 37）。

このように、近親婚は伝統的婚姻慣習であったが、「身の上相談」の投稿者たちは近親婚に「遺伝の配慮」を示していた。**表1**は「遺伝の配慮」から近親婚への悩みを投稿した記事の一覧であり、投稿者からみた結婚相手の候補者との親族関係も示している。親族関係をみると、イトコ同士が一七件、又イトコ同士が二件、又々イトコ、伯（叔）父と姪、伯（叔）母と甥、「四親等にあたる親戚の女」、兄と妹（戸籍上は他人）がそれぞれ一件である。「身の上相談」において

表１　「遺伝の配慮」による近親婚の相談記事一欄

掲載日	和暦	記事タイトル	結婚相手の続柄（相手の属性補足）
1914年6月24日	大正03	従妹を貰いましょうか	従妹
1914年7月15日	大正03	従妹を貰いましょうか	従妹（叔父の娘）
1914年9月30日	大正03	三人の中いずれを	母方従妹（高等女学校）
1915年3月17日	大正04	従兄との縁談	従兄（35才）
1915年10月6日	大正04	血族結婚に就いて	母方妹方従妹（相談者の両親も従兄妹同士）
1916年1月9日	大正05	愛か父母の意見か	母方の姪
1916年2月2日	大正05	妻帯を強いられて	従妹
1916年2月13日	大正05	姉を犠牲にすれば	従妹
1916年5月21日	大正05	従々姉妹に当たる女	又従姉妹
1916年10月13日	大正05	血族結婚は不倫か	又従妹（従姉の娘18歳）
1916年11月15日	大正05	近親結婚の怖れ	従妹
1917年１月12日	大正06	従妹との結婚は	父方従妹
1917年２月３日	大正06	二人の恩人の娘	従妹（叔父の娘　14歳　女学生）
1918年12月15日	大正07	従兄との結婚	従兄
1919年３月13日	大正08	近親の結婚	従妹（二人とも父母が従兄妹同士）
1919年４月24日	大正08	妻を娶るにつき	従妹（父同志は腹違い）
1920年５月15日	大正09	親戚のある女の頼み	四親等にあたる親戚の女
1920年６月17日	大正09	従兄との結婚は	従兄（母の姉〔義母〕の長男）
1920年11月18日	大正09	真実の妹と判って	実の妹（戸籍上では他人）
1921年８月３日	大正10	大学生の結婚申込	従妹（父の弟の次女）
1921年11月15日	大正10	血族結婚に就いて	従妹
1921年11月19日	大正10	結婚に悩みて	従妹（母の妹の娘）
1922年５月10日	大正11	親に強いる血族結婚	甥（姉の息子）

注）投稿者と配偶者との親族関係は、相談記事から推測できるものだけ、詳しい続き柄を記している。

近親婚の投稿は、民法で禁止されていた実の妹、甥、姪などもあがっているものの、ほとんどが法律で容認されていたイトコと結婚するかどうかの悩みである。(24)

近親婚の記事で述べられていたのは、近親者間の婚姻から生まれた子どもに何らかの障がいや病気、虚弱な体質が生じるのではないかという悩みである。たとえば、投稿者は恋愛関係にあるS（母方の姪）と結婚すれば、「変質者や精神病者」が「生まれはせぬか」と心配し、また父方の親戚も近親婚を理由にその結婚に反対していると語る（一九一六・一・九）。記事では、近親婚を心配するあまり当事者間の恋愛にゆらぎが生じること、親が近親婚を理由に当事者同士の選択に反対していることが述べられる。これらの記事から親も当事者も「遺伝の配慮」を持っていることがわかる。

もちろん、後述するように親が近親婚を押し付ける側となる記事もある（一九一四・七・一五）。これらの記事では、生まれてくる子どもに生じる問題と、結婚相手との血縁の近さを結びつけて不安を述べている。以下の「従妹を貰いましょうか」と題する事例でも、「従妹」との結婚への「弊」によって結婚を予定している本人同士の関係がゆらいでいることがわかる。

【投稿】私の従妹に本年女学校を卒業した十八になるのが居ります。近頃高商出身の実業家から嫁に貰いに来て居ます。先方は高潔な人物だそうで、叔父も本人も先方を嫌いと云う訳ではないのですが、従妹は幼い時から気心の知《しれ》て居る私の方を望んで居るそうで、先方の母から私に意見を求めて来ました。尤《もっと》も本人は幼い時から私によくなついて居り、私も非常に愛して、今では真の兄弟よりも仲が宜《い》い位ですから、勿論私には異存や不服はありませんが、血族結婚の弊を知って居る今日、夫《それ》も躊躇致されます。然《しか》しよくも知らぬその実業家に行って、若《も》しも苦労させるなら、いっそ私が貰って、楽しい月日を送らせてやりたいとも思い、とかく判断がつきかねます。

【回答】血族結婚には弊があるといいますが、未だ一概には申しません。血族結婚でなくとも、酒や心配のために虚弱な子供を生ずる場合が沢山にあります。血族結婚でも非常に注意したならば、それ程の弊害を受けずに済むだ

ろうと想います。其故あなたの場合に於いては、従妹をお貰いになることを希望します。(一九一四・六・二四)

投稿者は優生学、遺伝学の見地から、子どもにあらわれる問題を心配し、近親者との結婚を避けるべきかどうか悩んでいる。そして、「気心の知れた」相手、「愛」ある相手であっても、生まれてくる子どもの「幣」を想定して、不安が語られる。

このような不安は、子どもにあらわれる問題の表記にもあらわれており、しかも、時期を経るごとに「害」「幣」から、「奇形児」など具体的な障がいの名前へと変わる。このような表記を、掲載された年の順に並べると「生理上害がある」(一九一四・七・一五)、「大いに弊害がある」(一九一五・一〇・六)、「有害」(一九一六・二・二)、「血族結婚の子孫に及ぼす弊害を聞いてゐる」(一九一六・五・二二)、「世間の唖者聾者などの不具者は此の結婚の結果」(一九一六・一一・一五)、「不具者でも生まれはしないかどうかといふ懸念」(一九一七・一・一二)、「奇形児や白痴などの子女が出来る」(一九一九・四・二四)、「血族結婚は不具の子を生むとか世間体が悪い」(一九二一・一一・一五)などである。近親婚の「幣」が現実味を増して語られ、より深刻な不安が構成されるようになっている。ここでいう「弊害」は身体にあらわれる何らかの障がいとして使用されている。

一方、近親婚の投稿に回答者はそのような価値観を結婚相手の条件にする必要はないと述べる。上記で取り上げた「従妹を貰いましょうか」の投稿に対する回答では回答者は近親婚の弊害についての判断を保留し、あくまで中立的な立場で回答しようとしている。また、先の回答では「酒や心配」など、親の生活習慣や、気の持ちようまでもが生まれてくる子どもに影響するとも語られている。

回答者はなぜ中立的な立場をとるのか。回答者は「血族結婚についての議論は中々やかましく一朝一夕で其解決を与へることは困難であります」とし、「生理学動物学等の学者が種々意見を異にして論争して居るので今茲《ここ》で其可否を論定する事は出来ません」(一九一五・一〇・六)と述べている。ほかにも「血族結婚の良否は医学上の大問題で、其の学説も二つに分れ未だ決定的にはなっていないようです」（一九二一・一一・一五）という回答がある。「血族結婚の弊害」への投稿者の不安に対し「遺伝の配慮」から距離を置いて回答がなされていることがわかる。

回答者にとって重要なのは、近親婚であるかどうかよりも、結婚する当事者間に愛情があることであった。お互い愛し合って決めた近親婚の投稿には、「相愛の仲」ならば「結婚されても差し支えなかろう思います」（一九二〇・六・一七）と、「お互い離れ難い愛があるなら、血族結婚も仕方がありません」と答えている（一九一四・七・一五）。逆に愛がなければ近親婚のリスクを避けて結婚しないように回答する（一九一四・九・三〇、一九一五・三・一七、一九二一・八・一三）。回答者は当事者間に恋愛関係がある場合は近親婚における「遺伝の配慮」を排し、そうでない場合は近親婚を理由に結婚しないように答えるのである。

回答は血縁関係の近さによっても変わる。回答者は「又従姉妹」（一九一六・五・二一）、「四親等の親戚」（一九二〇・五・一五）など血縁が薄い結婚は勧め、近すぎる血縁、たとえば「結婚相手とは従兄妹同士であり、さらに結婚相手と相談者の親も従兄妹同士という」（一九一九・三・一三）血縁はたとえ愛があっても反対する。(25)

ところが、一九二一年一一月一九日の投稿をきっかけに、比較的中立であった回答者は、優生学的な理由により近親婚を避ける立場に転向する。この日の「血族結婚の恐るべき結果」と題する投稿は、一九二一年一一月一五日付に掲載された回答に対する読者からの反論であった。一一月一五日付の近親婚の投稿に回答者はいつも通り「血族結婚の良否は医学上の大問題で、其の学説も二つに分れ未だ決定的にはなっていないようです」（一九二一・一一・一五）と答えている。この回答に対して、以下のような反論が寄せられる。

【投稿】小生は明治四十年、八歳下の従妹と結婚したが、長男十五歳聴覚力及び発音不自由にて未だ入学せず。目下尋常二年位の程度。但し脳の働きは年齢相当。長女十歳、次女二歳は普通程度。次男七歳は聴覚力殆ど無く自然言語発達せず。能力は年齢程度。以上のような結果を見せているが、両親は普通人で酒等を飲まず家庭は円満である。右の両男児は帝大及び金杉病院で、耳及咽頭の機関には不完全な箇所がない。血族結婚の結果であらうと云はれた。一意発達に注意している。（一九二一・一一・一九）

この投稿以降、回答者は近親婚を避ける立場で答えるようになる（一九二二・五・一〇）。子ども二人の「聴覚」の障がいと「能力」の状況、診断された病院の固有名詞が、近親婚によって引き起こされる問題の現実味と大きさを示している。この投稿を前に、回答者はこれまでのように投稿者の不安を解消しようとする姿勢をとれなかったようである。この投稿記事と同日の「身の上相談」に、相愛の仲の女性がいるにもかかわらず、無理やりに従妹との結納をさせられたという「結婚に悩みて」と題する投稿が掲載された。回答者は「前記の血族結婚の結果を見ても分る通り従妹との結婚は避ける方が宜しい」（一九二一・一一・一九）と述べている。

注目すべきは、国家の管理、医学的知識、有識者の思想ではなく、回答者は市井の読者の具体的な体験談によって考えを転向したことである。もちろん、すべてのイトコ同士の結婚で上記のような問題が起こるわけではない。しかし、この具体的な実情を語る「市井の声」によって、回答者は遺伝の危険を考慮に入れて近親婚の悩みに答えるようになったのである。

以上みてきたように、大正期の「身の上相談」において、結婚相手が近親者であるという条件は、投稿者にとってはつねに優生学的な配慮の対象となっていた。「弊害」か結婚する本人同士の愛情かという投稿者の迷いと不安の語りから、子どもや子孫の身体や健康が重視されていたことがわかる。一九二一（大正一〇）年までは、回答者によって結婚相手として近親者という条件は肯定も否定もされず、科学的根拠が曖昧なため、友愛結婚であるかどうかの問題の方を重視して答えていた。しかし、読者からの実体験によって、この近親者という結婚相手の条件は否定されていった。

(2)「血統」への配慮

「身の上相談」において結婚相手の条件を述べる際に「血統」「遺伝」という表現がしばしば用いられる。投稿者が自分や結婚相手とその親、さらに親族の「血統」「遺伝」について悩んでいたのである。「血統」という言葉どおり、投稿者は自分と子孫の身体と健康に目を向ける「遺伝の配慮」(Foucault 1976=1986: 150-159) をもっていた。投稿者たちはどのような「遺伝の配慮」を語っていたのか、回答者はその語りにどのように応じていたのかを以下にみていく。

「遺伝の配慮」をもつ投稿者は、将来も受け継がれていく「血統」への不安を語るなかで、子どもの健康を脅すような身体的特徴を語る。「身の上相談」で問題だとされた「血統」「遺伝」は、「肺病・肺結核」、「ハンセン病」、「虚弱体質」、視覚・聴覚障がいなどの障がい、「癲癇」、「梅毒」、「腋臭《わきが》」、「精神病」、「精神上の欠落」、「狐憑きの血統」「容姿が悪い」、具体的な病名はないがなんらかの「病気」などである。そして、「親類は相手の血統が悪く、また自分が結婚すると正系が悪くなるので反対している」(一九二一・二・一五) という記事のように、結婚する本人以外の親や親族にとっての問題でもあることが投稿者によって語られる。

投稿者は、当時、遺伝と思われていた特質、体質から相手との結婚を躊躇している。あるいは、自分は結婚しないほうがいいのではと悩んでいる。たとえば、以下の「この病あるので」と題する記事の投稿者は「遺伝性の腋臭」をもっていることで結婚を避けようとしている。

【投稿】私は或る人と婚約が成り立って居りますが、生来腋臭で困って居ります。大学病院で手術をうけた事もありますが脚からも厭な臭いがして全治の見込みがありません。その上、遺伝性のものであります。良人になるべき人は只今遠方に居りますが、非常に愛してくれます。それ故にこの病気が余計心配になります。若し結婚しても、永久に幸福ではないと思います。……略……私は今の中に破断して是非独身で暮らしたいと思います。

【回答】腋臭を出来るだけ治療して全治するようになるが、善いでしょうが、其のためにこれほど悲観なされないでも善いと思います。唯其の一事に依りて婚約を破るということは、却って先方のためにもなりませんから、矢張り結婚なすったが宜しいでしょう。……略……独身で職業的生活をするというは容易の事ではありませんから、是非結婚なさることをお勧めします。……略……（一九一九・六・二三）

そして、投稿者は腋の臭いが相手に迷惑をかけることに、さらに、自分の身体的特質が、遺伝であり、不治であるため一生相手を不幸にさせることに悩んでいる。

「身の上相談」には結婚相手や投稿者本人に問題のある「遺伝」があるとして、子孫を残すことに躊躇する悩みがある。たとえば、以下では、父と姉を肺結核で亡くした投稿者が、「悪い血統を残すこと」は「不孝」なことだと悩んでいる。

【投稿】私は本年二十五歳の青年で、……略……国元から、私に帰国して結婚するように勧めてきました。併し私の父は肺病で死し、姉もまた結婚後まもなく亡くなりました。若し私結婚したら、矢張り同じ病で死ななければならぬと思います。又結婚してそうした悪い血統を残すことは悪いことで、不忠不孝だと存じます。記者様私はどの道を取るべきでしょうか。何卒ご教示を。

【回答】お父さんやお姉さんが肺病で死んだから、あなたも同じ病で死ぬということはないでしょう。あなたが現在壮健であれば、結婚しても差し支えないように思われます。……略……丈夫な奥様を貰ったら、生まれる子も健康なものが出来ようと思いますから、結婚しても差し支えないでしょう。（一九一九・四・七）

この「不忠不孝」が、誰への「不忠不孝」なのかは文脈から判断できない。しかし、「血統」と、「不忠不孝」という規範が同時に語られていること、第三章でみたような「恩」や「孝」の問題とのつながりがみられる点は、注目に値する。また、「悪い血統」という身体的条件を持つ自分との結婚は、子や孫に申し訳ない行為だとされている。そのほかに、投稿者が自分の「血族」は「特有の性癖」があり、それが原因で「不幸不運」に見舞われることに悩む記事である（一九一四・六・四）。この「血族」という表現から、不幸をもたらす特有の遺伝、ここでは「特有の性癖」が血縁関係のある親族全体に及ぶことが意識されていることが読み取れる。

このように未来の子どもや子孫に悪影響を及ぼす可能性、それが親等を含めた「血族」全体の問題であるからこそ「遺伝」「血統」への配慮がより重視されているのである。

「遺伝」「血統」への配慮が示された投稿に対して、回答者は一部の問題を除いて、優生思想に傾倒せずに結婚相手を選択するべきだと語っている。たとえば、投稿文は記載されていないが、回答の文面から「血統は純潔な方がいいか」と遺伝についての投稿と推測できる記事がある。回答者は以下のように回答している。

【回答】血統は純潔であるに越したことはありませんが、何もそう根ほり葉ほりして、誰も知らぬほど昔の事まで詮索するには及ぶまいと思います。遺伝には隔世遺伝というものもありますが、それとて祖父母より採へというような近い間の事が多いのですから、昔は血統が悪かったという噂がある位なら大して気に掛けなくともよかろうと思います。（一九一六・四・七）

「血統は純潔であるに越した」ことはない、「遺伝には隔世遺伝」があるという記述から、回答者も「遺伝」が影響を及ぼすと考えていることがわかる。しかし、「遺伝」「血統」への配慮が結婚相手を選ぶ際に行き過ぎることを注意する。「遺伝」「血統」への配慮によって思い悩み過ぎず、何とか対応して結婚するようにうながしているのである。ほかにも、先ほど取り上げた腋臭で悩む投稿には、腋臭を出来るだけ全治してぜひ結婚した方がいい（一九一九・六・二三）と、容姿の遺伝に悩む投稿については、(26) 顔よりも心が美しいことが「家庭」を円満に続けるものだと回答している（一九二〇・八・七）。

一方、回答者は結婚をうながすために「血統」を根拠にすることがある。たとえば、「狐憑きの家」の娘が「狐憑きでない血統の家」から配偶者を迎えたいとする投稿に対して、「自分たちの血統を清くする為に一層好い血統の人と縁組しようとすることは当然のこと」（一九一七・七・一九）と述べる。「血統を清くする」という表現から「狐憑き」という家筋が「血」によって受け継がれ、別の「血統」によって「血」が清められるとみなされている。

以上みてきたように、投稿者は「悪い血統を残す」結婚に対して、その是非や躊躇だけでなく否定的な評価や言葉を並べ、「血統」「遺伝」への不安を示していた。

一方、回答者は「悪い血統」を理由に「結婚をとりやめろ」とは答えない。回答者は、投稿者による「遺伝」「血統」への配慮に一定の理解を示すが、結婚するなとは答えない。結婚をしても大丈夫だと答えるのがほとんどだ。もしくは一時的に結婚を保留する方法を示す(27)。

なぜ、回答者はそのような態度を取っていたのか。それは、第一に、一部の「遺伝」「血統」を除いて、優生学に対して批判的な立場をとっていたからである。第二に、健康になる可能性のある男女は（という条件つきではあるが）みんな結婚しなければならないという皆婚志向があげられる。第三に、近親婚への配慮と同様に、回答者は「血統」への配慮よりも投稿者の結婚への意志を優先すべきだと考えているからである。

第一の優生学への批判的態度についてみていこう。この回答者の態度は「若い娘を持つ母親」と題する記事に端的にあらわれている。この投稿は、容姿の悪い青年が容貌の良い娘に言い寄り、「親より優った性質の」孫を望む娘の親がその青年との結婚を嫌がっているというものだ。この投稿に対し回答者は「優生学と言う学問はまだそれほど根底のある学問では」なく、容姿は「遺伝」の問題ではないと答えている。さらに、優生学は「非人道的な人間の取り扱い」だという非難があることを紹介し、優生学の考えを持って結婚問題をすすめる人たちに同情することができないと批判する（一九一七・七・一八）。回答者が遺伝学、優生学を評価していないことがわかる。

第二の、皆婚志向については以下の事例に示されている。「血統」とみなされる病――ここでは肺病・肺結核を血統によるものだと投稿者が勘違いしている――への投稿者の危惧と、それに対する回答者の返答とその根拠が示されている。

【投稿】私は二十七歳の男、三年前初期の肺疾に罹りましたが、近来は大いに健康を恢復して、医師からも最早治療するには及ばぬと迄言われています。そこで両親はしきりに結婚を勧めて止みませんが、併し子供ができるとしたら、遺伝的関係が心配でなりませんので結婚はせずに置こうと思います。然《さ》りとて独身で一生を送るのも甚だ心淋しく、又妻帯するとしても私の既往の肺疾を先方に告げねば罪悪でしょうか。……略……

【回答】実際問題として一々御尤もな御尋ねですから御答えする前に医学上からの左の六ヶ条の原則を掲げます、(1)健康なる成年男女の独身は不可《いか》ぬ、(2)病弱の人殊《こと》に肺病や、梅毒や、淋病の人はその治療を完全にして後結婚するが好い、(3)肺病は決して不治の病気ではない、(4)親の肺結核菌は直接にその子供に遺伝はしない、……略……(5)両親が虚弱ならば、その素質は子孫に遺伝する、(6)親が肺患者で子も亦《また》同病に罹るは多くの場合、生後同棲等の関係から感染するのであるから、親自身が消毒其の他の清潔法予防法等を衛生的に実行するがよい。……略……現に事実上全快していられるなら今後益々摂生をして、結婚の用意をなさるのは差し支えないと思います。(一九二〇・二・五)

回答者は、間違った医学知識をうのみにする投稿者に対して、正しい情報を提示して、結婚するようにすすめる。右の回答部分(1)と(2)にあるように、「健康」になる可能性がある男女は独身でいるべきではなく、「健康」になってから結婚すべきだと答えている。そして、健康になる可能性のあるすべての独身男女が結婚するために、誤った医学的知識や思い込みを排そうとして回答部分(3)~(6)のような「病」への正しい知識と対処方法が提示される。つまり、回答者は健康な独身男女の避婚志向を斥け、正しい知識と衛生・予防の管理、解決方法を示すことで、結婚をうながそうとしているのである。

たとえ、投稿者が「肺病・肺結核」で結婚を取りやめるという解決方法に傾いていたとしても、結婚することをすすめるために、不治の病ではないと励ましながら、結婚を先延ばしにして病の治癒に専念するようにと答える(一九一四・七・一二、一九一五・六・二三、一九一六・二・一九）。婚約者の「父が癲癇と聞き」「この病が子孫に影響する」かどうかに悩む投稿者に対して、回答者は「必ず遺伝するというような事はありません」「あなたの妻として適当な人に思えるなら」結婚相手とする方がよいと答えている（一九一六・四・一八）。「病」を危惧する投稿には正しい知識を提示して結婚しても大丈夫だと答えている（一九一六・一・一三、一九一五・三・二二など）。

このように回答者は、投稿者が結婚の対象から排除しようとした身体を、「治癒の余地のある病」を持つ身体であることを示す。そうすることで、これらの身体を結婚するに値する身体として包摂しなおそうとしているのである。なぜなら、回答者が健康になる可能性のある成年男女の独身は避けるべきだと考えていたからである。

第三に、相手の「血統」に関係なく、本人の意向ではない結婚を避けるべきだと回答している事例である。たとえば「血統」を問題にする投稿者に、もし親から押付けられたそのような縁談がいやなら結婚はしなくていいと（一九一六・一一・八）、病気が結婚にいいかどうかは別問題であなたにその気がないなら断った方がいいと答えている（一九一六・九・一〇）例である。

しかし、例外だったのがハンセン病である。ハンセン病の例では、今と比べると医学が進歩していない時代であったため、回答者もまた誤った遺伝の知識をもって、病に苦しむ人びととその親族を排除し、差別する語りをしていた。現在では、ハンセン病はらい菌によっておこる慢性の感染症であり、遺伝することはないことがわかっている。治療薬も開発され、感染力が弱いこともわかっており、また患者の発生はほとんどなくなっている[28]。

投稿と回答のやり取りのなかでハンセン病[29]を持つ結婚相手やその血縁親族への危惧が形成されていく。投稿者はハンセン病の患者、あるいは家族に患者をもつ者への差別意識を示し、回答者もハンセン病を特質にもつ相手との結婚に反対している。たとえば、以下の「母の悪病に驚く」と題する記事である。

【投稿】（私は：筆者補足）今年二十二歳の秋を迎え、今は某会社の事務員を勤めて居ります。昨年のことですが、……略……母の容貌が変って来たので、医者に診察して貰ったところ、恐るべき癩病とのことに、……略……心ならずも母に因果を啣《ふく》めて、或る癩療養所に入れて了《しま》ったとのことです。そして兄がなおも申しますには、お前も年頃だから好い縁談があったら片付いた方がよい、併しこんな病人の母があっては折角の口も破談になるから、母の療養所に這入った日を命日に、不倫ではあるが死んだ者と思って、他人様には決して母が在るとは言うな、とのことです。……略……私には数年前から懇意にしている青年がありまして、青年の両親も非常に私を信用し、もう固めの約束をするまでになって居りますが、母の悪病を聞いては何うしたものかと恐怖に耐えません。……略……記者様、私はこの際前陳の事実を秘して結婚しても良いでしょうか。

【回答】……略……貴女及び貴女の一族が、世俗の所謂悪い血統であるという問題から除かれることは出来ません。世間一般の風評では癩病は遺伝するものとみられていますが、……略……その遺伝性については十分な説明が与えられてないということです。……略……殊更隠し立てをして結婚することは少なくとも心ある婦人の取る可き道ではありません。悲しいでしょうがそれは苦い運命の杯だと思って甘受するより外致しかたがありますまい。(一九一七・九・二六)

ハンセン病の母親と縁を切ってとあるように、ハンセン病をひた隠しにしないと結婚ができないことが示される。それに対し、回答者は遺伝するかどうかは留保しながらも、縁談が駄目になっても運命だと思ってあきらめろと答えている。

そのほかにも、ハンセン病が何世代まで遺伝するのかをたずねた投稿に回答者は、「あなたに遺伝上そういふ欠点があるのですからあなたが身を引いて、其婦人との関係を潔く断つことが、あなたには辛くとも、美しい行為だと思ひます」と答えている(一九一九・一・一五)。堪え忍んで結婚をやめることが「美しい行為」だと評価されているのである。さらに、ハンセン病については「遺伝とか、伝染とか、色々な説がありますが、普通これを遺伝と見て、成るべく其の子孫を少なくした方が善いように想われます」（一九一九・一・一五）と答える。この投稿と回答の語りから、ハンセン病の「血統」である身体が結婚相手から排除される対象として差別されていることがわかる。

ただし、回答者は、結婚する本人たちが恋愛関係にある場合は、ハンセン病の「血統」との結婚は避けるべきという投稿者の意見を認めながら、なんとか愛する人と結婚する方法を提示する記事もある。「愛する人の家は」と題する記事では、「深く愛し合った」婦人がハンセン病の「血統」だとわかったと語られる。その投稿に対して、回答者は以下のように答える。

【投稿】私は二十二歳の青年です。昨年上京某私立大学に入学していますが昨年休暇に帰省した際、村の小学校に奉職中の一つ年下の婦人と清い交際を結び上京後も文通をし、未来までも固く約束しました。……略……さりとて其婦人を永い間無意味に待たすも気の毒、殊に不幸な事には婦人の血統が良くない事を近頃になって耳にしましたので、私は非常に驚き煩悶を重ねています。癩病《らいびょう》の系統は結婚にしかく重大な問題ですか。全治の方法はありませんか、またこの深く愛し合った二人の仲はどう解決すればよろしいですか。何卒お教えください。

【回答】癩病《らいびょう》の系統は勿論縁組に避けたいものです。併しあなたが其の婦人を貰うなら、あなたの先祖の家の血を汚すことになりますから、大いに躊躇せねばなりませんが、あなたが養子に行くのなら、あなた一代切りのことですし、又純潔なあなたの血に依って、先方の濁った血を幾分善くすることも出来ましょうから、行っておやりなさいまし、そういう血統だからというて必ずしも其の婦人が癩病《らいびょう》になるとは限りません。（一九一五・九・一八）

回答者は、ハンセン病の「系統」の婦人が投稿者の家に嫁ぐことを、投稿者の「先祖の家の血を汚す」ことだと述べる。同時に「純潔な血」の投稿者が養子にいくとハンセン病の「血統」の血がよくなると語る。このように、ハンセン病に対して、「遺伝」的な病という知識が「身の上相談」においても定説となっていた。

以上のように、「身の上相談」においては第一に、投稿者は遺伝的弊害の知識の混乱と、その生半可な知識によって、結婚に求められる条件とその資格の境界線をみずから設けていることがわかった。そして第二に、それらの条件に対して回答者が正しいと思っていた知識を提示して投稿者を結婚に向かわせようとしていたこと、第三に、そうであるにもかかわらずこの混乱した知識をもつ投稿者と回答者によって定期的に、何度も「遺伝」「血統」の配慮によって危険だとみなされた結婚相手の特徴が登場していることがあきらかになった。遺伝的問題を抱える結婚相手の条件に男女差はあったのかをみると、男女どちらも「遺伝」「血統」の配慮の対象になっていた。

小括

以上みてきたように、「身の上相談」では結婚相手の条件として「人格・教養」、「処女・純潔・貞操」、「遺伝・血統」などの価値観が提示されていた。投稿者は結婚相手の条件にかかわる価値観を積極的に語っていた。そして、この価値観を根拠に結婚相手、その候補者、自分の欠点を責めたり、不安を語ったりしていた。

投稿者によって語られる理想的な結婚相手の特徴をまとめると、人格がよく、人格の一致する、中等以上の学歴があり、充分に文字が読み書きできる能力を持つ、近親者ではない、遺伝する病を持たない相手であり、また女性は「処女・純潔」であるべきこと、男性は結婚後の貞操を守ることである。

投稿者たちは、結婚相手が理想的な条件を満たしていないと、相手に愛情が持てない、結婚後は不幸な夫婦関係になると訴える。つまり、投稿者の語りのなかで、これらの条件は夫婦関係の形成に関連して正統化される価値として構築される。近親婚や遺伝や血統などの身体にかかわる条件の場合は、生まれてくる子どもへの悪影響、血統を汚すことへの不安が語られ、結果として差別され、排除される身体性が構築されていた。

また、結婚相手の条件として、男女ともに義務教育程度の学歴や学力では望ましくないと、限られた人がもつ中等教育以上の学歴や学力が理想だとする語りが登場していた。ここから、相対的に高い学歴と学力は結婚相手の条件として差別化＝卓越化された価値になりつつあったことがわかる。

ただし、求められる「処女・純潔・貞操」はジェンダー非対称な価値であった。「身の上相談」では女性が処女であることが身体と人格を純潔に保つと語られる一方、男性が童貞であるかどうかは議論すらされていない。男性の場合は浮気性かどうか、つまり結婚後に貞操を保てるかどうかが問題となっていた。女性の「純潔」さについてみると精神的にも身体的にも「純潔」さが妻の条件として必要であり、理想的な「家庭」のために必要だと語られていた。身体も人格も「純潔」に保つことが結婚相手としての女性の価値を高めることにつながっていることがわかる。

つぎに親や親族と、本人が求める結婚相手の条件についてまとめる。親が投稿者として、子の結婚相手の条件に悩む相談はほとんどなかった。どちらかといえば、結婚する本人が投稿者として親や親族が結婚相手の条件について気にかけている、問題視している事例、逆にある条件を問題としないことを不満とする事例が多かった。人格にかかわる条件の事例では、その条件を無視して結婚相手の家柄を条件とする親や親族の姿が登場していた。

身体にかかわる条件の事例においては、近親婚や「血統」の問題について、親や親族が不満をもっていたり、気にしたりしていることが語られる。ときに親や親族は相手の身体的条件を結婚に反対する理由としていた。「身の上相談」において親や親族は子の結婚相手である男性が浮気性であることに悩むが、女性の処女性に不満を抱いていなかった。

投稿者が求めていた結婚相手の条件をまとめよう。人格にかかわる条件についてみると、投稿者は人を家や経済力などの家格で選ばない、人間をモノや貨幣に置き換えないために、人格を重視していたのであろう。そして、家柄ではなく個人の人柄で選ぶことで、これまでの家本位の結婚と距離をおくことを重視しようとしていたのであろう。しかしながら、「身の上相談」には人格に優劣をつけたうえに、その望ましい人格が自分に合うかどうかで序列をつける語りがあらわれていた。結局は差異化の指標が個人になっただけで、人がモノとして差異化されて語られていた。同じように教育の有無、つまり中等以上の学歴と充分な読み書きの能力の獲得も、結婚相手の差異化、差別化の指標となっていた。その背景には義務教育の大衆化と、その大衆化が急速なために生じた世代間の教育の違いによる軋轢もあった。

「処女・貞操」が妻になる条件として重視される際、性科学の知識によってその処女観が正統化されて提示されていた。優生思想や遺伝学にかかわる知識も結婚相手の条件を正統化する根拠となっていた。投稿者は、男女関係なく、近親者との結婚が生まれてくる子に何らかの障がいがでやすくなること、「遺伝する病気」を持つ相手との間に同じ病気を持つ子がうまれやすくなることを不安だと語る。投稿者の語りによって、排除と包摂の対象となる結婚相手の条件が構築されていた。その排除と包摂の正統化根拠として近代的な知識が用いられ、妻、夫となるべき人物の人格像と身体像への不安を構成していたのである。ただし、「身の上相談」では健康な子どもを産むことを、国民国家に結びつけて語るような「優生学のプログラム」にかかわる語りはみられなかった。

一方、回答者はどうだったのかをまとめていこう。回答者は投稿者が示した「人格・教養」、「処女・純潔・貞操」、「優生・遺伝」に関する条件に対して、その条件をもって結婚相手やその候補者を排除することをすすめていなかった。回答者は、これらの価値観を結婚相手の条件とする投稿者の姿勢を受け入れながらも、投稿者の価値づけが行きすぎ、相手を排除しようとすると、そのような排除を抑制する発言をしていた。また、結婚する／した本人らがこれらの価値観にもとづく条件を妄信したり、誤って受け取ったりして実践しようとすると、これらの価値観と距離をおく方法を提示する。

回答者は、未婚者が「不品行」に悩む以外は、結婚する本人らの関係、あるいは夫婦関係の重要性を根拠に、望ましくないと語られる条件の結婚相手を包摂する方法を模索する。回答者は、既婚者に対して、夫婦の関係性の形成と継続を語る。その条件を持つ相手と離婚しようか悩む投稿者に対しては、愛情があるのなら耐えて相手が良くなるように、相手を良く思えるように努力するようにうながす。そして、不満を耐え忍んで互いの信頼を築くようにと述べる。この「耐え忍ぶ」という表現から、儒教的な妻のあり方と通じるものがあるが、「愛のために忍耐し」とされていることから、その根拠は愛の観念に裏打ちされていたのかもしれない。しかも、夫に対してもこのような愛情による忍耐を求めていた。回答者は投稿者が結婚相手の条件にかかわる価値観を妄信しないように、別の価値観を対峙させたり、関係性にかかわる論点につなげたりして答えを提示していたのである。

つまり、回答者は、投稿者の夫婦関係、恋愛関係の継続を優先させ、あるいは未婚者か既婚者かによって、求められる結婚相手の条件との距離のとり方を対応させていた。投稿と回答の相互作用が、配偶者の条件にかかわる言説において、なぜ起こるのであろうか。回答者は、配偶者の条件にかかわる価値を、当事者が妄信したり、誤って用いたりすれば、限られた人しか結婚することができなくなること、あるいは離婚する夫婦が増加することを危惧していたのであろう。回答者は結婚を、生計を保障する手段であるとみなしていたのだろう。つまり、結婚しない女性、離婚した女性が生活に困窮すると考えていたのだ。そのため、皆婚主義の姿勢、離婚をなんとしても回避させる姿勢を取って回答していたのである。「健康になって結婚を」という回答者の言及はこのような姿勢を表明しているといえる。

注

（1）人口問題研究所は学歴の同類婚の程度を測定している。一九六五（昭和四〇）年から一九八七（昭和六二）年までに結婚した夫婦が調査対象である。その調査によると、夫婦とも大学卒、中学卒のほか、高校、専修学校、短大、高専のすべてで同類婚の傾向が強い。また、妻の方が上方婚傾向を示している（人口問題審議会ほか 1988: 35-36; 上子 1991: 17）。大正期と時期がはなれすぎているが、学歴が条件になっていたのかも検証する必要があるだろう。

（2）本章では「身の上相談」で結婚する当事者、当事者の親それぞれが配偶者の条件を肯定・否定する記事を対象にしている。また、当事者が相手に求める配偶者像だけでなく、相手から求められた条件も分析対象に含む。二八九八件の記事全部に目を通すと、結婚相手の条件について相談している記事は二八九八件のうち五六八件（一九・六％）だった。本章ではこれらの記事を分析している。

（3）『主婦之友』において「高潔な人格性」への「同化」という教養主義的な「愛」の理想が掲げられていたこと、「大正期までに、少なくとも中等以上の教育を受けた新中間層の間では、対等な「人格」同士の結合としての「恋愛」「愛」に基く結婚、という理想がかなり定着していた」という（大塚 2003a: 1）。

（4）「教養」は文化資本のひとつである。文化資本とは、Bourdieu（1979=1990）によって概念化されたものであり、それは貨幣、財産に代表される経済資本とは異なり、「学歴」、知識、嗜好、絵画、書物などの文化にかかわる有形、無形の所有物の総体を指す。文化資本は三種類に分けられ、第一に、家庭環境や学校教育を通して各個人のうちに蓄積されたもろもろの知識・教養・技能・趣味・感性などの身体化された文化資本、第二に、書物・絵画・道具・機械のように、物資として所有可能な文化的財物などの客体化された文化資本、第三に、学校制度やさまざまな試験によって賦与された学歴・資格などの制度化された文化資本である（石井 1990: v）。

（5） ピエール・ブルデューとジャン－クロード・パスロンがいうように、階級が高い者の子弟は、その階級に規定された文化能力を学歴に変換されることで教育達成に有利であるという文化的再生産がおこなわれる場合もある（Bourdieu and Passeron 1970=1991）。

（6） 結婚を戦略的認識論にて理解しようとするブルデューの立場は、「日常生活における経験的次元における行動は、個人のおかれたさまざまな与件（資源）のもとで、伝統的なあるいは教化された意識的・無意識的行動様式（ハビトゥス）に従いながら、存在しうるいくつかの可能性をたどる行為（ソトラテジー的行動）の結果」ととらえる立場であり、人間の行動はルールに従って機械的におこなわれるという立場ではない（丸山 2007: 304）。

（7） 「身の上相談」の言説をみると、家柄、財産、家業、身分、地位は並列に扱われ、あるいは、家柄と財産、身分と財産というような区別がなされていない。たとえば家に従事する奉公人と、その家の主人の子との結婚は身分が違う（一九一四・七・一七、一九一四・九・一七）、相手とは家柄、財産が違うので反対される（一九一四・八・二六）と表記されている。

（8） 赤川によれば、この「人格」という概念がpersonalityの訳語として用いられるようになったのは明治二〇年代前半頃である（赤川 1999: 275）。

（9） また、吉田によると、大正期以降に、中等以上の学歴をもつ俸給生活者が、高女を卒業した女性を妻に望むようになっていた。しかし、ここで注意すべきは、実際に進学した女性たちは結婚を意識して高女に進学していたわけではなかった（吉田 1991: 291）。

（10） 一八七二（明治五）年八月には、文部省から学制が交付され、日本の近代学校制度が始まった。その「学制序文」では、小学校はすべてのものが入学しなければならないこと、尋常小学は、基本となる普通教育を施す学校であって一般の児童はここに入学するとされた（『学制百年史』）。就学義務を定めながら、同時に教育費の受益者負担を原則としたため、家計を助ける労働力である子どもを自己負担で通わせる親は少なかった（高橋編 2007: 26-29）。

（11） 小学校を卒業した時点ではまだ必要最低限の読み書き能力に欠けていた。この状態は戦後まで続いた。その能力は一般的な読み物を読むのに困難が生じるほどであった（村井 1979: 55）。自分の名前さえ書けない人の割合は、一八七七（明治一〇）年から一八九三（明治二六）年にかけて減少しつつあるものの、滋賀県は男性一三〜一〇％、女性六〇〜四〇％、岡山県は男性三〇〜二〇％、女性六〇〜五〇％、鹿児島県は男性が七〇〜五〇％、女性が九六〜九〇％という結果であった。ルビンジャーは明治期のリテラシーの発達は、「就学しているかどうかよりも、共同体の地理的な環境――大都市の近くか、商業や交通のための道路や河川があるか、学びや文化の伝統があるか――に関係している」と述べている（ルビンジャー 2007＝2008: 293）。

（12）徴兵検査において実施された二〇歳男性の読み書き能力調査をみると、「稍々読書算術ヲ為シ得ル者」「読書算術ヲ知ラサル者」である非識字者は、一九一五（大正四）年には一一・七％に、一九二五（大正一四）年に一・七％となった（齋藤 2012: 55-57）。だが、高度なリテラシーを持った人びと、すなわち新聞や雑誌、一般的な読み物を読むのに困難が生じない人びとの数はそう多くなかったと推察される。一九四八（昭和二三）年におこなわれた「日本人の読み書き能力調査」を参考にすると、新聞購読のリテラシー（ルビなし漢字表記の紙面）を「半分以下の理解しか期待できない能力」のものが一六〜二五％ほどであった（角 2012: 80-82）。

（13）回答者が学歴に関する条件の男女差を示した例が一例ある。投稿者が女子大学に行きたいが、高等女学校以上の高等教育は中流以下の家庭には不必要かどうか、夫より妻の方に教育があってはいけないのかどうかを質問している。回答者は「妻の方がいくらか下目にある方が夫婦は調和するように思われます」と述べている（一九一六・一一・一一）。

（14）このような未婚女性が「処女」であることへの価値付与は、近世以前から連続して日本のすべての階層にみられたわけではない。幕末頃において、「処女」は「家に処《い》る未婚の娘」という意味でしかなかった。そこでは、性交経験の有無は問題にされていなかった。また、前近代の村落共同体では、未婚の娘の性交渉は、村内の若者との間であれば複数であっても問題はなかった（牟田 1996a: 138-44; 1996b: 80）。

（15）貞操論争の発端となったのは生田花世が「食べるのに困って」いる時に、職場の上司によって「貞操を砕かれる」体験を告白した「食べることと貞操と」（『反響』九月号）である。このなかで生田は「食べられない」、「窮迫の弱み」のためには「貞操」が「砕かれた」ことも仕方なかったと訴える（生田［1914］1991: 14-16）。この生田の意見に対して、安田皐月が「女性を侮辱」していると非難を浴びせ論争が開始した（安田［1914］1991: 21）。

（16）同時に平塚は、「処女」を「捨てる」正統な理由として、「恋愛」にもとづく「結婚」を持ち出し、「処女を捨てるのに最も適した時」として、「恋愛の経験に於いて、恋人に対する霊的憧憬（愛情）の中から官能的要求を生じ、自己の人格内に両者の一致結合を真に感じた場合」と述べる。しかも、「恋愛」にもとづかない夫婦の性関係を否定して、「社会が認め、世間道徳が承認する処女破棄の最も正統な場合である形式的結婚」も「醜悪であり、罪悪」であると主張する（平塚［1915］1990: 70-71）。詳しくは拙論（桑原 2006）を参照のこと。

(17) さらに久布白は「一人の男子と、一人の女子が互いに対し、互いに愛して始めてここに神聖なる恋愛が生じます」と述べる。「家は即ち国の基」であるという考えに立つ久布白は、「各自己が家々に堅実なる貞操観念を養成して以って国家に剛健なる分子を提供したいものと思います」と述べる。久布白はこの「家」を旧来の「家」ではなく、むしろ家族が情緒的に結ばれた国家の基盤となる「ホーム」であると述べている（久布白［1915］1990: 121）。

(18) フーコー（1976=1986）によると、権力は、アンシャン・レジーム期における君主が民衆に「死を与える権力」から、古典主義以降の社会の構成員である市民あるいは国民に「生を与える権力」（=国民の「生命を管理・運営する権力」）に移行した。

(19) 性的欲望の装置によって、性的欲望が言説化され、この言説化が重要視、強化されてきた。たとえば女性の身体は「セクシュアリティの充満した身体」として科学・知の対象として分析され、繰り返し言説化される。その身体が第一に、社会の繁殖力を保障するものとして、第二に、家庭の機能と基盤にかかせない要素として、第三に、子どもを産み、育て、教育し、その安全を保証するべく生物学的・道徳的責任を負うものとみなされる。その結果、女性のセクシュアリティが「母」の機能の方に振れれば「正常な規格」となり、そうでないものは「神経質な女」という「異常な規格」の方に組み込まれる（Foucault 1976=1986: 134）。

(20) フーコーが『性の歴史』であきらかにしたセクシュアリティの議論に沿いながら、赤川学は『セクシュアリティの歴史社会学』（1999）で日本におけるセクシュアリティに関して詳細に分析しているので参照されたい。

(21) 相手の男性への思いの深さを表すために「その人と結婚できなければ一生処女で」（一九一四・五・一五、一九一五・七・三〇）など婚姻に至らなかった男性に対して一生の貞操を誓うことで、相手への恋愛感情の正統性が示されている事例がある。

(22) 三宅は、一八九八（明治三一）年にはコーネル大学で、一九〇二（明治三五）年にはボン大学で植物学を研究した、遺伝学と結婚を結びつけた代表者というべき人物である。彼の著した『遺伝と結婚』は一九二五（大正一五）年までの間に一三版まで発行されていることから、当時の人びとの関心の高さがわかる。三宅は「血族結婚」、つまり近親婚を「従兄妹同志とか、又従兄妹同志といふ程度のものを指す」と位置づけた。その上で、「劣性遺伝」をもっていない場合は必ずしも近親婚は悪くないと断わりながらも、「人間の遺伝質の全く健全といふことはなかなか得難い」とし、「血族結婚は兎角弊害の表現し易い」ので避けるべきだと論じている。そして、誰しもが「劣性遺伝」をもつ可能性があり、同じ「劣性遺伝」をもった近親者同士の結婚を避けることがすすめられる。

(23)　村で村内婚を奨励し、村外婚にさまざまな制約を設けていたのは、村内が親類であると、団結力が強くなる、あるいは労働力である若者が村内に残る、お互いがよく見知った相手との結婚になるなどの理由からである（有賀［1948］1968; 瀬川 1972）。明治期以降も村にはイトコ夫婦をイトコヅキ・イトコゾイ・イトコガタリと呼んでいた（「婚姻習俗号」『旅と伝説』六巻一号）。なかには伯（叔）父姪婚の例がみられ、大阪府河内和泉地方ではこれをサシアタリと呼んでおり、岩手県東北地方にはそのような夫婦の実例が一九五〇年代頃までみられたようである（柳田・大間知［1937］1975: 312; 大間知 1967: 70）。イトコ同士の結婚が当然だと考える村では、あまりに緊密な村内婚により、言葉や顔立ちといった村の個性がはっきりと形成され、それにより村仲間に忠実な実直な人間がつくられたという（瀬川 1972: 278）。もちろん、村でも配偶者選択の範囲は規定されており、村にかぎらず平安朝から父と娘、母と息子、異母兄妹以外の兄妹・姉弟の婚姻は禁忌であった（大間知［1962］1967: 69–79）。

(24)　ただし、「身の上相談」には、優生学的な配慮からくる悩み以外にも、近親婚の法律による禁止規定について問う形式の相談が示されている。さらに、結婚相手がイトコや近親者であるが、優生思想による近親婚への配慮がみられない記事を三二件確認した。したがって、イトコとの結婚がすべて優生学的な配慮をもって語られているわけではない。前者の場合は法律による承認を求めている語りであり、後者の場合はイトコ婚をそれ以外の結婚相手と同様に扱っており、いわばイトコ婚を自明視した語りであるといえる。

(25)　一例だけであるが、実の妹との結婚に関する投稿に対して回答者は「古来血族結婚は種々生理的の弊害をもたらすと言い伝えられている」とし、法律的にも禁止されているのでその結婚を取りやめるように促している（一九二〇・一一・一八）。

(26)　「血統」「遺伝」ではないが、容姿・容貌が優れていることが条件として理想化されている事例がある。ただし、学歴・教養に付加されて肯定的に語られている。たとえば、女学校に通い、成績、体格、容貌ともに申し分ない（一九一四・一〇・二五）、全てのことを備えた上に、容貌も十人並み以上（一九一四・一一・三〇）、学校の成績も優等で容貌も人並み（一九一八・三・三）などである。容姿だけ良い場合、器量のよい「妹」が地主の息子に結婚を申し込まれたり、「妾に」と声がかかるという投稿があり、回答者は「持って生まれた器量が却って不幸せのもとになる人がよくあります」と答えている（一九一六・一・一七）。

(27)　ただし、複合的な理由で「血統」への配慮をもった投稿に対して反対する事例がある。たとえば、結婚相手の兄は現在精神病に罹っている。私の祖母は精神上に欠陥があり、母は肺病でなくなり、私は非常に神経質です。これらを総合してみますと此の結婚は将来にとって良くないのではという投稿がある。これに対して、親が肺病だから子も肺病になるとは限りませんが、あなたの場合はいろいろ血統に悪いところがあるように思いますから、その従妹さんの結婚は避けたほうが安全でしょうと答えている（一九一五・五・六）。

（28）　一九〇七（明治四〇）年に制定された「らい予防法」によって、患者は強制的に療養所にいれられ、世間から隔離されていた。明治・大正期には不治の伝染病、あるいは遺伝する病気であるとおそれられており、当時、国家による隔離政策だけでなく、患者およびその家族まで差別が及んでいた。この隔離による予防は一九九〇年代なかばまで続いていた。

（29）　記事の中で「ハンセン病」は「ライ」、「ライ病」、「悪疾系」、「天刑病」としめされる。ここでは「ハンセン病」と統一して表記する。

結　論――家と恋愛のゆらぎ、そして現代へ

本書は、社会変動期であった大正期に、『讀賣新聞』「身の上相談」において、どのような結婚相手の選び方と結婚相手の条件が示されていたのか、そして、選択の際に重視される社会関係や価値観は何かをあきらかにしてきた。本書のおわりにあたり、得られた知見をまとめたうえで現代との関連を考察する。

第一に、結婚観が示される言説空間の問題についてまとめる。新聞、雑誌が隆盛し、地方にも販路が拡大した大正期において、人びとは投稿によって自らが抱える問題を活字メディアに示すことができた。それだけでなく、そこで語られていた価値観を読者同士が共有することができた。この時期に『讀賣新聞』で連載された「身の上相談」は、回答が単に一方的になされるのではなく、投稿者、回答者、読者の三者の語りが影響しながら、合意が形成されていた。「身の上相談」はどのような配偶者選択にかかわる「現実」があるのか、この構築された「現実」をどのようにするべきか、どのように行為すると理想的なのかといった合意が形成される言説空間であった。そして、そのような意味で、ここでは人びとの「行為」が望ましい／望ましくないのかを検討、評価する。

「身の上相談」の結婚相談は男女、都市と都市以外の居住者に偏りなく、学歴と職業も幅広い層によって語られていたものの、二〇代、高学歴の人びとの語りが多く示されていた。投稿者である彼らも読者として結婚観を共有していたと考えられるが、女性、とくに「家庭婦人」「職業婦人」らがおもな読者であった。「身の上相談」の成立と継続を助けた記者や編集者たちは編集能力に長けているのはもちろんのこと、さらに自分の経験の記述が読者の共感を得やすい文

体を可能にする自然主義文学者、教え導くために諭しながら救いの手立てとなる説法を聞いていたキリスト教徒、女性の問題を解決しようとする婦人解放思想に影響をうけた人びとなどの顔ぶれがそろっていた。

以上のような特徴をもつため、「身の上相談」で語られる結婚観は親族共同体や村落共同体の境界を越える可能性を有していたといえる。また、このような特徴をもっていたため、見ず知らずの誰かが語る結婚観が、自分の結婚観とも重なると思わせるような言説空間であることが、結婚観の一般化を助けていたのではないだろうか。

第二に、結婚相手を誰がどのように選ぶのが理想とされていたのかについてまとめる。「身の上相談」欄の編集に携わる人びとには女性解放思想の影響からリベラルさが息づいていた。しかし、個人だけによる自由な配偶者選択のあり方は「身の上相談」においてみられなかった。配偶者選択主体に関する言説に焦点化して、選択のあり方とそこで配慮される社会関係性を分析した結果、投稿と回答のやり取りを通して、親子関係と結婚する本人同士の関係どちらも重視する家族関係的主体による配偶者選択のあり方が構築されていたことがあきらかになった。つまり、構築された望ましい配偶者選択主体は、愛情で結びついた夫婦関係と、愛情ある保護に対する恭順で結びついた親子関係にとって、よりよい選択ができる主体であった。すなわち、ノッターらがあきらかにしてきた友愛結婚観が男女の読者をもつ「身の上相談」でも示されていたのである。

さらに、本書の分析結果から友愛結婚の歴史社会学としてつけ加えることができる知見は次の三点である。①この選択主体のあり方の妥当性を根拠づけるために、「恩」「義理」「孝」などの儒教的規範や、西欧近代的家族観や恋愛結婚観が折り合わされていたこと、②主体が重視するべき親子関係には、養親などの血縁親以外の親、親族、兄、姉、学資支援者などの「恩人」との社会関係も含まれていたこと、③選択のあり方にはジェンダー非対称性、若年者の性愛を制御する規範性が示され、性別、世代によって社会関係の重視の仕方が異なっていたことがあきらかになった。

この「身の上相談」で示される家族関係的主体は、親子関係と結婚後の夫婦関係のためによりよい選択をしようとする〈自己〉であった。フーコーが批判してきた、西欧近代において生成した主体は、常に自己についての真理、自らの意志で批判や規範を自己のなかに内在させ、自分自身に目を向けて自己意識に配慮しつづける自己である。つまり、西欧近代的主体とは、自分のなかに権力のまなざしを内面化して、自己がよりよく生きることができているか常に気を配らなくてはならない〈自己〉なのである。それに対して「身の上相談」における家族関係的主体は、親子関係と当事者関係の安定を目標とし、どちらにとってもよりよい配偶者選択のあり方に気を配り、そのために自らの意志で、社会関係の安定につながるための規範に従っていたといえる。つまり、前者の主体は、自己がモラルから逸脱しないか、正常／異常であるか、真の〈自己〉であるかを問い続けるのに対し、後者の「家族関係的主体」は結婚当事者と親が相互に気にし合う関係性であるかを問い続けるのである。

伝統的な「家」と近代的な「家庭」という家族観が併存する大正期において、「身の上相談」は家族関係的主体をどのようにして提示していたのだろうか。ここでは、家と恋愛にゆらぐ悩みの解決方法を示す際、さまざまな社会関係にかかわる価値と連関させることで家族関係的主体が構築されていた。そして、投稿者と回答者の語りが対になることでこの主体の妥当性が示されていた。

投稿記事においては、伝統性と近代性がうまくかみ合わないゆらぎが語られ、そのなかで親の承認を期待し、どちらの関係にも安定性を求める当事者の姿があらわれていた。回答記事では、親の強制や身勝手な子の恋愛のどちらかに大きく振れそうな主体のあり方が投稿者から語られると、ゆり戻しのために、回答者は関係性を調整するような主体を提示していた。回答者は、親に配慮しない当事者の恋愛に保護と恭順で結びついた親子の関係性を、当事者の恋愛に配慮しない権威的な親には愛で結びついた当事者の関係性を提示していた。

このように「身の上相談」において、選択主体は家族関係性の配慮を示してはじめて正しい主体として承認される。当事者である投稿者たちは、配偶者選択をめぐって、親が自分に配慮しているか、自分は親に配慮しているか、親の配慮に自分が気づいているか、親に自分の配慮を示せているか、相互に配慮しあう関係がうまくいっているかで悩む。回答者はその主体の配慮のあり方に評価を下し、相互に配慮し合う関係性のためにあるべき主体の姿を語っていたのである。

最後のまとめとして、結婚相手に求める条件に関する言説の分析結果を述べる。第一に、「身の上相談」では、配偶者の条件として「人格・教養」、「処女・純潔・貞操」、「優生・遺伝」などの条件が提示されていた。第二に、これらの価値観は、投稿記事において積極的に使用されていた。これらの条件が夫婦関係にかかわる問題と位置づけられ、結婚相手や自分の欠点とその非が語られることで深刻な不安が構成され、排除と選好の対象となる配偶者の条件が構築されていた。第三に、一方の回答記事では、これらの価値観に理解を示しながらも、おおむね投稿者の不安や排除の語りを妄信や誤解から派生するととらえ、排除の条件を抑制する発言をしていた。しかし、権威的であるはずの回答者は、投稿者が条件にかかわる価値を行き過ぎて使用するか、当事者間の愛情を重視しているか、その価値の信ぴょう性はあるかに対応させて回答を合わせていた。

たとえば、相手の条件を理由に離縁を望む投稿記事への回答記事には、愛情があるのなら耐えて相手が良くなるように努力するように、あるいは、忍耐で互いの信頼を築く方法が示される。「愛のために忍耐し」という語りから、近代的だとみなせる夫婦愛が儒教的な妻のあり方である「忍耐」に裏打ちされていることがわかる。しかも「忍耐」を夫に求める記事もあった。つまり、配偶者の条件にかかわる価値観は、投稿記事において近代性をおびた語りになり、回答記事では、近代性と距離を置かせるために伝統性と近代性が連関した夫婦関係のあり方が提示されていた。ただし、回答記事は投稿者の立ち位置に対応し、依存的な構造であったため、配偶者の条件にかかわる言説は常にゆらいでいた。

このように、「人格・教養」、「処女・純潔・貞操」、「優生・遺伝」といった価値観にもとづく条件は、たとえ個人に還元される条件であっても、「身の上相談」という活字メディアにおいて排除と選好の条件として規定され、同時に行き過ぎた条件づけは抑制するように方向づけられていた。ブルデュー（1979=1990）は、「趣味」という個人的な趣向も、自分の属している集団や階級が方向づける体系によって、社会的・文化的に規定されると指摘していた。そして、「趣味」には他集団と自分たちの違いを際立たせようとする卓越化の戦略が介入するとみなしている。この知見を受け入れるのであれば、配偶者の条件と、その条件との距離の取り方が「身の上相談」という活字メディアによって社会的・文化的に規定されていたといえる。つまり、個人的な好みだと考えられる配偶者の条件づけが、活字メディアによって規定されていたのである。少なくとも投稿者と読者はその規定を受け取っていたであろう。

また、「卓越化の戦略」の手段として「教養」が利用されていたともいえる。「身の上相談」で求められていた教養は中等教育以上の学歴と識字能力であった。投稿者は親が配偶者の家格、家産にこだわることを否定し、新しい価値である教養のある配偶者を希求していた。つまり、新たに形成された文化的価値によって社会的地位を上昇させるために旧来の「家格」ではなく、教養が志向されていたのではないだろうか。「家格」に関係なく、個人そのものによって向上することが可能である教養は新たな階層への希求と不可分な条件といえるかもしれない。

また、「身の上相談」では親も恋愛も重視したいとゆらぐ投稿者の姿が示される一方で、回答者は投稿者の語りのなかに登場する主体が、どの関係性を重視するかによって肯定／否定の態度を変えるため、その都度ゆらぎと多様性をはらんだ語りになっていた。投稿と回答のやり取りのなかで、伝統性か近代性かに大きく振れそうな主体のあり方を語る投稿者には、ゆり戻しのために伝統性と近代性を対応させた答えを、あるいは折衷された主体のあり方を示していた。つまり、どちらかというと友愛結婚観の理想化は投稿記事においてみられた。

なぜ、ときには友愛結婚観を無視するような、ゆらぎのある回答が示されていたのか。それは第一に、繰り返しになるが家族関係的主体を理想化するためであり、第二に、この主体の理想化の前提に皆婚主義があるからだ。皆婚主義とはその社会に生きる成人すべてが結婚することを当然視する思想である。たとえば、独身主義者や健康になる可能性のある男女に結婚せよと、既婚者に離婚しないように我慢せよと述べる回答などが、皆婚主義だとはっきりとわかる。いわば、未婚者に対して結婚に失敗しない相手を選ぶように答えるのも、離婚をしないためという意味で皆婚主義である。したがって、男性の「不品行」に悩む未婚者には結婚をすすめず、既婚者には忍耐と努力をうながすという矛盾したような回答が示されるのである。

それではなぜ、回答者は皆婚主義であるのか。一番大きな原因は、女性がひとりで生きていくことが困難な当時の社会状況にある。その状況とは、女性の社会進出が進んでいないため、女性が離婚や未婚を貫いても自立して生きることができない。また社会保障や福祉などの政策が確立していなかったため、男性でさえも生涯独身であると病気や高齢になったときに十分なケアが受けられない。つまり、家族、とくに配偶者や子どもに頼らなければ生きていけなかったのである。小さな子どもを抱えたままなら尚更、ひとりで生きていくことが不可能であった。だからこそ回答者は、子どもの存在を重視して、亡くなった兄弟の嫁との逆縁婚の強制や、あるいは親を無視して駆け落ちした投稿者にそのまま結婚することをすすめていたのである。

以上であきらかになったことを、現代の問題に視点を置いて考察すると何がいえるであろうか。

現代の私たちにも配偶者選択において家族関係的主体であることが求められているのではないだろうか。序論で述べたように現代、恋人同士が親に相手を紹介することによって、あるいは「結婚を前提に付き合っている」と親に表明することで、当事者の恋愛が正統化される。つまり、親への配慮を示すことで当事者間の愛情が保証される。また、当事者間で結婚を決めたとしても、親に結婚の「あいさつ」をしないで結婚すると批判される。そして、相手の親に結婚の承諾を得る「あいさつ」をするのは男性当事者である。

さらにいえば、この家族関係的主体は、介護、家事、育児、労働の場でも求められているといえる。保護と恭順で結びついた親子関係に配慮する主体が求められ、介護保険を利用せずに親の介護を引き受ける子、認知症の親と、その義理の親を嫌がる配偶者との間で板挟みになる子が存在している。また、夫婦関係・親子関係に配慮する主体が求められ、過労であるとわかっていても妻と子どもへの愛情を駆動力にして自分を酷使している労働者の存在などがある。このように現代においても、さまざまな場面で、「家族関係的主体」が求められているといえる。

「身の上相談」において、親子関係と当事者関係のためによりよい選択をする〈自己〉は、幸福な結婚生活を送ることができるとされていた。しかし、このような現代に散在する事例をみると、家族関係的主体の理想化は、果たして

〈自己〉にとってよりよい生き方を保証するのだろうかと、なんらかの生き難さにつながっているのではないかと筆者は考える。大正期の「身の上相談」を分析する本書の歴史社会学的な意義はこの主体が言説の中で構築されたにすぎないこと、この主体を正統化するために、伝統性と近代性の補完や連関が必要だったことを指摘することによって、その主体性を脱構築している点である。

「身の上相談」は、配偶者の条件づけを規定していた。このことから、大正期にはすでに配偶者の条件にかかわる価値観をメディアが規定する構造が、しかも、その価値を顔の見えない他者に語らせ、「一般の人びと」が求めていることとして構築する構造が登場していたといえる。現代でも「一般の人びと」が求めるとされる配偶者の条件がメディアにとりあげられており、排除と選好の対象となる配偶者像が社会的・文化的に規定されている。たとえば、現代では、一昔まえに「三高」と言われるように、「学歴、身長、収入」が高い男性を理想の結婚相手とする女性が「多い」とメディアに取り上げられていた。同時に、知識人や編集者が「理想の高すぎる一般女性」に対して、「そんな条件づけで『愛』が生じるのか」と苦言を呈されることもあった。つまり、当事者の条件という価値の問題が関係の問題にすり替えられているのだ。つまり、「愛があれば相手の収入なんて」という語りのように、価値と関係性の問題が同基準で天秤にかけられるような語りの構造が、大正期の「身の上相談」においてすでにみられていたことがわかる。しかしながら、現代において、「身の上相談」で語られた「人格」「教養」「処女」「不品行」「純潔」「近親婚」「血統」などの用語や、「身の上相談」でとりあげられた病が配偶者の条件として語られることはほぼない。性格・趣味の一致、学歴、「不品行」に通じる夫の浮気などは、現代にも通じる条件だといえるが、現代と大正期とでは配偶者の条件にかかわる価値の内容が連続していないことを指摘できる。

さらにいえば、現在においても、結婚しない若者が問題視される皆婚主義がある。この状況をみると、現代も、生涯独身である人のケアを前提としない、家族が家族のケアをすることを自明とする、いわば家族関係的主体を強く望む社会なのではと考えずにはいられない。そのような社会は、ある種の力によってひとつの生き方を押し付け、家族のために生きる個人を賞賛しつつ個人の自由な選択を許さない社会だ。大正期からその体制が変化していないのであれば、そこに疑義を呈すために「身の上相談」における配偶者選択のあり方から現代の結婚を逆照射することができるのではないだろうか。

以上のように、「身の上相談」という近代的活字メディアによる言説空間において、配偶者選択主体にかかわる社会関係および選択条件にかかわる価値観についての投稿と回答のやり取りがなされていた。そして、その相互作用する投稿と回答の語りの中で、近代性と伝統性が、ゆらぎをつねに孕みながら、くり返し擦り合わされていた。

この差異について歴史社会学的な視点から考察すると何がいえるのか。社会変動期である大正期において、近代的大衆的活字メディアにおいて構築された、社会関係の伝統性と近代性をすり合わせる家族関係的主体は、現代のわれわれにも主体のあるべき姿として、規範性を帯びて提示されている可能性がある。一方、近代的価値とみなせる「人格・教養」、「処女・純潔・貞操」、「優生・遺伝」といった条件は、現代の配偶者のあるべき姿として引き継がれていない可能性がある。これらの仮説は、以下に述べる本書の今後の課題に答えることによってあきらかになっていくだろう。

本書にとっての今後の課題は、共時的、通時的に今回の分析結果の検証をおこなうことである。『讀賣新聞』「身の上相談」の投稿者は、当時まだ多数を占めていなかった中等教育以上の学歴の人びとだった。このような資料的限界があることから、今後の課題としての共時的研究とは、本書であきらかにした配偶者選択主体のあり方、配偶者の条件が大正期において代表性を持った結婚観であったのかどうかを、同時代の他の資料を用いて検証することである。今後の課題としての通時的研究とは、大正期から現在までの『讀賣新聞』の相談欄の配偶者選択にかかわる結婚観の分析をおこない、本書であきらかにした配偶者選択主体のあり方と配偶者の条件が、第二次世界大戦前と後では断絶し変容していたのか、それとも連続しており時代を通じてみられるのかを検証していくことである。

また、「身の上相談」でとりあげられていたのは、異性愛者による悩みだけであった。同性愛が言説のなかで語られないことも、ひとつの排除のあり方である。また、事例は少なかったが、他のアジア圏の国々の人びととの結婚、今でいう同和地区の人びととの結婚なども語られていた。これらの問題も、配偶者選択の歴史社会学にとって重要な問題である。

これらの課題に取り組むことによって、戦後日本において個人による自由な配偶者選択がおこなわれるようになったという前提に疑義を呈し、戦前、戦後をとおして社会的・文化的規定が常に前提となって配偶者選択がおこなわれていることを論証することができるだろう。

あとがき

本書は龍谷大学大学院社会学研究科に提出し、二〇一三年一二月に博士号（社会学）の学位を授与された博士論文「大正期における配偶者選択に関する歴史社会学的研究――『讀賣新聞』「身の上相談」欄にみる葛藤の分析」を大幅に加筆・修正したものである。

大学院の博士課程に入学してから本書を書き終えるまで一三年かかってしまった。私事になるが、博士課程二年目に子どもを産んだ。院生二人で生計を立てながら乳幼児を抱えての研究生活は想像を絶するほど大変だった。自分で希望したことだったからこそ研究に励んだが、なかなかうまく進めることができなかった。

さらに、二〇一〇年に育児と介護が重なり、仕事と研究も並立させなければならない状態となった。そのなかで親への恩や子どもへの愛を根拠にして、社会は家族だけにケアを担わせてはならないこと、家族以外の多くの人の支えと励ましがあって一人の人間の活躍の場が保障されることを、身をもって経験した。その後、二〇一三年にようやく博士論文を提出することができ、二〇一五年に今の職を得ることができた。しかし、目前の教育に時間をかけねばならず、書き直す機会を逃してしまった。

右記のような状況にあっても本書を書き終えることができたのは、公私ともにたくさんの方々の支えと励ましがあったからである。この場を借りて感謝の意を表したい。その前に、博士論文の提出と本書の出版がここまでのびのびになったうえに、ここにあげる多くの方々の支えとアドバイスに本書が応えきれていない原因は、筆者の力不足にあることをここでおことわりしておく。今後の課題ということでお許しいただきたい。

龍谷大学大学院社会学研究科の修士課程からの指導教官である青木恵理子先生には、言葉で言い尽くせないほど感謝している。博士論文だけでなく個別の論文に何度も目を通し、細かく丁寧なアドバイスを頂戴した。また押しつけの指導にならないよう、私の考えを引き出すために何時間もかけてディスカッションをしていただいた。しかし同時に、資料の細部に宿る何かを見すえながらも鳥の目をもって俯瞰する姿勢が、研究者にとっていかに大事かを教示してくださった。それだけでなく、どんな時もあたたかく見守ってくださり、折れそうになる私の気持ちを励まし、何度も鼓舞してくださった。

さらに、副査を引き受けてくださった原田達先生、工藤保則先生、李相哲先生からは貴重なコメントを頂戴した。そして、副査のおひとりであった故山邊朗子先生に本書をお見せできないのは残念でならない。山邊先生からは論文だけでなく、介護のアドバイスもいただき、そのおかげで私は重圧に押しつぶされずにすんだ。脇田健一先生は研究科長として毎年の中間報告会を含めた長期にわたる審査過程のために尽力してくださった。黒田浩一郎先生、山中美由紀先生、吉田竜司先生には大学院の授業を通じて数々のご教示と励ましをいただいた。さらに、退職された先生方も含め社会学研究科と社会学部の諸先生方は、毎年の博士論文の中間報告会でたくさんのアドバイスをくださり、また、お会いするたびにあたたかい言葉をかけてくださった。

ボルドー・モンテーニュ大学のクリスティーヌ・レヴィ先生はシンポジウムで発表の場を与えてくださったうえに、貴重な助言をいただいた。トゥルーズ・ジャン・ジョレス大学のアリーヌ・エニンジェーさんは拙い論文を翻訳してくださった。お二人のご尽力によってフランスで論文を発表できるという貴重な機会を得ることができた。

本書は草稿段階で、京都大学大学院人間・環境学研究科の田中亜以子さんと、一般社団法人コモン・プラス代表でジェンダー、マンガ研究家の堀あきこさんからコメントをいただいた。未熟な私の草稿に有益な批判と改善点の提案をいただいた。

他にもお礼を申し上げなければならない方のお名前すべてをあげられないのが残念だが、龍谷大学社会学研究科の院生のみなさんからいただいた助言や応援に感謝している。青木恵理子ゼミ、黒田浩一郎ゼミのみなさん、龍谷大学国際社会文化研究所共同研究会のみなさん、日本マンガ学会ジェンダー・セクシュアリティ部会のみなさん、そのほかの勉強会、研究会、学会でお会いしたみなさん、論文の査読者の方々などから有益なご助言をたくさん頂戴した。

これら多くの方々にまとめて心からの感謝を申し上げたい。

私の状況を理解し、励まし支えてくださった研究仲間のみなさんにも感謝したい。京都大学グローバルＣＯＥ「親密圏と公共圏の再編成をめざすアジア拠点」の歴史研究班の小山静子先生（京都大学大学院人間・環境学研究科）とメンバーのみなさん、関西クィアスタディーズ研究会のみなさんから多くの学恩をいただいてきた。とくに、一三年前、当時京都大学の院生だった赤枝香奈子さん（筑紫女学園大学現代社会学部）と今田絵里香さん（成蹊大学文学部）に出会えたこと、お二人がジェンダー、セクシュアリティ関連の研究会に誘ってくださったことは私にとって大変な幸運だった。みなさんとの出会いが研究の視野をひろげてくれた。

実習助手として採用して下さった龍谷大学社会学部、特任講師として採用して下さった流通科学大学商学部と同大学初年次専門部会、非常勤講師をさせてもらってきた大谷大学文学部、大津市民病院付属看護専門学校、龍谷大学短期大学部、同国際文化学部（現国際学部）の教職員のみなさんには、素晴らしい教育・研究環境を与えてもらった。職場の理解がなければ、育児と介護をしながら研究を続けていくことはできなかった。私の講義を受講してくださったみなさんには毎回のワークシートやコメントシートのやり取りをとおして教えられること、考えを深めることが多かった。

本書を刊行する機会を与えてくださり、非常に遅筆な私の背中を辛抱強く押し続けてくださった晃洋書房の阪口幸祐さんにもお礼を申し上げたい。また本書のために素晴らしいイラストを描いてくれた妹の飯塚愛歌、あなたの助けによって笑顔で困難を乗り越えることができた。本当にありがとう。

そして、家事全般を引き受けてくれたパートナー多田敦士、子どもの奏にも感謝している。くり返しになるが、家族以外にも多くの人の支えと励ましがなければ、本書は完成しなかった。叔父、叔母、妹家族、大阪の家族、奈良の親戚の協力、子どもの保育園、児童クラブ、小学校の先生方、友人のみなさん、母の治療と介護に携わっていただいた病院、福祉関連施設・事業のスタッフのみなさん、とくに私よりもずっと子どもの理解者となってくださった保育園のミキ先生、私に代わって母の自立をサポートしてくださるケアマネージャーの岩田さん、いつも母を社会貢献の場に連れ出してくださる母の友人の池田さん、みなさんのご協力に深くお礼申し上げたい。

最後に、本書は、今も脳梗塞の後遺症に負けず懸命に生きる母と母方の祖母、自分の体よりも私たち家族のことをいつも気にかけ優しい言葉をかけてくれる父方の祖父、亡くなるまで芯の通った強い優しさをもって生きた父方の祖母に捧げたい。そして、亡き父、桑原啓爾にも本書を捧げたい。社会にある家族の「常識」を疑う目を私に持たせてくれたのは、父の自由奔放な生き方だった。私の論文をいつも楽しみに読んで、誰よりも先に激励をくれた父が、本書の出版を一番喜んでくれたであろう。

本書の一部は下記の雑誌や著書として発表した論文に大幅な改稿をおこない、序論、第四章、結論を追記して書き下ろしてまとめたものである。

「配偶者選択の歴史社会学のための文献研究（一）――明治から戦前までの家族に関する諸研究の考察」『龍谷大学社会学部紀要』第三五号、二〇〇九年。

「配偶者選択の歴史社会学のための文献研究（二）――明治から戦前までの結婚観に関する諸研究の考察」『龍谷大学社会学部紀要』第三六号、二〇一〇年。

「大正期における近代的結婚観の受容層――『讀賣新聞』「身の上相談」欄の結婚問題相談者の分析」『ソシオロジ』

第一七七号、二〇一三年の一部。

「配偶者選択の歴史社会学のための課題と分析視角（一）――選択主体にかかわる結婚観」『龍谷大学社会学部紀要』第四四号、二〇一四年。

「配偶者選択の歴史社会学のための課題と分析視角（二）――大正期における条件と選好性にかかわる結婚観」『龍谷大学社会学部紀要』第四五号、二〇一四年。

「大正期『讀賣新聞』「よみうり婦人附録」関係者の人物像にみる「身の上相談」欄成立過程」『龍谷大学社会学部紀要』第四六号、二〇一五年。

"Critique du marriage dans Seitô et le courrier du cœur du Yomiuri shinbun"（Aline Henninger, trans., Levy, Christine and Brigitte Lefèvre eds., *Parcours Feministes dans la Littérature et la Société Japonaises de 1910 à 1930: De Seitô aux modèles de politique sociale*, L' Harmattan, Paris, 2017）の一部。

本書の刊行にあたっては、二〇一六年度流通科学大学研究成果出版助成費の交付を得ている。本研究の一部は、二〇一〇年度の龍谷大学国際文化研究所研究助成「ロマンチック・ラブと近代家族の国際比較」（研究代表者　龍谷大学社会学部教授　青木恵理子）と、二〇一三年度～二〇一四年度の龍谷大学国際社会文化研究所助成「女が読む、女が書く――一九世紀末から二〇世紀初頭のアジアにおける、女性による読書と執筆の社会的越境性／侵犯性に関する、学際的比較研究」（研究代表者　龍谷大学社会学部教授　青木恵理子）の助成を受けておこなった研究成果を用いている。

二〇一七年一月

桑原桃音

《著者紹介》

桑原桃音（くわばら　ももね）

龍谷大学大学院社会学研究科社会学専攻博士後期課程単位取得後退学．博士（社会学）．龍谷大学社会学部非常勤講師，同実習助手を経て，現在，流通科学大学商学部特任講師．

主要論文・著書："Critique du marriage dans *Seitô* et le courrier du cœur du *Yomiuri shinbun*" (Aline Henninger, trans., Levy, Christine and Brigitte Lefèvre eds., *Parcours Feministes dans la Littérature et la Société Japonaises de 1910 à 1930: De Seitô aux modèles de politique sociale,* L'Harmattan, Paris, 2017),「1970～1990年代の『セブンティーン』にみる女子中高生の性愛表象の変容」（小山静子・赤枝香奈子・今田絵里香編『セクシュアリティの戦後史』京都大学学術出版会，2014年),「大正期における近代的結婚観の受容層――『讀賣新聞』「身の上相談」欄の結婚問題相談者の分析」(『ソシオロジ』第177号，2013年）など．

大正期の結婚相談
――家と恋愛にゆらぐ人びと――

2017年3月30日　初版第1刷発行
2017年6月15日　初版第2刷発行

＊定価はカバーに表示してあります

著者の了解により検印省略

著　者　桑原桃音©
発行者　川東義武
印刷者　藤森英夫

発行所　株式会社　晃洋書房
〒615-0026　京都市右京区西院北矢掛町7番地
電　話　075(312)0788番(代)
振替口座　01040-6-32280

装丁　もろずみ　としよ　　印刷・製本　亜細亜印刷(株)

ISBN978-4-7710-2866-1

参考文献

青野季吉，1959，「解説——感想をもってこれに代える」窪田空穂『わが文学生活』春秋社，222-226.

赤川学，1999，『セクシュアリティの歴史社会学』勁草書房.

赤川学，2006，「日本の身の下相談・序説——近代日本における「性」の変容と隠蔽」東京大学社会科学研究所『社会科学研究』57(3・4): 81-95.

赤松啓介，［1950］1993，『女の歴史と民俗』明石書店.

赤松啓介，1991，『非常民の性民俗』明石書店.

赤松啓介，1993，『村落共同体と性的規範』言叢社.

赤松啓介，1994，『夜這いの性愛論』明石書店.

東浩紀・大澤真幸，2003，『自由を考える——9・11以降の現代思想』日本放送出版協会.

天田城介，2003，『「老い衰えゆくこと」の社会学』多賀出版.

有地亨，1986，『日本の親子二百年』新潮社.

有山輝雄，1995，『近代日本ジャーナリズムの構造——大阪朝日新聞白虹事件前後』東京出版.

有賀喜左衛門，［1948］1968，『有賀喜左衛門著作集4——婚姻・労働・若者』未来社.

有賀喜左衛門，［1955］2001，「親分・子分——タテの関係日本の基礎的社会関係」『有賀喜左衛門著作集IX』未来社.

有賀喜左衛門，［1960］1970，「家族と家」『有賀喜左衛門著作集9』未来社，17-51.

有賀喜左衛門，［1965］1971，『有賀喜左衛門著作集11』未来社.

有賀喜左衛門，［1970］2001，『有賀喜左衛門著作集IX』未来社.

有賀喜左衛門，1971，「仲人・結納・婚姻」勝部真長・長谷川鉱平編，『現代のエスプリ 別冊——結婚とは何か』至文堂，9(53): 83-95.

伊狩章，1975，『硯友社と自然主義研究』桜楓社.

生田花世，［1914］1991，「食べることと貞操と」『反響』9月号(再録：折井美那子編，1991，『資料 性と愛をめぐる論争』ドメス出版).

池内一，1953，「身の上相談のジャンル」『思想の科学・芽』31: 8-13.

池田知加，1999，「コミュニケーションとしての身の上相談——身の上相談にあらわれる価値意識の変化」『立命館産業社会論集』35(1): 103-123.

池田知加，2000a，「「人生相談」にあらわれる規範的言説——コミュニケーションの不一致と規範の関係」『立命館産業社会論集』36(3): 25-48.

池田知加，2000b，「行為選択の基盤——「身の上相談」をデータに」『社会文化研究』3: 61-77.

池田知加，2003，「「自己決定」がもたらす言説空間の閉塞——人生相談における悩みの変遷より」『立命館産業社会論集』39(1): 127-150.

池田知加，2005，『人生相談「ニッポン人の悩み」——幸せはどこにある？』光文社.

石井洋二郎，1993，『差異と欲望——ブルデュー『ディスタンクシオン』を読む』藤原書店

石月静枝，1996，『戦間期の女性運動』東方出版.

井手文子・江刺昭子，1977，『大正デモクラシーと女性』合同出版.

伊藤野枝，［1915］1991，「貞操についての雑感」『青鞜』5(2)(再録：折井美那子編，1991，『資料 性と愛をめぐる論争』ドメス出版).

井上俊，1966，「「恋愛結婚」の誕生——知識社会学的考察」『ソシオロジ』12(4): 77-99(再録：1973,

『死にがいの喪失』筑摩書房，172-199).
井上俊，1969，「愛と性の秩序――恋愛結婚はブルジョワ・イデオロギー(セックス解放の現段階)」朝日新聞社『朝日ジャーナル』11(52): 4-11.
井上俊・上野千鶴子・大澤真幸・見田宗介・吉見俊哉編，1996，『岩波講座現代社会学 19 〈家族〉の社会学』岩波書店.
井上章一，2002，「“恋愛文化”としてのキリスト教」一色清編『AERA MOOK キリスト教がわかる』朝日新聞社，135-140.
井上輝子・上野千鶴子ほか編，2002，『岩波女性学事典』岩波書店.
井上好人，2005，「明治期商工業層とその子女の高等女学校進学の相関関係――石川県立第一高等女学校の事例による仮説」『ソシオロジ』50(2)：37-51.
今井小の実，2000，「「身の上相談」と母性保護運動――当事者の“語り”に光をあてて」『社会事業史研究』28: 45-63.
今井小の実，2005，「「身の上相談」の分析，その方法と結果――『女性相談』に浮かびあがる昭和初期の母子問題」『社会福祉思想としての母性保護論争――“差異”をめぐる運動史』ドメス出版，238-256.
今田絵里香，2007，『「少女」の社会史』勁草書房.
入江晴行，1992，「与謝野晶子年譜」木挽社編『群像 日本の作家 6　与謝野晶子』小学館，289-295.
岩本道弥，2006，「民俗学からみた新生殖技術オヤコ――「家」族と血縁重視という言説をめぐって」太田素子・森謙二編『＜いのち＞と家族――生殖技術と家族Ⅰ シリーズ比較家族第Ⅲ期 4』早稲田大学出版部.
上田正昭ほか，2001，「田村俊子」『コンサイス日本人名事典』三省堂，796.
上田正昭ほか，2001，「窪田空穂」『コンサイス日本人名事典』三省堂，452-453.
上野千鶴子，［1967］1992，「ロマンチックラブ･イデオロギーの解体」『増補〈私〉探しゲーム』筑摩書房，156-167.
上野千鶴子，［1982］1995，「対幻想論」井上輝子・上野千鶴子・江原由美子編『日本のフェミニズム 6――セクシュアリティ』岩波書店，41-53(初出：『思想の科学 第七次』12: 88-94).
上野千鶴子，1984，「恋愛結婚イデオロギーと母性イデオロギー――フェミニズム・その個人主義と共同主義」日本女性学研究会「女性学年報」編集委員会『女性学年報』5: 102-110.
上野千鶴子，1986，『女という快楽』勁草書房.
上野千鶴子，1994，『近代家族の成立と終焉』岩波書店.
上野千鶴子，1995a，「セクシュアリティの近代を超えて」井上輝子ほか編『日本のフェミニズム 6――セクシュアリティ』岩波書店，2-37.
上野千鶴子，1995b，「「恋愛結婚」の誕生」吉川弘之編『結婚 (東京大学公開講座 60)』東京大学出版会，53-80.
上野千鶴子，1996a，「セクシュアリティの社会学・序説」井上俊・上野千鶴子ほか編『岩波講座現代社会学 10　セクシュアリティの社会学』講談社，1-24.
上野千鶴子，1996b，「「家族」の世紀」井上俊・上野千鶴子ほか編『岩波講座現代社会学 19 〈家族〉の社会学』岩波書店，１-22.
上野千鶴子，1998a，『発情装置――エロスのシナリオ』筑摩書房.
上野千鶴子，1998b，『ナショナリズムとジェンダー』青土社.
上野千鶴子，2001a，「構築主義とは何か――あとがきに代えて」上野千鶴子編『構築主義とは何か』勁草書房，275-298.
上野千鶴子，2001b，『ラディカルに語れば…――上野千鶴子対談集』平凡社.
上野千鶴子ほか編，1990，『ニュー・フェミニズムレビュー 1 恋愛テクノロジー』学陽書房.

植村鞆音，2005，『直木三十五伝』文芸春秋.
臼井和恵，2006，『窪田空穂の身の上相談』角川書店.
江刺昭子，1989，『愛と性の自由——「家」からの解放』社会評論社.
江刺昭子，1997，『女のくせに——草分けの女性新聞記者たち』インパクト出版社.
大澤真幸，2008，『「自由」の条件』講談社.
太田孝子，1979，「羽仁吉一」下中邦彦編『日本人名大事典』平凡社，626.
大塚明子，1994，「『主婦の友』に見る「日本型近代家族」の変動［1]」『ソシオロゴス』18: 243-258.
大塚明子，2002，「近代家族とロマンティック・ラブ・イデオロギーの2類型」『文教大学女子短期大学部研究紀要』45: 41-56.
大塚明子，2003a，「戦前期の『主婦の友』にみる「愛」と結婚」『文教大学女子短期大学部研究紀要』46: 1-11.
大塚明子，2003b，「戦前期の『主婦の友』にみる「愛」と〈国家社会〉——日本型近代家族における「恋愛」「愛」の固有性とその変容」文教大学人間科学部『人間科学研究』25: 33-41.
大塚明子，2004，「戦前の日本型近代家族における「愛」と「和合」の二重性」文教大学人間科学部『人間科学研究』26: 39-53.
大浜英子，1953，「身の上相談に応じて」『思想の科学・芽』31: 42-46.
大藤修，2003，「近世後期の親子間紛争と村落社会——名主家の日記から」坂田聡編『家族と住居・地域 日本家族史論集12』吉川弘文館.
大間知篤三，1958，「婚姻」『日本民俗学大系3——社会と民俗Ⅰ』平凡社，203-232.
大間知篤三，1967，『民俗・民芸双書18——婚姻の民俗学』岩崎美術社.
尾形明子，1986，「水野仙子著『水野仙子集』解説——その生と文学」水野仙子著『水野仙子集(復刻版)』不二出版，1-17.
岡本朝也，2009，「家族の起源」野々山久也編『論点ハンドブック——家族社会学』世界思想社，3-6.
荻野美穂，1994，『生殖の政治学——フェミニズムとバース・コントロール』山川出版社.
荻野美穂，2002，『ジェンダー化される身体』勁草書房.
奥井亜紗子，2004，「戦間期農村における「近代家族」観の受容——『家の光』にみる青年層の恋愛・結婚観を通して」『ソシオロジ』49(2)：59-74.
小栗風葉，1907，「『蒲団』合評」『早稲田文学』10月号：38-41.
織田宏子，1998，「田中孝子——キャリアウーマンと良妻賢母」女性の歴史研究会『新婦人協会の研究——女性解放運動のさきがけ』女性の歴史研究会，32-35.
落合恵美子，［1985］1989，『近代家族とフェミニズム』勁草書房.
落合恵美子，［1994］2004，『21世紀家族へ——家族の戦後体制に見かた・超えかた(第3版)』有斐閣.
落合恵美子，1996，「近代家族をめぐる言説」井上俊・上野千鶴子ほか編『岩波講座現代社会学19〈家族〉の社会学』岩波書店，23-53.
尾花清・広井多鶴子，1994，「学校が教える家族——国定修身教科書の分析」『大東文化大学紀要人文科学』32：161-182.
折井美那子編，1991，『資料　性と愛をめぐる論争』ドメス出版.
折井美那子・女性の歴史研究会編著，2006，『新婦人協会の研究』ドメス出版.
葛山泰央，2000，『友愛の歴史社会学——近代への視角』岩波書店.
加藤秀一，1992，「生殖する権力——ジェンダー・主体・新しい優生学」『現代思想』青土社，20(1): 69-79.
加藤秀一，1997，「愛せよ，産めよ，より高き種族のために——一夫一婦制と人種改良の政治学」大

庭健・鐘ヶ江晴彦ほか編『シリーズ　性を問う 3 共同態』専修大学出版局，201-253.
加藤秀一，2003，「公衆衛生・優生学・恋愛結婚——日本におけるその近代史の素描」『公衆衛生』医学書院，67(9): 683-87.
加藤秀一，2004，『<恋愛結婚>は何をもたらしたか——性道徳と優生思想の百年間』筑摩書房.
加藤秀俊，1953，「身の上相談の内容分析」『思想の科学・芽』31: 17-29，49.
金子幸子，1978，「“身の上相談”にみる価値意識変革の試み—— 1931～37 年河崎なつの回答を中心に」『国際基督大学学報 Ⅲ-A　アジア文科研究』10: 107-127.
上子武次，1991，『結婚相手の選択—— 社会学的研究』行路社.
柄谷行人，1993，「フーコーと日本」蓮實重彦・渡辺守章編『ミシェル・フーコーの世紀』筑摩書房.
川崎修，［1992］1998，「解説」丸山眞男『忠誠と反逆』筑摩書房，485-499.
河崎吉紀，2002，「一九二〇年代における新聞記者の学歴——日本新聞年鑑所収「名鑑」の分析を通して」『マス・コミュニケーション研究』61: 121-133.
川島武宜，［1946］2000，「日本社会の家族的構成」『日本社会の家族的構成』岩波書店，1-30.
川島武宜，1954，『結婚』岩波書店.
川島武宜，1957，『イデオロギーとしての家族制度』岩波書店.
川島武宜，1971，「夫婦関係の四つの型」『現代のエスプリ 別冊　結婚とは何か』至文堂，9(53): 148-168.
川村邦光，1996，『セクシュアリティの近代』講談社.
川村邦光，1998，「若者の“力”と近代日本——若者組の解体と再編—統合」田中雅一編『暴力の文化人類学』京都大学学術出版会，217-250.
菅野聡美，1997，「快楽と生殖のはざまで揺れるセックスワーク——大正期の日本を手がかりに」田崎英明編『売る身体／買う身体』青弓社，116-136.
菅野聡美，2001，『消費される恋愛論——大正知識人と性』青弓社.
菊池城司，1967，「近代日本における中等教育機関」『教育社会学研究』22：126-147.
菊池城司，2003，『近代日本の教育機関と社会階層』東京大学出版会.
喜多野清一，［1965］1976，「日本の家と家族」『家と同族の基礎理論』未来社，85-168.
木村涼子，1992，「婦人雑誌の情報空間と女性大衆読者層の成立——近代日本における『主婦之友』役割の形成との関連で」『思想』岩波書店，812: 231-252.
木村涼子，2010，『「主婦」の誕生——婦人雑誌と女性たちの近代』吉川弘文館.
Gillis, Jhon R., 1985，*For better, for worse: British marriages, 1600 to the present*, Oxford: Oxford University Press.（＝ 2006，北本正章訳『結婚観の歴史人類学——近代イギリス・1600 年～現代』勁草書房.）
近代日本社会運動史人物大事典編集委員会，1997，『近代日本社会運動史人物事典 4』日外アソシエーツ，645-646.
久布白落実，［1915］1991，「貞操の観念と国家の将来」『婦人新報』10(再録：折井美那子編，1991，『資料　性と愛をめぐる論争』ドメス出版).
窪田章一郎，1962，『窪田空穂』桜楓社.
粟坪良樹，1972，「保高徳蔵年表」保高徳蔵『保高徳蔵選集　全一巻』新潮社，351-359.
粟坪良樹，1977，「保高徳蔵」日本近代文学館・小田切進『日本近代文学大事典　第三巻』講談社，389-390.
厨川白村，1922，『近代の恋愛観』改造社.
紅蓮洞，1913，「都下の女記者」『中央公論』 7 月号.
Kurosu, Satomi and Ochiai, Emiko, 1995, “Adoption as Heirship Strategy under Demographic Constraints”, *Journal of Family History* : 20-23.

桑原桃音，2003，「日本における恋愛結婚観の形成について――大正期の「新しい女」の言説を中心に」（修士論文（龍谷大学大学院社会学研究科提出））.
桑原桃音，2005，「言説分析の手法について――フーコーのアルケオロジーをてがかりとして」『龍谷大学大学院研究紀要　社会学・社会福祉学』12: 1-12.
桑原桃音，2006，「「新しい女」の恋愛結婚観にみるジェンダー形成―― 1910 年代から 1920 年代の論争言説に焦点を当てて」『龍谷大学大学院研究紀要　社会学・社会福祉学』13: 17-36.
桑原桃音，2009，「配偶者選択の歴史社会学のための文献研究（1）――明治から戦前までの家族に関する諸研究の考察」『龍谷大学社会学部紀要』35: 69-80.
桑原桃音，2010，「配偶者選択の歴史社会学のための文献研究（2）――明治から戦前までの結婚観に関する諸研究の考察」『龍谷大学社会学部紀要』36: 84-98.
桑原桃音，2012，「平塚らいてうのロマンチック・ラブと近代家族に関する思想と実践にみる葛藤とゆらぎ―― 1890 から 1910 年代を中心に」『龍谷大学国際社会文化研究所紀要』14：85-102.
桑原桃音，2013，「大正期における近代的結婚観の受容層――『讀賣新聞』「身の上相談」欄の結婚問題相談者の分析」『ソシオロジ』58（1）：71-88.
桑原桃音，2014a，「配偶者選択の歴史社会学のための課題と分析視角（1）――選択主体にかかわる結婚観」『龍谷大学社会学紀要』44: 48-58.
桑原桃音，2014b，「配偶者選択の歴史社会学のための課題と分析視角（2）――大正期における条件と選好性にかかわる結婚観」『龍谷大学社会学紀要』45: 25-36.
桑原桃音，2015，「大正期『讀賣新聞』「よみうり婦人附録」関係者の人物像にみる「身の上相談」欄成立過程」『龍谷大学社会学部紀要』46: 100-118.
Kuwabara, Momone, 2017, “Critique du marriage dans *Seitô* et le courrier du cœur du *Yomiuri shinbun*”, Aline Henninger, trans., Christine Levy, Brigitte Lefèvre eds., *Parcours Feministes dans la Littérature et la Société Japonaises de 1910 à 1930: De Seitô aux modèles de politique sociale,* Paris: L’Harmattan.
Key, Ellen Karolina Sofia, 1903, *Karleken och aktenskapet,* livslinjer.（＝ 1973，小野寺信・百合子訳『恋愛と結婚』上・下，岩波書店.）
紅野敏郎，1977，「安成二郎」日本近代文学館・小田切進『日本近代文学大事典』講談社: 392.
国立教育研究所編，1974，『日本近代教育百年史 5-6』国立教育研究所.
国立社会保障・人口問題研究所，2006，『第 13 回出生動向基本調査結婚と出産に関する全国調査夫婦調査の結果概要』国立社会保障・人口問題研究所.
小橋三四子，［1914］1975，「身の上相談から見た社会」『新女界』6（11）.
小林一郎，1982，『田山花袋――自然主義作家』新典社.
小林淳一・鹿又伸夫・山本努・塚原修一，1990，「社会階層と通婚圏」直井優・盛山和夫編『社会階層の構造と過程』東京大学出版会，65-81.
小林登美枝編，1987，『『青鞜』セレクション』人文書院.
小谷野敦，1999，「ロマンティックラブとは何か」青木保・川本三郎ほか編『近代日本文化論 11――愛と苦難』岩波書店，65-80.
小山静子，1991，『良妻賢母という規範』勁草書房.
小山静子，1999，『家庭の生成と女性の国民化』勁草書房.
小山隆，1954，「通婚圏の意味するもの」『社会学の諸問題　高田先生古稀祝賀論集』有斐閣，393-408.
斎藤光，1994，「極私的関心としてのアブナイ人体現象――「男」の性欲」現代風俗研究会編『アブない人体――現代風俗‘94』リブロポート，98-104.
斎藤美穂，1996，「Ｉ婦人雑誌の諸相 婦人雑誌における身の上相談――大正期を中心に」近代女性

文化史研究会著『大正期の女性雑誌』大空社，55-87.
斉藤泰雄，2012，「識字能力・識字率の歴史的推移——日本の経験」広島大学教育開発国際協力研究センター『国際教育協力論集』15(1): 51-62.
佐伯順子，1996，「「恋愛」の前近代・近代・脱近代」井上俊・上野千鶴子ほか編『岩波講座現代社会学 10　セクシュアリティの社会学』岩波書店，167-186.
佐伯順子，1998，『「色」と「愛」の比較文化史』岩波書店.
佐伯順子，1999，「心中の近代——愛と死の変容」青木保・川本三郎ほか編『近代日本文化論 11——愛と苦難』岩波書店，25-47.
阪井裕一郎，2009，「明治期「媒酌結婚」制度化過程」『ソシオロジ』54(2): 89-105.
坂本龍彦，1990，「望月百合子」『朝日人物事典(現代日本)』朝日新聞社，1617.
佐古純一郎，1995，『近代日本思想史における人格観念の成立』朝文社.
佐々木雅発，1977，「前田晁」日本近代文学館・小田切進『日本近代文学大事典　第二巻』講談社，216.
佐々木満子，1991，「松本雲舟」昭和女子大学近代文学研究室『近代文学研究叢書(65)』昭和女子大学近代文化研究所，119-170.
椎野若菜編，2007，『やもめぐらし——寡婦の文化人類学』明石書店.
思想の科学研究会編，1956，『身の上相談』河出書房.
自由学人 羽仁吉一 編集委員会，2006，『自由学人 羽仁吉一』自由学園出版局，427-429.
出版ニュース社編集部，1963，『日本雑誌総覧　1963』出版ニュース社.
昭和女子大学近代文学研究室，1983，「田村俊子」『近代文学研究叢書 55 巻』昭和女子大学近代文化研究所，208-221.
Shorter, Edward, 1975, *The Making of the Modern Family*, New York: Basic Books.（＝ 1991，田中俊宏・岩崎誠一・見崎恵子・作道潤訳『近代家族の形成』昭和堂.）
人口問題審議会・厚生省大臣官房政策課・厚生省人口問題研究所編，1988，『日本の人口・日本の家族』東洋経済新報社.
新聞及新聞記者社，［1922］1988，「新聞及新聞記者」『新聞人名辞典』日本図書センター.
新聞販売百年史刊行委員会，1969，『新聞販売百年史』日本新聞販売協会.
鈴木榮太郎，［1930］1990，『日本農村社会学原理「家族・婚姻」研究文献選集 10』クレス社.
Stone, Lawrence, 1979, *The Family, Sex, and Marriage in England, 1500-1800*, Abridged and Revised Edition, Harmondsworth, Pelican Books.（＝ 1991，北本正章訳『家族・性・結婚の社会史—— 1500～1800 年のイギリス』勁草書房.）
Spector, Malcolm B. and Kitsuse, John I., 1977, *Constructing social problems*, Calif: Cummings Publishing.（＝ 1990，村上直之・中河伸俊・鮎川潤・森俊太訳『社会問題の構築——ラベリング理論をこえて』マルジュ社.）
Segalen, Martine, 1981, *Sociologie de la Famille*, Paris: Armand Colin.（＝ 1987，片岡陽子・木本喜美子・国領苑子・柴山瑞代・鈴木峯子・藤本佳子訳『家族の歴史人類学』新評論.）
Segalen, Martine, 1981, *Amours et mariages dans l'ancienne France*, Paris, Berger-Ebrault.（＝ 1985，片岡幸彦・片岡陽子訳『儀礼としての愛と結婚——中世から現代まで』新評論.）
角和行，2012，『識字神話をよみとく——「識字率 99%」の国・日本というイデオロギー』明石書店.
瀬川清子，［1957］2006，『婚姻覚書』講談社.
瀬川清子，1972，『若者と娘をめぐる民俗』未来社.
高橋靖直編著，2007，『学校制度と社会　第二版』玉川大学出版部.
竹内洋，1997，『立身出世主義——近代日本のロマンと欲望』日本放送出版協会.
竹内洋，1999，『学歴貴族の栄光と挫折』中央公論新社.

竹内洋，2001，『大衆モダニズムの夢の跡——彷徨する「教養」と大学』新曜社．

武川忠一，1968，「窪田空穂年譜」窪田空穂『窪田空穂全集別冊—窪田空穂資料集』角川書店，347-414．

武田房子，1995，『水野仙子——理知の母親なる私の心』ドメス出版．

竹村民郎，2004，『大正文化 帝国のユートピア——世界史の転換期と大衆消費社会の形成』三元社．

谷口知平，1935，『日本親族法』弘文堂書房．

田山花袋，［1907］2002，『蒲団，一兵卒(改版)』岩波書店．

太郎丸博・古川岳志・内海博文，1997，「身の上相談の計量分析——近代日本社会における「不幸」の諸類型試論」『日本行動計量学会大会発表論文抄録集』25: 168-171．

太郎丸博，1999，「身の上相談記事から見た戦後日本の個人主義化」光華女子大学文学部人間関係学科『変わる社会・変わる生き方』ナカニシヤ出版，69-93．

筒井清忠，1999，「日本の歴史社会学・総論」筒井清忠編『日本の歴史社会学』岩波書店，1-20．

鶴見和子，1951，「プラグマティズムの歴史観」『思想』2: 102-115．

鶴見和子，1953，「身の上相談の論理」『思想の科学・芽』31: 30-41．

鶴見和子，1972，『好奇心と日本人』講談社．

鶴見俊輔，1956，「身上相談について」思想の科学研究会編『身上相談』河出書房，6-51．

寺出浩司，1982，「大正期における職員層生活の展開」日本生活学会編著『生活学　第七冊』ドメス出版，34-74．

戸田貞三，［1925］1993，「家族の研究」『戸田貞三著作集第一巻』大空社．

戸田貞三，［1926］2001，「階級的内婚制に就いて」『社会学雑誌』21: 28-31(再録：老川寛『家族研究論文資料集成　明治 大正 昭和前期篇　19巻——婚姻(3)』クレス出版，351-371)．

戸田貞三，［1926］2001，「階級的内婚制に就いて(承前)」『社会学雑誌』22: 28-48(再録：老川寛『家族研究論文資料集成　明治 大正 昭和前期篇　19巻——婚姻(3)』クレス出版，372-392)．

戸田貞三，［1936］1989，『家族と婚姻』中文館書店(復刻：湯沢雍彦監修，1989『「家族・婚姻」研究文献選集 7』クレス出版)．

戸田貞三，［1937］1982，『家族構成　叢書名著の復興 12』新泉社．

戸田貞三，［1944］1990，『家と家族制度　「家族・婚姻」研究文献選集 15』クレス出版．

戸田房子，1986，『詩人の妻　生田花世』新潮社．

永井聖剛，2008，『自然主義のレトリック』双文社出版．

中里英樹，2001，「歴社会学的アプローチ」野々山久也・清水浩昭編著『家族社会学研究シリーズ⑤家族社会学の分析視角——社会学的アプローチの応用と課題』ミネルヴァ書房，64-81．

永代静雄，1927，『全国新聞通信社社員名鑑』新聞研究所(復刻：1988『新聞人名事典　第 2 巻』日本図書センター)．

永代静雄，1930，『昭和新聞名家録』新聞研究所(復刻：1988『新聞人名辞典　第 1 巻』日本図書センター)．

永嶺重敏，1997，『雑誌と読者の近代』日本エディタースクール出版部．

永嶺重敏，2001，『モダン都市の読書空間』日本エディタースクール出版部．

永嶺重敏，2004，『＜読書国民＞の誕生——明治 30 年代の活字メディアと読書文化』日本エディタースクール出版部．

永嶺重敏，2010，『流行歌の誕生——「カチューシャの唄」とその時代』吉川弘文館
中村牧子，2000，「新中間層の誕生」原純輔編『日本の階層システム 1　近代化と社会階層』東京大学出版会，51-63．

中村幸，1989，「婦人ジャーナリスト 小橋三四子——『婦人週報』を中心に」近代女性文化史研究会編『婦人雑誌の夜明け』大空社，335-362．

中山元，2008，『賢者と羊飼い――フーコーとパレーシア』筑摩書房.
中山元，2010，『フーコー――生権力と統治性』河出書房新社，105-146.
日本統計協会編，総務庁統計局監修，1987，『日本長期統計総覧第 5 巻――住居，社会保障，保健医療，教育・文化，科学技術，公務員・選挙，司法・警察，災害・事故，国防』日本統計協会.
日本リサーチ総合研究所編，1988，『生活水準の歴史的分析』総合研究開発機構.
野口裕二，2001，「臨床のナラティブ」上野千鶴子編『構築主義とは何か』勁草書房，43-62.
Notter, David, 2000a,「男女交際・コートシップ――「純潔」の日米比較社会史」『京都大学大学院教育学研究科紀要』46: 235-247.
Notter, David, 2000b,「ロマン主義的性愛コード」京都大学大学院教育学研究科『教育・社会・文化』7: 73-95.
Notter, David, 2001,「恋愛至上主義のアクセプタビリティーへの一考察」『ソシオロジ』45(3): 53-68.
Notter, David, 2002, "Towards a Cultural Analysis of the Modern Family: Beyond the Revisionist Paradigm in Japanese Family Studies," *International Journal of Japanese Sociology*, Vol. 11: 88-101.
Notter, David, 2004,「純潔の構造――聖と俗としての恋愛」『ソシオロジ』45(3): 53-68.
Notter, David, 2006,「近代家族と家族感情」稲垣恭子編『子ども・学校・社会――教育と文化の社会学』世界思想社，2-19.
Notter, David, 2007a,「「恋愛結婚」再考：文化としての「ロマンティック・ラブ・イデオロギー」」京都大学教育学部教育社会学ほか『教育・社会・文化』11: 15-33.
Notter, David, 2007b,『純潔の近代――近代家族と親密性の比較社会学』慶應義塾大学出版会.
羽島知之編著，1997，『写真・絵画集成 新聞の歴史 2 ――激動期の新聞』日本図書センター.
浜田宏，1997，「近代日本における恋愛の変容 I (1)」関東社会学会『年報社会学論集』10: 120-132.
早川紀代，1998，『近代天皇制国家とジェンダー』青木書店.
針谷順子，1990，「「不幸」も世につれ――身の上相談の変遷」『思想の科学 第 7 次』128: 54-59.
伴悦，1977，「大月隆仗」日本近代文学館・小田切進『日本近代文学大事典』講談社，267.
比較家族史学会，1996，『事典　家族』弘文堂.
日地谷=キルシュネライト，イルメラ，1996，「自然主義から私小説へ」久保田淳・栗坪良樹ほか編『岩波講座日本文学史――二〇世紀の文学』岩波書店，93-118.
土方正巳，1991，『都新聞史』日本図書センター.
姫岡勤，［1952］1983，「封建道徳に表れたわが国近世の親子関係」『家族社会学論集』ミネルヴァ書房.
姫岡勤，1966，「婚姻の概念と類型」大橋薫・増田光吉編『家族社会学』川島書店，95-121.
平井晶子，2008，『日本の家族とライフコース――「家」生成の歴史社会学』ミネルヴァ書房.
平井晶子，2009，「「家」制度」野々山久也編『論点ハンドブック――家族社会学』世界思想社，11-14.
平田由美，1999，『女性表現の明治史――樋口一葉以前』岩波書店.
平塚らいてう，［1915］1991，「処女の真価」『新公論』3（再録：折井美那子編，1991，『資料　性と愛をめぐる論争』ドメス出版）.
広田栄太郎，2001，「窪田空穂」臼井勝美・高村直助ほか編『日本近現代人名事典』吉川弘文館，376-377.
広田照幸，1997，『陸軍将校の教育社会史――立身出世と天皇制』世織書房.
Foucault, Michel, 1976, *La Volonté De Savoir* (Volume 1 de Histoire de La Sexualité), Paris: Gallimard.(= 1986,渡辺守章訳『性の歴史 I　知への意志』新潮社.）

Foucault, Michel, 1984, *Le souci de soi*, Paris: Gallimard.（＝1987, 田村俶訳『性の歴史Ⅲ　自己への配慮』新潮社.）
Foucault, Michel・渡辺守章, ［1978］2007,『哲学の舞台（増補改訂版）』朝日出版社.
深谷昌志, 1966,『良妻賢母の教育』黎明書房.
福島正夫編, 1959,『戸籍制度と「家」制度――「家」制度の研究』東京大学出版会.
二葉亭四迷, ［1907］2000,「平凡」二葉亭四迷訳・著, 高橋源一郎編『二葉亭四迷』筑摩書房.
Benedict, Ruth, 1946, *The chrysanthemum and the sword : patterns of Japanese culture*, Tokyo: Houghton Mifflin.（＝1967, 長谷川松治訳『菊と刀』社会思想社.）
Benokraitis, N. V. and J. R. Feagin, 1995, *Modern sexism: Blantant, subtle, and covert discrimination*, Englewood Cliffs, NJ: Prentice Hall.
Bourdieu, Pierre, 1979, *La distinction : critique sociale du jugement*, Paris: Minuit.（＝1990, 石井洋二郎訳『ディスタンクシオンⅠ――社会的判断力批判』藤原書店.）
Bourdieu, Pierre, 1979, *La distinction : critique sociale du jugement*, Paris: Minuit.（＝1990, 石井洋二郎訳『ディスタンクシオンⅡ――社会的判断力批判』藤原書店.）
Bourdieu, Pierre, 2002, *Le bal des célibataires : crise de la société paysanne en Béarn*, Paris: Seuil.（＝2007, 丸山茂・小島宏・須田文明訳『結婚戦略――家族と階級の再生産』藤原書店.）
Bourdieu, Pierre, et Passeron, Jean-Claude, 1970, *La reproduction : éléments pour une théorie du système d'enseignement*, Paris: Minuit.（＝1991, 宮島喬訳『再生産――教育・社会・文化』藤原書店.）
Blood, Robert, 1967, *Love Match and Arranged Marriage*, Tokyo: Detroit Comparison.（＝1978, 田村健二監訳『現代の結婚――日米の比較』培風館.）
堀場清子, 1991,『『青鞜』女性解放論集』岩波書店.
本多真隆, 2014,「「和 harmony」としての夫婦間情緒――1890～1920年代における「夫婦相和シ」の解釈とその論理構成」『人間と社会の探求　慶應義塾大学大学院社会学研究紀要』78：47-62.
前田愛, ［1973］1993,『近代読者の成立』岩波書店（底本：筑摩書房, 1989・原著：有精堂出版, 1973）.
前田愛, 1989,『近代読者の成立　前田愛著作集第二巻』筑摩書房（底本：筑摩書房, 1989・原著：有精堂出版, 1973）.
正岡寛司, 1989,「コメント1――過渡期の家族社会学」家族社会学セミナー編『家族社会学研究』1 : 81-85.
丸岡秀子, 1953,『女の一生』岩波書店.
丸山茂, 2007,「家族史研究におけるブルデューの位置」ピエール・ブルデュー, 丸山茂・小島宏・須田文明訳『結婚戦略――家族と階級の再生産』藤原書店, 302-306.
丸山眞男, ［1952］1983,『日本政治思想史研究』東京大学出版会.
丸山眞男, 1961,『日本の思想』岩波書店.
丸山眞男, ［1972］1998,「歴史意識の「古層」」『忠誠と反逆』筑摩書房, 353-423.
三木清著, 住谷一彦編, ［1931］1975,『三木清集』筑摩書房.
見田宗介, ［1965］1984,「現代における不幸の諸類型」『新版 現代日本の精神構造』弘文堂, 1-56.
南博責任編集・佐藤, H. バーバラ・植田康夫編, 1986,『恋愛・結婚・家庭　近代庶民生活史　9』三一書房.
宮地敦子, 1966,「「愛す」考」京都帝国大學國文學會『國語國文』35(6): 438-453.
宮地敦子, 1977,「「愛す」続考」龍谷大学國文學壊會『國文學論叢』22: 27-41.
宮森一彦, 2003,「「家庭の和楽」と「家庭の親愛」――近代日本における排他的親密性の形成をめぐって」『社会学評論』54(1): 2-15.

宮森一彦，2004，「1920-30年代における優生学の受容と母性・恋愛概念」『現代社会理論研究』人間の科学社，14: 291-303.
牟田和恵，1993，「変貌する家族——家族はターミナルたりうるか」石川実・大村英昭・塩原勉編著『ターミナル家族』NTT出版，2-22.
牟田和恵，1995，「現代の家族」宮島喬編『現代社会学』有斐閣.
牟田和恵，1996a，『戦略としての家族——近代日本の国民国家の形成と女性』新曜社.
牟田和恵，1996b，「セクシュアリティの編成と近代国家」井上俊・上野千鶴子ほか編『岩波講座現代社会学10　セクシュアリティの社会学』岩波書店，77-93.
牟田和恵，1996c，「日本型近代家族の成立と陥穽」井上俊・上野千鶴子ほか編『岩波講座現代社会学19　〈家族〉の社会学』岩波書店，55-74.
牟田和恵，1997，「好色とromantic love，そして「援助交際」」『江戸の思想　6　身体／女性論』ぺりかん社，139-147.
牟田和恵，1998，「愛と性をめぐる文化」井上俊編『現代文化を学ぶ人のために(新版)』世界思想社，303-321.
牟田和恵，1999，「川島武宜『日本社会の家族的構成』一九八四年」筒井清忠編『日本の歴史社会学』岩波書店，123-133.
牟田和恵，2000，「「良妻賢母」思想の表裏——近代日本の家庭文化のフェミニズム」青木保・川村三郎・筒井清忠・御厨貴・山折哲雄編『近代日本文化論　8　女の文化』岩波書店，25-46.
牟田和恵，2006，『ジェンダー家族を超えて——近現代の生/性の政治とフェミニズム』新曜社.
牟田和恵編，2009，『家族を超える社会学——新たな生の基盤を求めて』新曜社.
牟田和恵・愼芝苑，1998，「近代セクシュアリティの創造と『新しい女』」『思想』岩波書店，886: 89-115.
村井実全訳解説，1979『アメリカ教育使節団報告書』講談社学術文庫.
村岡嘉子，2001，「与謝野晶子」らいてう研究会『青鞜人物事典』大修館書店，188-189.
村上泰亮・公文俊平・佐藤誠三郎，1979，『文明としてのイエ社会』中央公論社.
村崎凡人，1954，『評伝窪田空穂』長谷川書房.
望月嵩，1972，「配偶者選択と結婚」森岡清美編『社会学講座3　家族社会学』東京大学出版会，37-62.
望月嵩，1976，「家族と配偶者選択」森岡清美・山根常男編『家と現代家族』培風館，24-48.
森秀夫，1984，『日本教育制度史』学芸図書.
森冬峰，1990，「恩田和子」朝日新聞社編『「現代日本」朝日人物事典』朝日新聞社，423.
森岡清美・塩原勉・本間康平編，1993，『新社会学辞典』有斐閣.
文部省，1992，『学制百二十年史』ぎょうせい.
文部省調査局編，1962，『日本の成長と教育——教育の展開と経済の発達』帝国地方行政学会.
文部省調査局編，1963，『日本の成長と教育——教育の展開』帝国地方行政学会.
安田皐月，[1914] 1991，「生きる事と貞操と——反響九月号「食べる事と貞操と」を読んで」『青鞜』4 (11)(再録：折井美那子編，1991，『資料　性と愛をめぐる論争』ドメス出版).
安田三郎・原純輔，[1960] 1982『社会調査ハンドブック<第三版>』有斐閣.
安成二郎，1972，『花万朶』同成社，257-260.
安諸靖子，2001，「五明倭文子——辛口の行動派」らいてう研究会『青鞜人物事典』大修館書店，94.
安諸靖子，2001，「水野仙子」らいてう研究会『青鞜人物事典』大修館書店，158-159.
柳敬助・八重夫妻展，1996，『共に歩んだ肖像画家と女性編集者』日本女子大学成瀬記念館，40-46.
柳田泉，1957，「小説—明治時代」早稲田大学75周年記念出版委員会『日本の近代文藝と早稲田大學』理想社.

柳田國男，［1929］1991，「都市と農村」『柳田國男全集 29』筑摩書房，333-542
柳田國男，［1930］1976，「恋愛技術の消長」神島二郎編，『日本の名著 50　柳田国男』中央公論社.
柳田國男，［1931］1993，『明治大正史——世相篇』講談社.
柳田國男，［1937］1990，「親方子方」『柳田國男全集 12』筑摩書房，499-526.
柳田國男，［1944］1998，「国史と民俗学」『柳田國男全集 14』筑摩書房，83-199.
柳田國男，［1948］1990，「婚姻の話」『柳田國男全集 12』筑摩書房，7-271.
柳田國男，［1949］1974，神島二郎編『日本の名著 50　柳田国男』中央公論社.
柳田國男，1990，『柳田國男全集 12』筑摩書房.
柳田國男・大間知篤三，［1937］1975，『婚姻習俗語彙』国書刊行会.
柳父章，1982，『翻訳語成立事情』岩波書店.
柳父章，2001，『一語の辞典 愛』三省堂.
山内太郎編，1972，『学校制度　戦後日本の教育改革　第 5 巻』東京大学出版会.
山口美代子・折井美耶子・石井紀子・近現代日本女性人名事典編集委員会編，2001，「恩田和子」『近現代日本女性人名事典』ドメス出版，85.
山口美代子・折井美耶子・石井紀子・近現代日本女性人名事典編集委員会編，2001，「望月百合子」『近現代日本女性人名事典』ドメス出版，347.
山崎眞紀子，2005，『田村俊子の世界——作品と言説空間の変容』彩流社，323-331.
山本武利，1981，『近代日本の新聞読者層』法政大学出版会.
山本武利，1987，「メディアの歴史——日本」香内三郎ほか著『現代メディア論』新曜社，49-71.
山本文雄，1948，『日本新聞史』国際出版.
山本文雄，［1970］1992，「明治時代後期」，「大正時代」山本文雄編著『日本マス・コミュニケーション史［増補］』東京大学出版会，51-144.
山本友一，1977，「松村英一」日本近代文学館・小田切進『日本近代文学大事典　第三巻』講談社，250-251.
湯沢雍彦，1994，「現代型結婚は成熟するか」日本家族社会学会編『家族社会学研究』6：29-36.
湯沢雍彦，2003，『データで読む家族問題』日本放送出版協会.
湯沢雍彦，2005，『明治の結婚 明治の離婚——家庭内ジェンダーの原点』角川書店.
湯沢雍彦，2010，『大正期の家族問題——自由と抑圧に生きた人びと』ミネルヴァ書房.
吉岡真美，2001，「田村俊子」らいてう研究会『青鞜人物事典—— 110 人の群像』大修館書店，122-123.
吉田文，1991「高女教育の社会的機能」天野郁夫編『学歴主義の社会史——丹波篠山にみる近代教育と生活世界』有信堂高文社（再録：天野正子・斎藤藤美奈子ほか編『ジェンダーと教育』岩波書店，281-284）.
与謝野晶子，［1915］1991，「貞操に就いて」『婦女新聞』783（再録：折井美那子編，1991，『資料 性と愛をめぐる論争』ドメス出版）.
米田佐代子，2001，「生田花世——自己にこだわり続けた女性」らいてう研究会『『青鞜』人物事典—— 110 人の群像』大修館書店，36-37.
米村昭二，1983，「契約的親子関係の一考察——山廻嘉作氏を中心として」喜多野清一編『家族・親族・村落』早稲田大学出版部.
読売新聞社編集，1994，『読売新聞百二十年史』読売新聞社.
読売新聞 100 年史編纂委員会，1976，『読売新聞 100 年史』読売新聞社.
読売新聞社社史編纂室編，1955，『讀賣新聞八十年史』読売新聞社.
読売新聞社社史編集室編，1987，『読売新聞発展史』読売新聞社.
リチャード・ルビンジャー，川村肇訳，2008，『日本人のリテラシー—— 1600-1900 年』柏書房.

Ryang, Sonia, 2006, *Love in Modern Japan: Its estrangement from self, sex, and society*, New York: Routledge.
Le Roy Ladurie, Emmanuel, 1973, *Le territoire de l'historien*, Paris: Gallimard.（＝1980, 樺山紘一・木下賢一・相良匡俊・中原嘉子・福井憲彦訳『新しい歴史――歴史人類学への道』新評論.）
和田謹吾,［1966］1983,『自然主義文学　(増補版)』文泉堂出版.
和田艶子,［1971］1995,『鎮魂――生田花世の生涯』大空社.
渡邊欣雄,［1974］2007,「配偶者亡きあとの再婚――逆縁婚と順縁婚」椎野若菜編『やもめぐらし――寡婦の文化人類学』明石書店, 20-37.

〈新聞記事〉

「わが社の婦人記者　飛行機に搭乗す」『讀賣新聞』1915.08.14, 4面.
「婦人部係り記者決定」『讀賣新聞』1915.2.25, 5面.
「本邦新聞界画期的の企図して――婦人ページが生まれるまで」『讀賣新聞』1932.10.22, 9面.
「婦人欄生まれて50年――日本女性の歩み」『読売新聞』1961.10.4, 朝刊9面.
「お悔やみ欄 田中孝子」『読売新聞』1966.12.17, 夕刊11面.
「＜おくやみ＞石島菊枝さん」『読売新聞』1975.6.23, 夕刊9面.
「家庭面の一世紀(1)――断髪洋装 働く女の決意」『読売新聞』2009.4.1, 朝刊23面.
「家庭面の一世紀(4)――女性言論人の舞台に」『読売新聞』2009.4.7, 朝刊25面.
「家庭面の一世紀(5)――女性の覚醒, 願う記者」『読売新聞』2009.4.8, 朝刊15面.
「家庭面の一世紀(7)――共働き夫に気を使う」『読売新聞』2009.4.10, 朝刊25面.
「家庭面の一世紀(12)――貞操問題…怒りの退社」『読売新聞』2009.4.17, 朝刊15面.
「家庭面の一世紀(21)――女性特派員の先駆け」『読売新聞』2009.4.30, 朝刊15面.